"十三五"国家重点出版物出版规划项目

面向可持续发展的土建类工程教育丛书

一流本科专业一流本科课程建设系列教材

SUSTAINABLE

DEVELOPMENT

建设法规

第2版

◎ 徐勇戈　宁文泽　编著

机械工业出版社

CHINA MACHINE PRESS

本书结合我国立法、司法的最新动态，力求全面、系统地反映建设工程各阶段相关法律制度，使读者能够在学习理论知识的同时，掌握与建设工程相关的各种法律知识，主要内容包括建设工程法律基础与相关制度、工程建设标准法律制度、城乡规划法律制度、建筑法律制度、建设工程行政许可法律制度、建设工程招标投标法律制度、建设工程合同法律制度、房地产法律制度、建设工程纠纷处理法律制度。

本书主要作为高等院校土木工程专业、工程管理专业及相近专业"建设法规"课程的本科教材，也可供从事工程建设和工程管理的专业人员和管理人员学习、参考。

图书在版编目（CIP）数据

建设法规／徐勇戈，宁文泽编著 . —2 版 . —北京：机械工业出版社，2023.3（2025.1 重印）

（面向可持续发展的土建类工程教育丛书）

"十三五"国家重点出版物出版规划项目　一流本科专业一流本科课程建设系列教材

ISBN 978-7-111-72344-8

Ⅰ.①建… Ⅱ.①徐…②宁… Ⅲ.①建筑法-中国-高等学校-教材 Ⅳ.①D922.297

中国国家版本馆 CIP 数据核字（2023）第 027503 号

机械工业出版社（北京市百万庄大街 22 号　邮政编码 100037）

策划编辑：冷　彬　　　　　责任编辑：冷　彬

责任校对：肖　琳　张　征　　封面设计：张　静

责任印制：常天培

北京机工印刷厂有限公司印刷

2025 年 1 月第 2 版第 5 次印刷

184mm×260mm · 16.75 印张 · 391 千字

标准书号：ISBN 978-7-111-72344-8

定价：53.80 元

电话服务　　　　　　　　　网络服务

客服电话：010-88361066　机　工　官　网：www.cmpbook.com

　　　　　010-88379833　机　工　官　博：weibo.com/cmp1952

　　　　　010-68326294　金　书　网：www.golden-book.com

封底无防伪标均为盗版　机工教育服务网：www.cmpedu.com

前　言

随着我国经济的发展，建筑业参与国际建筑市场竞争的需要日渐增长，工程建设行为逐渐纳入法制化的轨道，这就要求高等院校工程管理、土木工程、建筑学、城市规划等专业的学生，不仅要掌握自然科学知识和专业知识，还需要掌握与建设工程相关的法律知识，因此，多所高等院校开设了"建设法规"课程，作为工程管理及其相关专业的专业基础课程。为了培养符合时代要求的工程管理专业人才，满足高等院校的教学需求，我们组织编写了本书的第1版。

近几年来，我国对建设工程领域相关的部分法律、法规进行了修订，为了及时、准确、高效地介绍这些修订的内容，帮助广大读者能够及时掌握我国建设工程领域现行的相关法律、法规知识，我们在本书第1版的基础上修订编写了第2版。

本书从工程管理及其相关专业"建设法规"课程的知识点出发，把与建设活动密切相关的行政法规、经济法规和技术法规作为编写的脉络体系，体现了"体系的科学性特色"；同时编入了大量翔实的工程建设案例，并根据国家现行的法律、法规对这些案例进行了深入分析，通过这些案例可以清楚地了解我国建设工程领域的立法轨迹和现状，具有较强的指导性和实用性。本书的各章均附有复习思考题，以便于读者理解、消化和巩固课堂所学知识。

值得说明的是，"新"是本书的一个重要特色。随着我国社会主义法治建设的不断深入和立法进程的不断加快，工程建设所依赖的法律制度发生了调整和变化，尤其是2020年5月28日十三届全国人民代表大会第三次会议表决通过的《中华人民共和国民法典》（简称《民法典》），已于2021年1月1日实施。《民法典》的实施必然会对工程建设活动中受民法调整的民事法律行为产生深刻的影响，为了及时反映这些新的影响和变化，作者将建设工程中所涉及的与《民法典》密切相关的法律制度纳入了本书当中。自带课程思政点是本书的另外一个重要特色，为了满足国家培养社会主义新型人才的需要，本书将思政方面的内容很好地融入相关章节当中。此外，本书还体现了工程伦理的相关内容，以期满足新形势下"新工科"教学理念的要求。

本书由西安建筑科技大学徐勇戈和宁文泽编著，徐勇戈负责第1章、第2章、第5章、第6章、第8章和第10章，宁文泽负责第3章、第4章、第7章和第9章。全书由徐勇戈统稿。

由于编者的水平有限，书中难免有疏漏之处，敬请广大读者批评指正。

作　者

目 录

第1章

绪　论

1.1 概述

1.1.1 法及建设法规的概念

1. 法的概念

法的概念因学派的不同而有所不同。

德国拉德布鲁赫（Radbruch）认为，"法"不仅仅是一个范畴，一切法律上的考察都是由此出发并以此为基础的；它也不仅仅是一种思考方式，舍此根本不能思考法律之事；而且它还是一种现实的文化形态，其使法律世界的一切事实得以形成和塑造。

英国霍布斯（Hobbes）从立法者的角度认为，法是国家对人民的命令，用口头说明，或用书面文字，或用其他方法所表示的规则或意志，用以辨别是非、指示从违。

美国弗兰克（Frank）从司法者角度认为，就任何具体而言，法或者是实际的法，即关于这一情况的过去的一个判决；或者是大概的法，即关于一个未来判决的预测。

美国霍贝尔（Hoebel）从守法者的角度认为，法律是这样一个社会规范，即如果有人对它置之不理或违反，拥有社会承认的权力的个人或集团就会使用武力相威胁或实际使用武力。

美国庞德（Pound）从法的作用的角度认为，法是为发达的政治上组织起来的社会高度专门化的社会控制形式——一种有系统、有秩序地使用社会强制力的社会控制。

我国学者认为，法是指由国家专门机关创制的、以权利义务为调整机制并通过国家强制力保证实施的、调整行为关系的社会规范，它是意志与规律的结合，是阶级统治和社会管理的手段，它应当是通过利益调整从而实现社会正义的工具。

综上所述，法是由国家制定或认可，并以国家强制力保证实施的，反映统治阶级意志的规范体系。法通过规定人们在相互关系中的权利和义务，确认、保护和发展对统治阶级有利的社会关系和社会秩序。

2. 建设法规的概念

建设法规是指国家立法机关或其授权的行政机关制定的，旨在调整国家及其有关机构、企业事业单位、社会团体、公民之间在建设活动中或建设行政管理活动中发生的各种社会关系的法律、法规的统称。建设法规体现了国家对城市建设、乡村建设、市政及社会公用事业等各项建设活动进行组织、管理、协调的方针、政策和基本原则。

建筑业是我国国民经济的支柱产业，建设活动与国民经济、人民生活和社会的可持续发展关系密切，国家必须对之进行全面的规范管理，在建设活动中需要完善的法律、行政法规和部门规章来规范和调整建设事业中的各种社会关系。

1.1.2 建设法规调整的对象

我国建设法规的调整对象，即建设关系，是指由建设法规所规范的，在建设活动中发生的各种社会关系。它包括建设活动中所发生的行政管理关系、经济协作关系及其相关的民事关系，建设法规调整下的社会关系就是建设法律关系。

1. 建设活动中的行政管理关系

建设活动中的行政管理关系是指国家及其建设行政主管部门与建设单位、设计单位、施工单位及有关单位（如中介服务机构）之间发生的规划、指导、协调、服务、监督、调解与控制等关系。

建设活动与人们的生命财产安全、社会的文明进步息息相关，国家对此必须进行全面的严格管理。因此，国家及其建设行政主管部门通过制定建设法规对建设活动进行行政监督和管理。

2. 建设活动中的经济协作关系

工程建设是非常复杂的活动，是多方主体参与的系统工程。在建设活动中，各主体有各自的利益，为了实现利益最大化，必然要寻求协作伙伴，进而就产生了相互之间的建设经济协作关系。如建设单位委托监理单位完成工程监理任务，从而产生委托与被委托关系。为了避免纠纷和矛盾的发生，在协作过程中所产生的关系需要借助建设法规来加以规范与调整。

3. 建设活动中的民事关系

建设活动中的民事关系是建设活动中由民事法律规范所调整的社会关系，具体是指国家、单位法人、公民之间因从事建设活动而产生的民事权利和义务关系，主要包括财产关系和人身关系。如在工程建设质量事故中人员身体伤害的赔偿关系，房地产交易中的买卖、租赁、房屋产权关系等，都属于建设活动中的民事关系。建设活动中的民事关系既涉及国家社会利益，又关系着个人利益，因此，必须纳入法律调整的范围，由民法和建设法规中的民事法律规范予以调整。

以上三种社会关系是在从事建设活动时所形成的，它们与其他活动中所形成的社会关系既有相同点，又有其自身的特点。因此，规范建设活动不能完全用一般的法律规范来调整，而必须由建设法规来调整。

1.1.3 建设法律关系的构成要素

法律关系是一定的社会关系在相应法律规范的调整下形成的权利、义务关系。建设法律关系是由建设法律规范所确认的，在工程建设和工程建设的管理过程中所产生的权利、义务关系。建设法律关系是由建设法律关系的主体、建设法律关系的客体和建设法律关系的内容三要素构成的，缺少其中任何一个要素都不能构成建设法律关系。

1. 建设法律关系的主体

建设法律关系的主体是参加建设活动或者建设管理活动，受有关法律法规规范和调整，享有相应权利、承担相应义务的当事人。建设法律关系的主体包括国家机关、社会组织与公民。

（1）国家机关

能够成为建设法律关系主体的国家机关，包括国家行政机关和国家权力机关。国家机关一般是由于进行建设管理活动而成为建设法律关系主体的。对建设活动进行管理的主要是国家行政机关。作为建设法律关系主体的国家行政机关，包括国家建设行政主管部门、国家发展和改革部门、国家各业务的主管部门等。国家权力机关对国家建设计划和预决算进行审查和批准，制定和颁布建设法律法规，因而它是建设法律关系的主体。

（2）社会组织

国家的建设活动主要是由社会组织完成的，因而社会组织是最广泛、最主要的建设法律关系主体。参加建设活动的社会组织一般应当是法人，但有时法人以外的其他社会组织也可以成为建设法律关系的主体。作为建设法律关系主体的社会组织包括建设单位、勘察设计单位、施工单位、监理单位等。

法人是具有民事权利能力和民事行为能力、依法独立享有民事权利和承担民事义务的组织。法人是与自然人相对应的概念，是法律赋予社会组织具有人格的一项制度。这一制度为保障社会组织的权利、便于社会组织独立承担责任提供了基础。法人应当具备的条件包括：

1）依法成立。法人不能自然产生，它的产生必须经过法定的程序。法人的设立目的和方式必须符合法律的规定，设立法人必须经过政府主管机构的批准或者核准登记。

2）有必要的财产或者经费。有必要的财产或者经费是法人进行民事活动的物质基础，它要求法人的财产或者经费必须与法人的经营范围或者设立目的相适应，否则不能被批准设立或者核准登记。

3）有自己的名称、组织机构和场所。法人的名称是法人相互区别的标志和法人进行活动时的代号。法人的组织机构是指对内管理法人事物、对外代表法人进行民事活动的机构。法人的场所则是法人进行业务活动的所在地，也是确定法律管辖的依据。

4）能够独立承担民事责任。法人必须能够以自己的财产或者经费承担在民事活动中的债务，在民事活动中给其他主体造成损失时能够承担赔偿责任。

法人以外的其他组织是指合法成立、有一定的组织机构和财产但又不具备法人资格的组织，包括合伙组织、依法登记领取营业执照的合伙型联营企业、法人依法设立并领取营业执照的分支机构等。在民事诉讼法中，法人非依法设立的分支机构，或者虽依法设立但没有领取营业执照的分支机构，以设立该分支机构的法人为当事人。

（3）公民

建设活动不仅包括社会组织的建设活动，而且应包括公民个人的建设活动。首先，公民个人的建设活动也应接受国家的管理，从而成为建设法律关系的主体。随着公民个人建设活动的增加，对公民个人建设活动的管理也将逐步完善。其次，有些公民的职务行为仍然要体现其个人身份，如注册建造师、注册监理工程师、注册造价工程师等，他们在履行职务时，仍然要体现公民个人身份。最后，在建设关系主体内部，公民个人以劳动者的身份与单位建立劳动关系，此时，公民个人也是建设法律关系的主体。

2. 建设法律关系的客体

建设法律关系的客体是指参加建设法律关系的主体享有的权利和承担的义务所共同指向的对象。建设法律关系的客体主要包括物、财、行为和智力成果。

（1）物

法律意义上的物是指可为人们所控制并具有经济价值的生产资料和消费资料。如建筑材料、建筑设备、建筑物等，都有可能成为建设法律关系的客体。

（2）财

财是指货币及各种有价证券。财也可能成为建设法律关系的客体，如建设活动中的借款合同，其客体就是货币。

（3）行为

法律意义上的行为是指人的有意识的活动。在建设法律关系中，行为多表现为完成一定的工作，如勘察设计、施工安装等，这些行为都可以成为建设法律关系的客体。行为也可以表现为提供一定的劳务，如绑扎钢筋、土方开挖、墙体砌筑等。

（4）智力成果

智力成果是通过人的智力活动所创造出的精神成果，包括知识产权、技术秘密及在特定情况下的公知技术。如专利权、商标权等，都有可能成为建设法律关系的客体。

3. 建设法律关系的内容

建设法律关系的内容是指建设权利和建设义务。建设法律关系的内容是建设单位的具体要求，决定了建设法律关系的性质，它是连接建设法律关系的主体与客体的纽带。

（1）建设权利

建设权利是指建设法律关系的主体在法定范围内，根据国家建设管理要求和自己业务活动需要有权进行的各种建设活动。权利主体可要求其他主体做出一定的行为和不为一定的行为，以实现自己的有关权利。

（2）建设义务

建设义务是指建设法律关系的主体必须按法律规定或约定承担相应的责任。建设义务和建设权利是相互对应的，相应主体应自觉履行相对应的义务。

1.1.4 建设法律事实

1. 建设法律事实的概念

建设法律事实并不是由建设法律规范本身产生的，建设法律关系只有在具有一定的情况和条件下才能产生、变更和消灭。能够引起建设法律关系产生、变更和消灭的客观现象和事实，就是建设法律事实。建设法律关系是不会自然而然产生的，也不能仅凭法律规范规定就可在当事人之间发生具体的建设法律关系。只有一定的法律事实存在，才能在当事人之间产生一定的建设法律关系，或使原来的建设法律关系发生变更或消灭。

2. 建设法律事实的内容

建设法律事实包括行为和事件。

（1）行为

行为是指法律关系主体有意识的活动，是能够引起法律关系发生变更和消灭的行为。它包括作为和不作为两种表现形式。

行为还可分为合法行为和不合法行为。凡符合国家法律规定或为国家法律所认可的行为就是合法行为，如在建设活动中，当事人订立合法有效的合同，会产生建设工程合同关系；建设行政管理部门依法对建设活动进行的管理活动，会产生建设行政管理关系。凡违反国家法律规定的行为是违法行为，如建设工程合同当事人违约，会导致建设工程合同关系的变更或者消灭。

此外，行政行为和发生法律效力的法院判决、裁定以及仲裁机关发生法律效力的裁决，也是一种法律事实，也能引起法律关系的产生、变更和消灭。

（2）事件

事件是指不以建设法律关系主体的主观意志为转移而发生的，能够引起建设法律关系产生、变更和消灭的客观现象。这些客观事件的出现与否，是当事人无法预见和控制的。

事件分为自然事件和社会事件两种。自然事件是指由于自然现象所引起的客观事实，如地震、台风等。社会事件是指由于社会上发生了不以个人意志为转移的、难以预料的重大事变所形成的客观事实，如战争、罢工、禁运等。无论自然事件还是社会事件，它们的发生都能引起一定的法律后果，即导致建设法律关系的产生或者迫使已经存在的建设法律关系发生变化。

1.2 建设法规体系

1.2.1 建设法规体系的概念

法律体系也称法的体系或部门法律体系，通常是指由一个国家现行的各个部门法构成的有机联系的统一整体。在我国的法律体系中，根据所调整的社会关系性质不同，可以划分为不同的部门法，如宪法及宪法相关法，民法商法、行政法、经济法、刑法等。建设法规具有综合性的特点，同时包括了行政法、民法商法、经济法等部门法。

建设法规同时具有一定的完整性，即具有自己的完整体系。建设法规体系是指把已经制定的和需要制定的建设法律、建设行政法规、建设部门规章和地方建设法规有机结合起来，形成一个相互联系、相互补充、相互协调的完整统一的体系。

1.2.2 我国法律体系的基本框架

经过多年不懈的努力，以宪法为核心的中国特色社会主义法律体系已经形成。当代中国的法律体系，部门齐全、层次分明、结构协调、体例科学。国务院新闻办公室2008年2月28日发表的《中国的法制建设》（白皮书）指出，我国的法律体系主要由以下七个法律部门构成：宪法及宪法相关法，民法商法，行政法，经济法，社会法，刑法，诉讼与非诉讼程序法。

1. 宪法及宪法相关法

宪法是国家的根本大法，是特定社会政治经济和思想文化条件综合作用的产物。它集中反映各种政治力量的实际对比关系，确认革命胜利成果和现实的民主政治，规定国家的根本任务和根本制度，以及社会制度、国家制度的原则和国家政权的组织以及公民的基本权利、义务等内容。宪法相关法，如《中华人民共和国人民代表大会组织法》《中华人民共和国地方各级人民代表大会和地方各级人民政府组织法》《中华人民共和国人民代表大会和地方各级人民代表大会选举法》等法律也属于这一法律部门。

2. 民法商法

民法是规定并调整平等主体的公民间、法人间及公民与法人间的财产关系和人身关系的法律规范的总称。商法是调整市场经济关系中商人及其商事活动的法律规范的总称。我国采用的是民商合一的立法模式，商法被认为是民法的特别法和组成部分。《中华人民共和国民法典》《中华人民共和国公司法》《中华人民共和国招标投标法》等属于民法商法。

3. 行政法

行政法是行政主体在行使行政职权和接受行政法制监督过程中而与行政相对人、行政法制监督主体之间发生的各种关系，以及行政主体内部发生的各种关系的法律规范的总称。作为行政法调整对象的行政关系主要包括行政管理关系、行政法制监督关系、行政救济关系、内部行政关系。《中华人民共和国行政处罚法》《中华人民共和国行政复议法》《中华人民共和国行政许可法》《中华人民共和国环境影响评价法》《中华人民共和国城市房地产管理法》《中华人民共和国城乡规划法》《中华人民共和国建筑法》等属于行政法。

4. 经济法

经济法是调整在国家协调、干预经济运行的过程中发生的经济关系的法律规范的总称。《中华人民共和国统计法》《中华人民共和国土地管理法》《中华人民共和国标准化法》《中华人民共和国税收征收管理法》《中华人民共和国预算法》《中华人民共和国审计法》《中华人民共和国节约能源法》《中华人民共和国政府采购法》《中华人民共和国反垄断法》等属于经济法。

5. 社会法

社会法是调整劳动关系、社会保障和社会福利关系的法律规范的总称。社会法是在国家干预社会生活过程中逐渐发展起来的一个法律门类，所调整的是政府与社会之间、社会不同部分之间的法律关系。《中华人民共和国残疾人保障法》《中华人民共和国矿山安全法》《中华人民共和国劳动法》《中华人民共和国职业病防治法》《中华人民共和国安全生产法》《中华人民共和国劳动合同法》等属于社会法。

6. 刑法

刑法是关于犯罪和刑罚的法律规范的总称。《中华人民共和国刑法》是这一法律部门的主要内容。

7. 诉讼与非诉讼程序法

诉讼法是规定诉讼程序的法律总称。我国有三大诉讼法，分别是《中华人民共和国民事诉讼法》《中华人民共和国刑事诉讼法》和《中华人民共和国行政诉讼法》。非诉讼程序法主要是《中华人民共和国仲裁法》，也属于这一法律部门。

1.2.3 建设法规的渊源

法律的渊源是指法律创制方式和外部表现形式。它包括四层含义：法律规范创制机关的性质及级别；法律规范的外部表现形式；法律规范的效力等级；法律规范的地域效力。法的渊源取决于法的本质。在世界历史上存在过的法律渊源主要有习惯法、宗教法、判例、规范性法律文件、国际惯例、国际条约等。但在我国，习惯法、宗教法、判例不是法的渊源。

我国建设法规的渊源是制定法形式。具体的建设法规渊源可分为以下几类：

1. 宪法

宪法是由全国人民代表大会依据特别程序制定的具有最高效力的根本法。宪法是集中反映统治阶级的意志和利益，规定国家制度、社会制度的基本原则，具有最高法律效力的根本大法，其主要功能是制约和平衡国家权力，保障公民权利。宪法是我国的根本大法，在我国法律体系中具有最高的法律地位和法律效力，是我国最高的法律渊源。宪法主要由两个方面的基本规范组成：一是《中华人民共和国宪法》；二是其他附属的宪法性文件，主要包括主要国家机关组织法、选举法、民族区域自治法、特别行政区基本法、国籍法、国旗法、国徽法、保护公民权利法及其他宪法性法律文件。

同时，宪法也是建设法规的最高渊源，是国家进行建设管理、监督的权力基础。如《中华人民共和国宪法》第八十九条规定"国务院行使下列职权：……（六）领导和管理经济工作和城乡建设、生态文明建设"；第一百零七条规定"县级以上地方各级人民政府依照法律规定的权限，管理本行政区域内的……城乡建设事业……等行政工作，发布决定和命令，任免、培训、考核和奖惩行政工作人员"。

2. 法律

法律是指由全国人民代表大会和全国人民代表大会常务委员会制定颁布的规范性法律文件，即狭义的法律，其法律效力仅次于宪法。法律分为基本法律和一般法律（非基本法律和专门法）两类。基本法律是由全国人民代表大会制定的调整国家和社会生活中带有普遍性的社会关系的规范性法律文件的统称，如刑法、民法、诉讼法以及有关国家机构的组织法等法律。一般法律是由全国人民代表大会常务委员会制定的调整国家和社会生活中某种具体社会关系或其中某一方面内容的规范性文件的统称。

法律是建设法规的核心，既包括专门的建设领域的法律，如《中华人民共和国城乡规划法》《中华人民共和国建筑法》《中华人民共和国城市房地产管理法》等；也包括与建设活动相关的其他法律，如《中华人民共和国民法典总则编》《中华人民共和国民法典合同编》《中华人民共和国行政许可法》等。

3. 行政法规

行政法规是国家最高行政机关国务院根据宪法和法律就有关执行法律和履行行政管理职权的问题，以及依据全国人大的特别授权所制定的规范性文件的总称。其法律地位和法律效力仅次于宪法和法律，但高于地方性法规和法规性文件。

目前已经实施的建设行政法规包括《建设工程质量管理条例》《建设工程安全生产管理条例》《城市房地产开发经营管理条例》等。

4. 地方性法规、自治条例和单行条例

省、自治区、直辖市的人民代表大会及其常务委员会根据本行政区域的具体情况和实际需要，在不与宪法、法律、行政法规相抵触的前提下，可以制定地方性法规。较大的市的人民代表大会及其常务委员会根据本市的具体情况和实际需要，在不与宪法、法律、行政法规和本省、自治区的地方性法规相抵触的前提下，可以制定地方性法规，报省、自治区的人民代表大会常务委员会批准后实施。较大的市是指省、自治区的人民政府所在地的市，经济特区所在地的市和经国务院批准的较大的市。

目前各地方都制定了大量的规范建设活动的地方性法规、自治条例和单行条例，如《北京市建筑市场管理条例》《天津市建筑市场管理条例》《新疆维吾尔自治区建筑市场管理条例》等。

5. 部门规章

国务院各部、委员会、中国人民银行、审计署和具有行政管理职能的直属机构所制定的规范性文件称为部门规章。部门规章规定的事项应当属于执行法律或者国务院的行政法规、决定、命令的事项，它的名称可以是"规定""办法"和"实施细则"等。目前大量的建设法规都是以部门规章的方式发布的，如住房和城乡建设部发布的《房屋建筑工程和市政基础设施工程质量监督管理规定》《房屋建筑工程和市政基础设施工程竣工验收备案管理办法》《市政公用设施抗灾设防管理规定》，国家发展和改革委员会发布的《招标公告发布暂行办法》《工程建设项目招标范围和规模标准规定》等。涉及两个以上国务院部门职权范围的事项，应当提请国务院制定行政法规或者由国务院有关部门联合制定规章。

6. 地方政府规章

省、自治区、直辖市和较大的市的人民政府，可以根据法律、行政法规和本省、自治区、直辖市的地方性法规，制定地方政府规章。目前，省、自治区、直辖市和较大的市的人民政府都十分重视地方法规的建设，制定了大量地方规章。例如，重庆市人民政府令第99号《重庆市建设工程造价管理规定》、安徽省人民政府令第145号《安徽省建设工程造价管理办法》、宁夏回族自治区人民政府令第61号《宁夏回族自治区招标投标管理办法》、宁波市人民政府令第61号《宁波市建设工程造价管理办法》等。

7. 国际条约

国际条约是指我国与外国缔结、参加、签订、加入、承认的双边、多边的条约、协定和其他具有条约性质的文件。这些文件的内容除我国在缔结时宣布持保留意见不受其约束的以外，都与国内法律规范具有同样的约束力，所以也是我国法的渊源。例如，我国加入世界贸易组织（WTO）后，WTO与工程建设有关的协定也对我国的建设活动产生约束力。

1.2.4 法的效力层级

法的效力层级是指法律体系中的各种法的形式，由于制定的主体、程序、时间、适用范围等的不同，具有不同的效力，形成法的效力等级体系。

1. 宪法至上

宪法是根本大法，具有最高的法律效力。宪法作为根本法和母法，还是其他立法活动的最高法律依据。任何法律、法规都必须遵循宪法而产生，无论是维护社会稳定、保障社会秩序，还是规范经济秩序，都不能违背宪法的基本原则。

2. 上位法优于下位法

在我国的法律体系中，法律的效力是仅次于宪法而高于其他法的形式。行政法规的法律地位和法律效力仅次于宪法和法律，高于地方性法规和部门规章；地方性法规的效力，高于本级和下级地方政府规章。省、自治区人民政府制定的规章的效力，高于本行政区域内的较大的市人民政府制定的规章；部门规章之间、部门规章与地方政府规章之间具有同等效力，在各自的权限范围内施行。

3. 特别法优于一般法

特别法优于一般法，是指公法权利主体在实施公权力行为中，当一般规定与特别规定不一致时，优先适用特别规定。《中华人民共和国立法法》规定，同一机关制定的法律、行政法规、地方性法规、自治条例和单行条例、规章，特别规定与一般规定不一致时，适用于特别规定。

4. 新法优于旧法

新法和旧法对同一事项有不同规定时，新法的效力优于旧法。《中华人民共和国立法法》规定，同一机关制定的法律、行政法规、地方性法规、自治条例和单行条例、规章，新的规定与旧的规定不一致的，适用新的规定。

5. 需要由有关机关裁决适用的特殊情况

法律之间对同一事项的新的一般规定与旧的特别规定不一致，不能确定如何适用时，由全国人民代表大会常务委员会裁决。

行政法规之间对同一事项的新的一般规定与旧的特别规定不一致，不能确定如何适用时，由国务院裁决。

地方性法规、规章之间不一致时，由有关机关依照下列规定的权限做出裁决：

1）同一机关制定的新的一般规定与旧的特别规定不一致时，由制定机关裁决。

2）地方性法规与部门规章之间对同一事项的规定不一致，不能确定如何适用时，由国务院提出意见，国务院认为应当适用地方性法规的，应当决定在该地方适用地方性法规的规定；认为应当适用部门规章的，应提请全国人民代表大会常务委员会裁决。

3）部门规章之间、部门规章与地方政府规章之间对同一事项的规定不一致时，由国务院裁决。

根据授权制定的法规与法律规定不一致，不能确定如何适用时，由全国人民代表大会常务委员会裁决。

6. 备案与审查

行政法规、地方性法规、自治条例和单行条例、规章应当在公布后的 30 天内，依照《中华人民共和国立法法》的规定报有关机关备案。

国务院、中央军委、最高人民法院、最高人民检察院和各省、自治区、直辖市的人民代表大会常务委员会认为行政法规、地方性法规、自治条例和单行条例同宪法或者法律相抵触的，可以向全国人民代表大会常务委员会书面提出审查的要求，由常务委员会工作机构分送有关的专门委员会进行审查、提出意见。其他国家机关和社会团体、企事业组织以及公民认为行政法规、地方性法规、自治条例和单行条例同宪法或者法律相抵触的，可以向全国人民代表大会常务委员会书面提出审查的建议，由常务委员会工作机构进行研究，必要时，送有关的专门委员会进行审查、提出意见。

全国人民代表大会专门委员会在审查中认为行政法规、地方性法规、自治条例和单行条例同宪法或者法律相抵触的，可以向制定机关提出书面审查意见；也可以由法律委员会与有关的专门委员会召开联合审查会议，要求制定机关到会说明情况，再向制定机关提出书面审查意见。制定机关应当在两个月内研究提出是否修改的意见，并向全国人民代表大会法律委员会和有关的专门委员会反馈。

全国人民代表大会法律委员会和有关的专门委员会审查认为行政法规、地方性法规、自治条例和单行条例同宪法或者法律相抵触而制定机关不予修改的，可以向委员长会议提出书面审查意见和予以撤销的议案，由委员长会议决定是否提请常务委员会会议审议决定。

1.3 建设法规的构成及与相关法律的关系

1.3.1 建设法规的构成

建设法规调整的是城乡规划、住宅和房地产、工程建设、城市建设等领域的社会关系。2009 年 2 月 1 日，住房和城乡建设部办公厅印发了《住房和城乡建设部法律法规框架》，对建设法规的构成进行了归纳和规划。建设法规体系主要由四部分法律组成，即城乡规划法、住宅和房地产法、工程建设法、城市建设法。

1. 城乡规划法

（1）立法目的

城乡规划法的立法目的是加强城乡规划管理，协调城乡空间布局，改善人居环境，促进城乡经济社会全面协调可持续发展。2007 年 10 月 28 日，第十届全国人民代表大会常务委员会第三十次会议通过了《中华人民共和国城乡规划法》，并于 2008 年 1 月 1 日起施行。2015 年 4 月 24 日，第十二届全国人民代表大会常务委员会第十四次会议对该法做出修改；2019 年 4 月 23 日第十三届全国人民代表大会常务委员会第十次会议对该法做出修改。已经发布的行政法规有《村镇和集镇规划建设条例》《风景名胜区条例》和《历史文化名城名镇名村保护条例》。

（2）调整范围

城乡规划法调整城乡规划活动及其产生的社会关系。城乡规划包括城镇体系规划、城市规划、镇规划、乡规划和村庄规划。城市规划、镇规划分为总体规划和详细规划。详细规划分为控制性详细规划和修建性详细规划。

2. 住宅和房地产法

（1）立法目的

住宅和房地产法的立法目的是保障公民的居住权，加强对城市房地产的管理，维护房地产市场秩序，保障房地产权利人的合法权益，促进房地产业的健康发展。住宅和房地产法主要是《中华人民共和国城市房地产管理法》。该法于 1994 年 7 月 5 日第八届全国人民代表大会常务委员会第八次会议通过，于 1995 年 1 月 1 日起施行。2007 年 8 月 30 日第十届全国人民代表大会常务委员会第二十九次会议对该法做出修改。已经发布的行政法规有《物业管理条例》《城市房地产开发经营管理条例》《国有土地上房屋征收与补偿条例》《住房公积金管理条例》等。

（2）调整范围

住宅和房地产法调整为了保障公民的居住权形成的社会关系，以及房地产开发、买卖、管理活动及其社会关系。

3. 工程建设法

（1）立法目的

工程建设法的立法目的是加强对工程建设活动的监督管理，维护建筑市场秩序，保证建设工程的质量和安全，促进建筑业健康发展。工程建设法主要是《中华人民共和国建筑法》，该法于 1997 年 11 月 1 日第八届全国人民代表大会常务委员会第二十八次会议通过，于 1998 年 3 月 1 日起施行。2011 年 4 月 22 日第十一届全国人民代表大会常务委员会第二十次会议对该法做出修改；2019 年 4 月 23 日第十三届全国人民代表大会常务委员会第十次会议第二次对该法做出修改。已经发布的行政法规有《中华人民共和国注册建筑师条例》《建设工程质量管理条例》《建设工程勘察设计管理条例》《建设工程安全生产管理条例》《民用建筑节能条例》等。

（2）调整范围

工程建设法调整建设工程领域各类企业的资质管理、经营管理、工程承包管理和建筑市场管理等活动及其社会关系。《中华人民共和国建筑法》对建筑许可、建筑工程发包与承包、建筑工程监理、建筑工程安全生产管理、建筑工程质量管理等内容做出了全面的规定。

4. 城市建设法

（1）立法目的

城市建设法的立法目的是加强市政公用事业的统一管理，保证城市建设和管理工作的顺利进行，发挥城市多功能的作用，以适应现代化建设的需要。已经发布的行政法规有《城市绿化条例》《城市市容和环境卫生管理条例》《城市供水条例》《城市道路管理条例》等。

（2）调整范围

城市建设法调整城市的市政设施、公用事业、市容环境卫生、园林绿化等建设、管理活动及其社会关系。

1.3.2 建设法规与相关法律的关系

1. 建设法规与行政法的关系

建设法规在调整建设活动中产生的社会关系时，会形成行政监督管理关系。行政监督管理关系是指国家行政机关或者其正式授权的有关机构对建设活动的组织、监督、协调等形成的关系。建设活动事关国计民生，与国家、社会的发展，与公民的工作、生活以及生命财产安全等，都有直接的关系。因此，国家必然要对建设活动进行监督和管理。

我国政府一直高度重视对建设活动的监督管理。在国务院和地方各级人民政府都设有专门的建设行政管理部门，对建设活动的各个阶段依法进行监督管理，包括立项、资金筹措、勘察、设计、施工、验收等。国务院和地方各级政府的其他有关行政管理部门也承担了相应的建设活动监督管理的任务。行政机关在这些监督管理中形成的社会关系就是建设行政监督管理关系。

建设行政监督管理关系是行政法律关系的重要组成部分。

2. 建设法规与民法商法的关系

建设法规在调整建设活动中产生的社会关系时，会形成民事商事法律关系。建设民事商事法律关系是建设活动中由民事商事法律规范所调整的社会关系。建设民事商事法律关系有以下特点：

1）第一，建设民事商事法律关系是主体之间的民事权利和民事义务关系。民法商法调整一定的财产关系和人身关系，赋予当事人民事商事权利和民事商事义务。在民事商事法律关系产生以后，民事商事法律规范所确定的抽象的民事商事权利和民事商事义务便落实为约束当事人行为的具体的民事商事权利和民事商事义务。

2）第二，建设民事商事法律关系是平等主体之间的关系。民法商法调整平等主体之间的财产关系和人身关系，这就决定了参加民事商事关系的主体地位平等、相互独立、互不隶属。同时，由于主体地位平等，决定了其权利义务一般也是对等的。任何一方在享受权利的同时，也要承担相应的义务。

3）第三，建设民事商事法律关系主要是财产关系。民法商法以财产关系为其主要调整对象。因此，民事商事关系也主要表现为财产关系。民事商事关系虽然也有人身关系，但在数量上较少。

4）第四，建设民事商事法律关系的保障措施具有补偿性和财产性。民法商法调整对象的平等性和财产性，也表现在民事商事关系的保障手段上，即民事商事责任以财产补偿为主要内容，惩罚性和非财产性责任不是主要的民事商事责任形式。

在建设活动中，各类民事商事主体，如建设单位、施工单位、勘察设计单位、监理单位等，都是通过合同建立起相互的关系。合同关系就是一种民事商事法律关系。

建设民事商事关系是民事商事法律关系的重要组成部分。

3. 建设法规与社会法的关系

建设法规在调整建设活动中产生的社会关系时，会形成社会法律关系。例如，施工单位应当做好员工的劳动保护工作，建设单位也要提供相应的保障；建设单位、施工单位、监理单位、勘察设计单位都会与自己的员工建立劳动关系。

建设社会关系是社会法律关系的重要组成部分。

1. 案例背景

原告：刘某

被告：贾某（包工头）、程某（私建房主）

2016 年 10 月底，被告程某委托被告贾某完成两层新建私房的模板安装工程。被告贾某在承揽该工程后，于 2016 年 11 月 7 日雇请了原告刘某安装模板，双方约定刘某每天的工资为 162 元。当天上午，原告刘某在施工现场二楼安装模板时不慎摔至一楼，导致左侧大腿多处骨折。原告受伤后即由被告送至镇中心卫生医院进行治疗，后转至省人民医院住院治疗。原告住院期间，被告贾某和程某支付了部分医疗费之后就一直拒付相关费用。2016 年 12 月 27 日，原告刘某向陕西省西安市长安区人民法院起诉，请求判令被告赔偿医疗费、误工费、护理费、住院伙食补助费等费用，合计人民币 74896.95 元。

被告贾某辩称，自己与被告程某之间的行为应当受《建筑法》的调整，被告程某委托工程时，没有审查工人的施工资质，因此，程某也存在一定的过错，应当承担法律责任。另外，原告刘某自己在施工的过程中存在不当，导致损害结果的发生，也应承担一定的责任。

被告程某辩称，自己与原告之间不存在雇佣关系，只是将安装模板工程发包给被告贾某，而且作为私有房主没有义务审查工人是否有施工资质。农村私有住房建筑也不适用《建筑法》的调整，自己与原告刘某之间根本不存在发包与承包的关系，故请求驳回原告的诉讼请求。

2. 审裁结果

法院判决：被告贾某赔偿原告刘某医疗费、误工费、护理费、住院伙食补助费等费用，合计人民币 74896.95 万元；驳回原告刘某对被告程某的诉讼请求。

3. 案例分析

本案判决主要解决三个问题：

（1）被告贾某与被告程某之间的民事法律行为受何种法律关系调整

农民将自建住宅工程承包给个体工匠施工，其建设行为受《村庄和集镇规划建设管理条例》调整。在本案中，被告程某将新建私房模板安装工程交给贾某，由贾某负责施工，其形式是包工包料，而且程某只向其支付报酬，两人之间形成的是加工承揽合同关系，而非建设工程合同关系，其行为应受《村庄和集镇规划建设管理条例》和《民法典合同编》的调整，而不受《建筑法》的调整。

（2）被告贾某是否具有建筑资质及被告程某是否存在审查失当的过错

一般情况下，具有农村工匠资格的人员具有承揽资质。农民自建的二层以下低层住宅，由已经领取工匠资格的人员承建，即可以认定具有资质。对于未实行工匠资格证书的地区，如果该工匠具有当地一般的工匠水平，是群众普遍认可的，也可以认定其具有承建资质。定做人在选任承揽人时，必须严格审查其承建资质，如选任无资质的企业或工匠建房导致发生人身损害，应承担选人不当的责任。本案中，被告贾某是一个有着30多年工龄的瓦工，他也经常在当地承揽建筑业务，可以认定其具有承揽资质，程某并无审查失当的过错，故无须担责。

(3) 原告刘某是否存在过错

原告刘某在未熟悉施工条件的情况下，私自上楼进行施工，结果踏空坠地而导致骨折，其也存在一定的过错。但根据《最高人民法院关于审理人身损害赔偿案件适用法律若干问题的解释》的有关规定，雇员必须存在故意或者重大过失才承担民事责任。在本案中，原告刘某并无故意或者重大过失的情形，故无须承担责任，相应责任应由雇主贾某来承担。

复习思考题

1. 简述我国建设法规的调整对象。
2. 我国建设法律关系的构成要素有哪些？
3. 我国建设法规的渊源有哪些？
4. 简述我国建设法规的构成体系。
5. 什么是法的效力层级？
6. 简述我国建设法规的构成。
7. 建设法规和民法商法的关系是什么？

第 2 章

建设工程法律基础与相关制度

2.1 民法基础

2.1.1 民法概述

1. 民法的概念和调整对象

民法是调整平等主体的自然人、法人和非法人组织之间的财产关系、人身关系的各种法律规范的总称。民法是现代国家的基本法之一。

民事主体的平等性有两层含义：一是指当事人的民事法律地位平等，具有独立、平等的关系，相互之间不是领导与被领导的行政隶属关系；二是指当事人的民事活动意志平等，是在自主、自愿的基础上进行，一方不能强加意志给另一方或被强加。

民法所调整的财产关系，是指人们在占有、使用、交换和分配物质财富的过程中形成的具有经济内容的社会关系。这种关系表现为两种：一种是财产的所有关系；另一种是财产的流转关系。它们反映在民法上，形成了所有权、使用权、经营权、相邻权、债权、知识产权和继承权等法律关系。

民法所调整的人身关系，是指平等主体之间，基于一定的人格和身份而发生的，不具有直接经济内容的社会关系。民法调整的人身关系表现为人身权，包括人格权和身份权。人身权无直接经济内容，但又与财产关系密切相连，是人们能够具有民事主体资格、获取经济利益所不可缺少的，是财产关系的前提，也是民法调整的对象之一。

2. 我国民法的构成与基本内容

（1）民法典

世界上凡属于大陆法系的国家或地区均有其民法典，用以调整民事主体在民事活动中所产生的权利与义务关系。

2020 年 5 月 28 日，第十三届全国人民代表大会第三次会议表决通过了《中华人民共和国民法典》，该法于 2021 年 1 月 1 日起施行。

民法典是新中国第一部以法典命名的法律，开创了我国法典编纂的先河，具有里程碑意义。它是"社会生活的百科全书"，是市场经济的基本法，是民事权利保护的宣言书，是新中国民事立法的集大成者。

《中华人民共和国民法典》共7编1260条，各编依次为总则、物权、合同、人格权、婚姻家庭、继承、侵权责任以及附则。

（2）民法典总则编

《民法典总则编》是民法典的开篇之作，在民法典中起统领作用。《民法典总则编》规定民事活动必须遵循的基本原则和一般规则，统领民法典各分编；各分编在总则的基础上对各项民事制度做出具体规定。《民法典总则编》以1986年制定的《民法通则》为基础，采取"提取公因式"的办法，将民事法律制度中具有普遍适用性和引领性的规定写入总则，就民法基本原则、民事主体、民事权利、民事法律行为、民事责任和诉讼时效等基本民事法律制度做出规定，既构建了我国民事法律制度的基本框架，也为各分编的规定提供了依据。

《民法典总则编》分为十章，包括基本规定、自然人、法人、非法人组织、民事权利、民事法律行为、代理、民事责任、诉讼时效、期间计算，共二百零四条。

《民法典总则编》确立了处理民事纠纷的法律适用规则，即处理民事纠纷，应当依照法律；法律没有规定的，可以使用习惯，但不得违背公序良俗。

3. 民法的立法目的、调整范围与基本原则

（1）立法目的

1）保护民事主体的合法权益。民事主体的合法权益包括人身权利、财产权利、兼具人身和财产性质的知识产权等权利，以及其他合法权益。保护公民的各项基本权利是宪法的基本原则和要求，保护民事主体的合法权益是民法的首要目的，也是落实和体现宪法精神的表现。

2）调整民事关系。民事权益存在于特定社会关系中，民法保护民事权利，是通过调整民事关系来实现的。调整社会关系是法律的基本功能。民法调整的仅仅是民事关系，民事关系就是平等主体之间的权利与义务关系。

3）维护社会和经济秩序。民法通过调整民事主体之间的人身关系、财产关系和交易关系，实现对社会与经济秩序的维护，使得民事主体享有合法的财产权，进而能在此基础上与他人开展交易，从而确保整个社会的经济有条不紊地运行。

4）适应中国特色社会主义的发展要求。社会主义市场经济体系本质上是法制经济，通过编纂民法典、制定民法总则，不断完善社会主义法律体系，健全市场秩序，维护交易安全，促进社会主义市场经济持续健康发展。

（2）调整范围

民法调整平等主体的自然人、法人和非法人组织之间的人身关系和财产关系。

1）人身关系。人身关系是指民事主体之间基于人格和身份形成的无直接物质利益因素的民事法律关系。人身关系有的与民事主体的人格利益相关，有的与民事主体的特定身份相关，如配偶之间的婚姻关系、父母与子女之间的抚养和赡养关系。

2) 财产关系。财产关系是指民事主体之间基于物质利益而形成的民事法律关系。财产关系包括静态的财产支配关系，如所有权关系；还包括动态的财产流转关系，如债权债务关系。从财产关系所涉及的权利内容而言，财产关系包括物权关系、债权关系等。

（3）基本原则

1) 民事主体的人身权利、财产权利以及其他合法权益受法律保护原则。民事主体的民事权利及其他合法权益受法律保护的要求在我国诸多法律中都有规定。如《中华人民共和国宪法》第十三条规定，公民的合法的私有财产不受侵犯，国家依照法律规定保护公民的私有财产权和继承权。

2) 平等、自愿、公平和诚信原则。平等原则是指民事主体，不论法人、自然人还是非法人组织，在从事民事活动时，他们相互之间在法律地位上都是平等的，他们的合法权益受到法律平等的保护。自愿原则也称意思自治原则，就是民事主体有权根据自己的意思，自愿从事民事活动，按照自己的意思自主决定民事法律关系的内容及其设立、变更和终止，自觉承受相应的法律后果。公平原则要求民事主体从事民事活动时要秉承公平理念，公正、平允、合理地确定各方的权利和义务，并依法承担相应的民事责任。诚信原则要求所有民事主体在从事任何民事活动时，包括行使民事权利、履行民事义务、承担民事责任时，都应该秉持诚实、善意，信守自己的承诺。

3) 守法与公序良俗原则。民事主体从事民事活动，不得违反法律，不得违背公序良俗。所谓民事主体从事民事活动不得违反法律，就是要求不违反法律的强制性规定。对于任意性规范，民事主体可以结合自身的利益需要，决定是否纳入自己的意思自治范围。民事主体从事民事活动不得违背公序良俗，则是要求不违背公共秩序和善良习俗。公共秩序是指政治、经济、文化等领域的基本秩序和根本理念，是与国家和社会整体利益相关的基础性原则、价值和秩序，在以往的民商事立法中被称为社会公共利益。善良习俗是指基于社会主流道德观念的习俗，也称社会公共道德，是全社会社会成员所普遍认可、遵循的道德准则。

4) 绿色原则。民事主体从事民事活动，应当有利于节约资源、保护生态环境。绿色原则是贯彻宪法关于保护环境的要求，同时也是落实国家关于建设生态文明、实现可持续发展理念的要求，将环境资源保护上升至民法基本原则的地位，具有鲜明的时代特征，将全面开启环境资源保护的民法通道，有利于构建人与自然的新型关系。

4. 民法的法律适用与效力范围

（1）民法的法律适用

《民法典总则编》规定，处理民事纠纷，应当依照法律；法律没有规定的，可以适用习惯，但是不得违背公序良俗。

1) 人民法院、仲裁机构等在处理民事纠纷时，首先应当依照法律。这里的"法律"是指广义的法律，包括全国人大及其常委会制定的法律和国务院制定的行政法规，也不排除地方性法规，自治条例和单行条例等。

2) 法律没有规定的，可以适用不违背公序良俗的习惯。习惯是指在一定地域、行业范围内长期为一般人确信并普遍遵守的民间习惯或者行业惯例。《民法典合同编》《民法典物权编》等法律已明确规定习惯可以作为判断当事人权利义务的依据。适用习惯受到两个方面的限制：一是适用习惯的前提是法律没有规定，法律没有规定就是相关的法律、行政法规、地方性法规对特定民事纠纷未做出规定；二是所适用的习惯不违背公序良俗。

（2）民法与特别法的关系

《民法典总则编》规定，其他法律对民事关系有特别规定的，依照其规定。《立法法》第九十二条规定，同一机关制定的法律，特别规定与一般规定不一致的，适用于特别规定。考虑到我国制定了诸多民商事单行法，对特别领域的民事法律关系做出规范。民法典作为一般法，各民商事单行法作为特别法，根据《立法法》的规定，特别法的规定将优先适用。

（3）民法的效力范围

《民法典总则编》规定，中华人民共和国领域内的民事活动，适用于中华人民共和国法律。法律另有规定的，依照其规定。

1）在中华人民共和国领域内的民事活动一般来说都得适用我国的法律。中华人民共和国领域内包括中华人民共和国领土、领空、领海，以及根据国际法视为我国领域内的我国驻外使馆，国籍为中国的船舶、航空器等。

2）法律另有规定的，依照其规定。其中最为重要的就是涉外民事关系的法律适用问题，关于涉外民事关系的适用，由涉外民事关系法律适用法做出专门的规定。除此之外，有些单行民事法律也对涉外民事关系的法律适用有规定。根据这些涉外民事关系适用的特别规定，在中华人民共和国领域内的涉外民事活动，法律适用应当根据特定的民事法律关系类型不同而具体适用相应的法律规范，并非一概适用中国法律。

2.1.2　民事法律关系

1. 民事法律关系的构成要素

法律关系是指由法律规范调整一定的社会关系而形成的权利与义务关系。法律关系的种类很多，如民事法律关系、婚姻家庭法律关系、行政法律关系、劳动法律关系、刑事法律关系和经济法律关系等。

民事法律关系是指当事人之间由民事法律规范调整而具有民事权利和民事义务的社会关系。它是民法所调整的财产关系和人身关系在法律上的体现。所有权关系、债权关系、著作权关系、继承权关系等均是民事法律关系。

民事法律关系由主体、客体和内容三个要素组成。

（1）民事法律关系主体

1）自然人。自然人是指基于出生而依法成为民事法律关系主体的人。在我国的《民法典总则编》中，公民与自然人在法律地位上是相同的。但实际上，自然人的范围要比公民的范围广。公民是指具有本国国籍，依法享有宪法和法律所赋予的权利并承担宪法和法律所规定的义务的人。在我国，公民是社会中具有我国国籍的一切成员，包括成年人、未成年人和儿童。自然人则既包括公民，又包括外国人和无国籍的人。各国的法律一般对自然人都没有条件限制。

2）法人。法人是指具有民事权利能力和民事行为能力，依法独立享有民事权利和承担民事义务的组织。

法人应当依法成立。法人应当有自己的名称、组织机构、住所、财产或者经费。法人成立的具体条件和程序，依照法律、行政法规的规定。设立法人，法律、行政法规规定须经有关机关批准的，依照其规定。

《民法典总则编》将法人分为以下三类：

① 营利法人。以取得利润并分配给股东等出资人为目的成立的法人，为营利法人。营利法人区别于非营利法人的重要的特征，不是"取得利润"，而是"利润分配给出资人"。是否从事经营活动并取得利润，与法人成立的目的没有直接关系，也不影响营利法人与非营利法人的分类。如果利润归属于法人，用于实现法人目的，则不是营利法人；如果利润分配给出资人，则属于营利法人。营利法人包括有限责任公司、股份有限公司和其他法人企业。

② 非营利法人。为公益目的或者其他非营利目的成立，不向出资人、设立人或者会员分配所取得利润的法人，为非营利法人。非营利法人包括事业单位、社会团体、基金会、社会服务机构等。

③ 特别法人。特别法人包括机关法人、农村集体经济组织法人、城镇农村的合作经济组织法人和基层群众性自治组织法人等。

3）非法人组织。非法人组织是指不具有法人资格，但是能够依法以自己的名义从事民事活动的组织。非法人组织包括个人独资企业、合伙企业、不具有法人资格的专业服务机构等。

（2）民事法律关系客体

民事法律关系客体是指作为法律关系的主体享有的民事权利和承担的民事义务所共同指向的对象。在通常情况下，主体都是为了某一客体，彼此才设立一定的权利、义务，从而产生法律关系。

1）财。财一般是指资金及各种有价证券。在工程建设法律关系中表现为财的客体主要是建设资金，如基本建设贷款合同的标的，即一定数量的货币。有价证券包括支票、汇票、期票、债券、股票、国库券、提单、抵押单等。

2）物。物是指可以为人们控制和支配，有一定经济价值并以物质形态表现出来的物体。物是我国应用最广泛的工程建设法律关系的客体，如建筑物、构筑物、建筑材料、工程设备等。

3）行为。行为是指法律关系主体为达到一定的目的所进行的活动。在工程建设法律关系中，行为多表现为完成一定的工作，如勘察设计、施工安装、检查验收等活动。

4）非物质财富。非物质财富是指人们脑力劳动的成果或智力方面的创作，也称智力成果，如商标、专利、专有技术、设计图等。

（3）民事法律关系内容

民事法律关系内容是指民事法律关系的主体享有的民事权利和承担的民事义务。这是民事法律关系的核心，直接体现了主体的要求和利益。

1）民事权利。民事权利是指民事法律关系主体在法定范围内有权进行各种民事活动。权利主体可要求其他主体做出一定的行为或抑制一定的行为，以实现自己的民事权利，因其他主体的行为而使民事权利不能实现时，权利主体有权要求国家机关加以保护并予以制裁。

根据民事权利的标的不同，民事权利可以分为财产权、人身权和知识产权。财产权是以财产利益为客体的权利，如物权、债权。人身权是以民事主体的人身要素为客体的权利，如名誉权、身体权、亲属权。知识产权是以受保护的智力劳动成果为客体的权利，它体现着人格权和财产权两方面内容，如署名权、对作品的使用权等。

2）民事义务。民事义务是指民事法律关系主体必须按法律规定或约定承担应负的责任。民事义务和民事权利是相互对应的，相应主体应自觉履行民事义务，义务主体如果不履行或不适当履行，就要受到法律制裁。

2. 民事法律关系的产生、变更与终止

（1）法律事实

民事法律关系的发生、变更与终止，必须以法律事实为根据，没有法律事实，不可能形成任何法律关系。

法律事实是指能够引起法律关系发生、变更和终止的客观情况。法律关系则是法律事实的结果。法律事实可以分为事件和行为两类。

1）事件。法律事件是指不以当事人意志为转移的法律事实。法律事件包括自然事件（如地震、台风、水灾等自然灾害）、社会事件（如战争、暴乱、政府禁令等）、意外事件（如失火、爆炸等）。

2）行为。法律行为是指人有意识的活动，是能够引起法律关系发生、变更、终止和产生法律后果的行为。行为包括积极的作为和消极的不作为。行为通常表现为民事法律行为、违法行为、行政行为、立法行为、司法行为等。

在社会经济生活中，行为和事件这两类不同的法律事实，由于出现的原因不同，其社会效果和作用也有显著的差别。行为是以对社会产生积极效果为主的，因此是一种处于主导和主动地位的法律事实；事件是以对社会产生消极作用为主的，因此是一种处于次要和被动地位的法律事实。

并不是所有的自然现象和人的活动都可以成为法律事实。客观事实只有由法律规定将它和一定的法律后果联系起来，才能成为法律事实，这就是法律关系产生、变更或终止的原因。如由于自然原因而发生的火灾、水灾等而引起保险合同的赔偿责任；又如由于战争可能引起民事法律关系的变更或终止。

法律规范、法律事实和法律关系是三个既不相同又有联系的概念。三者的关系是：法律规范是确定法律事实的依据；法律事实是引起法律关系产生、变更或终止的原因；法律关系是法律事实引起的结果。

（2）民事法律关系的产生

民事法律关系的产生是指民事法律关系的主体之间形成了一定的权利和义务关系。如某施工单位与某建设单位签订了施工承包合同，主体双方之间就产生了相应的权利和义务。此时，受民事法律关系调整的民事法律关系即告产生。

（3）民事法律关系的变更

民事法律关系的变更是指构成民事法律关系的三个要素发生变化。

1）主体变更。主体变更既可以表现为民事法律关系主体数目增多或减少，也可以表现为主体改变。在各种类型的合同当中，如果民事法律关系中的客体不变，则相应的权利和义务也不发生改变，此时主体的改变也称为合同的转让。

2）客体变更。客体变更是指民事法律关系中权利和义务所指向的对象发生变化。客体的变更可以是数量、质量以及范围大小的变更，也可以是不同性质的变更，从而引起权利和义务，即民事法律关系内容的变更。

3）内容变更。民事法律关系主体与客体的变更，将会导致相应的权利和义务，即内容的变更。民事法律关系的主体与客体不变，内容也可以变更，表现为双方权利或义务的增加或减少。

（4）民事法律关系的终止

民事法律关系的终止是指民事法律关系主体之间的权利和义务关系不复存在，对民事法律主体双方当事人失去约束力。

1）自然终止。民事法律关系自然终止是指某类民事法律关系所规范的权利义务顺利得到履行，各方实现了各自的利益，从而使该民事法律关系得以完结。

2）协议终止。民事法律关系协议终止是指民事法律关系主体之间协商解除某类法律关系所规范的权利义务，致使该民事法律关系归于消灭。

3）违约终止。民事法律关系违约终止是指民事法律关系主体一方违约或发生不可抗力，致使某类民事法律关系规范的权利不能实现，而使该民事法律关系得以终止。

3. 民事法律行为的要件

民事法律行为是指以意思表示为要素，设立、变更或终止权利义务关系的合法行为。民事法律行为只有具备一定的要件，才能产生预期的法律效果。

（1）法律行为主体具有相应的民事权利能力和民事行为能力

民事权利能力是指能够参加民事活动、享有民事权利和承担民事义务的法律资格。民事权利能力始于自然人出生之时，终止于自然人死亡之时。法人的民事权利能力始于法人成立之时，终止于法人消灭之时。

民事行为能力是指民事主体通过自己的行动取得民事权利、承担义务及责任的能力。对自然人而言，行为能力取决于其智力和体能，即智力发育情况和精神健康状态。法人的法定代表人依其职权代表法人行使职权。

法律行为主体只有取得了相应的民事权利能力和民事行为能力以后做出的民事法律行为才能被认可。

（2）行为人意思表示真实

行为人意思表示真实是指行为人表现于外部的表示与其内在的真实意志相一致。如果行为人的意思表示是基于胁迫、欺诈的原因而做出的，则不能反映行为人的真实意志，就不能产生法律上的效力。如果行为人故意做出不真实的意思表示，则该行为人无权主张行为无效，而善意的相对人或第三人，则可根据情况主张行为无效。如果行为人基于某种错误的认识而导致意思表示与内在意志不一致，则只有在存在重大错误的情况下，才有权请求人民法院或者仲裁机构予以变更或撤销。

（3）行为内容合法

行为内容合法表现为不违反法律和社会公共利益、社会公德。行为内容合法首先不得与法律、行政法规的强制性或禁止性规范相抵触；其次，行为内容合法还包括行为人实施的民事行为不得违背社会公德，不得损害社会公共利益。

（4）行为形式合法

民事法律行为的形式也就是行为人进行意思表示的形式。民事法律行为所采用的形式分为要式民事法律行为和不要式民事法律行为。凡属要式的民事法律行为，必须采用法律规定的特定形式才合法；而不要式民事法律行为，则在法律允许范围选择口头形式、书面形式或其他形式作为民事法律行为的形式皆为合法。如法律规定不动产交易与抵押、法人合并与分立等均须经过登记程序，未经登记时，即使其他条件都符合要求，该行为也不能生效。

2.2 建设工程代理制度

2.2.1 代理的法律特征和主要种类

《民法典总则编》规定，民事主体可以通过代理人实施民事法律行为。代理人在代理权限内，以被代理人的名义实施民事法律行为。被代理人对代理人的代理行为承担民事责任。

代理是指代理人在被授权的代理权限范围内，以被代理人的名义与第三人实施法律行为，而行为后果由该被代理人承担的法律制度。代理涉及三方当事人，即被代理人、代理人和代理关系所涉及的第三人。

1. 代理的法律特征

（1）代理人必须在代理权限范围内实施代理行为

代理人实施代理活动的直接依据是代理权。因此，代理人必须在代理权限范围内与第三人或相对人实施代理行为。

代理人实施代理行为时有独立进行意思表示的权利。代理制度的存在，正是为了弥补一些民事主体没有资格、精力和能力去处理有关事务的缺陷。如果仅是代为传达当事人的意思表示或接受意思表示，而没有任何独立决定意思表示的权利，则不能视为代理。

（2）代理人应该以被代理人的名义实施代理行为

《民法典总则编》规定，代理人应以被代理人的名义对外实施代理行为。代理人如果以自己的名义实施代理行为，则该代理行为产生的法律后果只能由代理人自行承担。那么，这种行为是代理人自己的行为而非代理行为。

（3）代理行为必须是具有法律意义的行为

代理人为被代理人实施的是能够产生法律上的权利义务关系，产生法律后果的行为。如果是代理人请朋友吃饭、聚会等，这些不能产生权利义务关系的行为，就不是代理行为。

（4）代理行为的法律后果归属于被代理人

代理人在代理权限内，以被代理人的名义同第三人进行的具有法律意义的行为，在法律上产生与被代理人自己的行为同样的后果。因此，被代理人对代理人的代理行为承担民事责任。

2. 代理的主要种类

（1）委托代理

委托代理是指按照被代理人的委托行使代理权。因委托代理中，被代理人是以意思表示的方法将代理权授予代理人的，故又称"意定代理"或"任意代理"。

（2）法定代理

法定代理是指根据法律的规定而发生的代理。例如，《民法典总则编》规定，无民事行为能力人、限制行为能力人的监护人是其法定代理人。

2.2.2 建设工程代理行为的设立和终止

1. 建设工程代理行为的设立

建设工程活动不同于一般的经济活动，其代理行为不仅要依法实施，有些还要受到法律的限制。

（1）不得委托代理的建设工程活动

《民法典总则编》规定，依照法律规定、当事人约定或者民事法律行为的性质，应当由本人实施的民事法律行为，不得代理。

建设工程承包活动不得委托代理。《中华人民共和国建筑法》（简称《建筑法》）规定，禁止承包单位将其承包的全部建筑工程转包给他人，禁止承包单位将其承包的全部建筑工程肢解以后以分包的名义转包给他人。施工总承包的，建筑工程主体结构的施工必须由总承包单位自行完成。

（2）须取得法定资格方可从事的建设工程代理行为

一般的代理行为可以由自然人、法人担任代理人，对其资格并无法定的严格要求。即使是诉讼代理人，也不要求必须由具有律师资格的人担任。2012 年 8 月经修改后颁布的《中华人民共和国民事诉讼法》（简称《民事诉讼法》）第五十八条规定：下列人员可以被委托为诉讼代理人：①律师、基层法律服务工作者；②当事人的近亲属或者工作人员；③当事人所在社区、单位以及有关社会团体推荐的公民。

但是，某些建设工程代理行为必须由具有法定资格的组织方可实施。《中华人民共和国招标投标法》（简称《招标投标法》）第十三条规定，招标代理机构是依法设立、从事招标代理业务并提供相关服务的社会中介组织。招标代理机构应当具备下列条件：①有从事招标代理业务的营业场所和相应资金；②有能够编制招标文件和组织评标的相应专业力量；③有符合《招标投标法》第三十七条第三款规定条件、可以作为评标委员会成员人选的技术、经济等方面的专家库。《招标投标法》第十四条还规定，从事建设工程项目招标代理业务的招标机构，其资格由国务院或者省、自治区、直辖市人民政府的建设主管部门认定。

（3）民事法律行为的委托代理

建设工程代理行为多为民事法律行为的委托代理。民事法律行为的委托代理，可以用书面形式，也可以用口头形式。但是法律规定用书面形式的，应当用书面形式。

书面委托代理的授权委托书应当载明代理人的姓名或者名称、代理事项、权限和期限，并由委托人签名或者盖章。委托人授权不明的，被代理人应当向第三人承担民事责任，代理人负连带责任。

2. 建设工程代理行为的终止

《民法典总则编》规定，有下列情形之一的，委托代理终止：①代理期限届满或者代理事务完成；②被代理人取消委托或者代理人辞去委托；③代理人丧失民事行为能力；④代人或者被代理人死亡；⑤作为被代理人或者代理人的法人终止。

建设工程代理行为的终止，主要适用上述①、②、⑤三种情况。

（1）代理期间届满或代理事务完成

被代理人通常是授予代理人某一特定期间内的代理权，或者是某一项也可能是某几项特定事务的代理权，那么在这一期间届满或者被指定的代理事务全部完成，代理关系即告终止，代理行为也随之终止。

（2）被代理人取消委托或者代理人辞去委托

委托代理是被代理人基于对代理人的信任而授权其进行代理事务的。如果被代理人由于某种原因失去了对代理人的信任，法律就不应当强制被代理人仍须以其为代理人；反之，如果代理人由于某种原因不愿再行代理，法律也不能强制要求代理人继续从事代理。因此，法律规定被代理人有权根据自己的意愿单方取消委托，也允许代理人单方辞去委托，均不必以对方同意为前提，且以通知到对方时，代理权即行消灭。

但是，单方取消或辞去委托可能会承担相应的民事责任。《民法典合同编》规定，委托人或者受托人可以随时解除委托合同。因解除合同给对方造成损失的，除不可归责于该当事人的事由以外，应当赔偿损失。

（3）作为被代理人或者代理人的法人终止

在建设活动中，不管是被代理人还是代理人，任何一方的法人终止，代理关系均随之终止。因为对方的主体资格已消灭，代理行为将无法继续，其法律后果也将无从承担。

2.2.3 代理人和被代理人的权利、义务及法律责任

建设工程代理法律关系与其他代理关系一样，存在着两种法律关系：一种是代理人与被代理人之间的委托关系；另一种是被代理人与第三人之间的合同关系。

1. 代理人和被代理人的权利与义务

（1）代理人在代理权限内以被代理人的名义实施代理行为

代理人在代理权限内，以被代理人的名义实施民事法律行为，被代理人对代理人的代理行为，承担民事责任。

这是代理人与被代理人基本权利和义务的规定。代理人必须取得代理权，并根据代理权限，以被代理人的名义实施民事法律行为。被代理人要对代理人的代理行为承担民事责任。

（2）转委托他人代理应当事先取得被代理人的同意或者追认

代理人需要转委托第三人代理的，应当取得被代理人的同意或者追认。

转委托经被代理人同意或者追认的，被代理人可以就代理事务直接指示转委托的第三人，代理人仅就第三人的选任以及对第三人的指示承担责任。

转委托代理未经被代理人同意或者追认的，代理人应当对转委托的第三人的行为承担责任；但是，在紧急情况下代理人为了维护被代理人的利益需要转委托第三人的除外。

2. 无权代理与表见代理

行为人没有代理权、超越代理权或者代理权终止后，仍然实施代理行为，未经被代理人追认的，对被代理人不发生效力。

相对人可以催告被代理人自收到通知之日起三十日内予以追认。被代理人未做标志的，视为拒绝追认。行为人实施的行为被追认前，善意相对人有撤销的权利。撤销应当以通知的方式做出。

行为人实施的行为未被追认的，善意相对人有权请求行为人履行债务或者就其受到的损害请求行为人赔偿。但是，赔偿的范围不得超过被代理人追认时相对人所能获得的利益。

相对人知道或者应当知道行为人无权代理的，相对人和行为人按照各自的过错承担责任。

（1）无权代理

无权代理是指行为人不具有代理权，但以他人的名义与第三人进行法律行为。无权代理一般存在三种表现形式：

1）自始未经授权。如果行为人自始至终没有被授予代理权，就以他人的名义进行民事行为，属于无权代理。

2）超越代理权。代理权限是有范围的，超越了代理权限，依然属于无权代理。

3）代理权已终止。行为人虽曾得到被代理人的授权，当该代理权已经终止的，行为人如果仍以被代理人的名义进行民事行为，则属无权代理。

被代理人对无权代理人实施后的行为如果予以追认，则无权代理可以转化为有权代理，产生与有权代理相同的法律效力，并不会发生代理人的赔偿责任。如果被代理人不予追认的，对被代理人不发生效力，则无权代理人需承担因无权代理行为给被代理人和善意第三人造成的损失。

（2）表见代理

表见代理是指行为人虽无权代理，但由于行为人的某些行为，造成了足以使善意第三人相信其有代理权的表象，而与善意第三人进行的、由本人承担法律后果的代理行为。《民法典总则编》规定，相对人有理由相信行为人有代理权的，该代理行为有效。

表见代理除需符合代理的一般条件外，还需具备以下特别构成要件：

1）须存在足以使相对人相信行为人具有代理权的事实或理由。这是构成表见代理的客观要件。它要求行为人与本人之间应存在某些事实上或法律上的联系，如行为人持有本人发出的委任状、已加盖公章的空白合同或者有显示本人向行为人授予代理权的通知函告等证明文件。

2）须本人存在过失。其过失表现为本人表达了足以使第三人相信有授权意思的表示，或者实施了足以使第三人相信有授权意思的行为，发生了外表授权的事实。

3）须相对人为善意。这是构成表见代理的主观要件。如果相对人明知行为人无权代理而仍与之实施民事行为，则相对人为主观恶意，不构成表见代理。

表见代理对本人产生有权代理的效力，即在相对人与本人之间产生民事法律关系。本人受表见代理人与相对人之间实施的法律行为的约束，享有该行为设定的权利和履行该行为约定的义务。本人不能以无权代理为抗辩。本人在承担表见代理行为所产生的责任后，可以向无权代理人追偿因代理行为而遭受的损失。

（3）知道他人以本人名义实施民事行为而不做否认表示的视为同意

本人知道他人以本人名义实施民事行为而不做否认表示的，视为同意。这是一种被称为默示方式的特殊授权。也就是说，即使本人没有授予他人代理权，但事后并未做否认的意思表示，应当视为授予了代理权。由此，他人以其名义实施法律行为的后果应由本人承担。

3. 不当或违法行为应承担的法律责任

（1）委托书授权不明应承担的法律责任

授权委托书不明的，被代理人应当向第三人承担民事责任，代理人负连带责任。

（2）损害被代理人利益应承担的法律责任

代理人不履行职责而给被代理人造成损害的，应当承担民事责任。代理人和第三人串通，损害被代理人的利益的，由代理人和第三人负连带责任。

（3）第三人故意行为应承担的法律责任

第三人知道行为人没有代理权、超越代理权或者代理权已终止还与行为人实施民事行为给他人造成损害的，由第三人和行为人负连带责任。

（4）违法代理行为应承担的法律责任

代理人知道被委托代理的事务违法仍然进行代理活动的，或者被代理人知道代理人的代理行为违法但不表示反对的，由被代理人和代理人负连带责任。

2.3 建设工程物权制度

《民法典物权编》是规范财产关系的民事基本法律。其立法目的是维护国家基本经济制度，维护社会主义市场经济，明确物权归属，发挥物的效益，保护权利人的物权。

物权是一项基本民事权利，也是大多数经济活动的基础和目的。在建设工程活动中涉及的许多权利都是源于物权。建设单位对建设工程项目的权利来自物权中最基本的权利——所有权，施工单位的施工活动是为了形成《民法典物权编》意义上的物——建设工程。

2.3.1 物权的法律特征和主要种类

1. 物权的法律特征

《民法典物权编》规定，国家、集体、私人的物权和其他权利人的物权受法律平等保护，任何组织或者个人不得侵犯。

不动产物权的设立、变更、转让和消灭，应当依照法律规定登记。动产物权的设立和转让，应当依照法律规定交付。

所有民事主体都能够成为物权权利人，包括法人、法人以外的组织、自然人。物权的客体一般是物，包括不动产和动产。不动产是指土地以及房屋、林木等地上定着物。动产是指不动产以外的物。

物权具有以下特征：

（1）物权是支配权

物权是权利人直接支配的权利，即物权人可以依自己的意志就标的物直接行使权利，无须他人的意思或义务人的行为介入。

（2）物权是绝对权

物权的权利人可以对抗一切不特定的人。物权的权利人是特定的，义务人是不特定的，且义务内容是不作为，即只要不侵犯物权人行使权利就履行义务。

（3）物权是财产权

物权是一种具有物质内容的、直接体现为财产利益的权利。财产利益包括对物的利用、物的归属和就物的价值设立担保。

（4）物权具有排他权

物权人有权排除他人对于他行使物权的干涉。而且同一物上不许有内容不相容的物权并存，即"一物一权"。

2. 物权的主要种类

物权包括所有权、用益物权和担保物权。

（1）所有权

所有权是权利人依法对自己财产（不动产或动产）所享有的占有、使用、收益和处分的权利。它是一种财产权，又称财产所有权。所有权是物权中最重要也是最完整的一种权利。当然，所有权在法律上也受到一定的限制。最主要的限制是为了公共利益的需要，依照法律规定的权限和程序，可以征收集体所有的土地和单位、个人的房屋及其他不动产。

财产所有权的权能是指所有人对其所有的财产依法享有的权利。它包括占有权、使用权、收益权和处分权。

1）占有权。占有权是指对财产实际掌握、控制的权能。占有权是行使物的使用权的前提条件，是所有人行使财产所有权的一种方式。占有权可以根据所有人的意志和利益分离出去，由非所有人享有。例如，根据货物运输合同，承运人对托运人的财产享有占有权。

2）使用权。使用权是指对财产的实际利用和运用的权能。通过对财产实际利用和运用满足所有人的需要，是实现财产使用价值的基本渠道。使用权是所有人所享有的一项独立权能。所有人可在法律规定的范围内，以自己的意志使用其所有物。

3）收益权。收益权是指收取由原物产生出来的新增经济价值的权能。原物新增的经济价值，包括由原物直接派生出来的果实、由原物所产生出来的租金和利息、对原物直接利用而产生的利润等。收益往往是因为使用而产生的，因而收益权也往往与使用权联系在一起。但是，收益权本身是一项独立的权能，而使用权并不包括收益权。有时，所有人并不行使对物的使用权，但仍可享有对物的收益权。

4）处分权。处分权是指依法对财产进行处置，决定财产在事实上或法律上命运的权能。处分权的行使决定着物的归属。处分权是所有人最基本的权利，也是所有权内容的核心。

（2）用益物权

用益物权是权利人对他人所有的不动产或动产，依法享有占有、使用和收益的权利。用益物权包括土地承包经营权、建设用地使用权、宅基地使用权和地役权。

国家所有或者国家所有由集体使用以及法律规定属于集体所有的自然资源，组织、个人依法可以占有、使用和收益。此时，单位或者个人就成为用益物权人。因不动产或者动产被征收、征用，致使用益物权消灭或者影响用益物权行使的，用益物权人有权获得相应补偿。

（3）担保物权

《民法典物权编》规定担保物权人在债务人不履行到期债务或者发生当事人约定的实现

担保物权的情形，依法享有就担保财产优先受偿的权利，但是法律另有规定的除外。债权人在借贷、买卖等民事活动中，为保障实现其债权，需要担保的，可以依照《民法典物权编》和其他法律的规定设立担保物权。

2.3.2 土地所有权、建设用地使用权和地役权

1. 土地所有权

土地所有权是国家或农民集体依法对归其所有的土地资源所享有的具有支配性和绝对性的权利。我国实行土地的社会主义公有制，即全民所有制和劳动群众集体所有制。

全民所有即国家所有土地的所有权由国务院代表国家行使。农民集体所有的土地由本集体经济组织的成员承包经营，从事种植业、林业、畜牧业、渔业生产。耕地承包经营期限为30年。发包方和承包方应当订立承包合同，约定双方的权利和义务。承包经营土地的农民有保护和按照承包合同约定的用途合理利用土地的义务。农民的土地承包经营权受法律保护。在土地承包经营期限内，对个别承包经营者之间的土地进行适当调整，必须经村民会议2/3以上成员或者2/3以上村民代表的同意，并报乡（镇）人民政府和县级人民政府农业行政主管部门批准。

国家实行土地用途管制制度。国家编制土地利用总体规划，规定土地用途，将土地分为农用、建设用地和未利用地。严格限制农用地转为建设用地，控制建设用地总量，对耕地实行特殊保护。

城市市区的土地属于国家所有。农村和城市郊区的土地，除由法律规定属于国家所有的以外，属于农村集体所有；宅基地和自留地、自留山，属于农民集体所有。

2. 建设用地使用权

（1）建设用地使用权的概念

建设用地使用权是因建造建筑物、构筑物及其附属设施而使用国家所有的土地的权利。建设用地使用权只能存在于国家所有的土地上，不包括集体所有的农村土地。

取得建设用地使用权后，建设用地使用权人依法对国家所有的土地享有占有、使用和收益的权利，有权利用该土地建造建筑物、构筑物及其附属设施。

（2）建设用地使用权的设立

建设用地使用权可以在土地的地表、地上或者地下分别设立。新设立的建设用地使用权，不得损害已设立的用益物权。

设立建设用地使用权，可以采取出让或者划拨等方式。工业、商业、旅游、娱乐和商品住宅等经营性用地以及同一土地有两个以上意向用地者的，应当采取招标、拍卖等公开竞价的方式出让。国家严格限制以划拨方式设立建设用地使用权。采取划拨方式的，应当遵守法律、行政法规关于土地用途的规定。

设立建设用地使用权的，应当向登记机构申请建设用地使用权登记。建设用地使用权自登记时设立。登记机构应当向建设用地使用权人发放建设用地使用权证书。建设用地使用权人应当合理利用土地，不得改变土地用途；需要改变土地用途的，应当依法经有关行政主管部门批准。建设用地使用权人应当依照法律规定以及合同约定支付出让金等费用。

（3）建设用地使用权的流转、续期和消灭

建设用地使用权人有权将建设用地使用权转让、互换、出资、赠予或者抵押，但法律另有规定的除外。建设用地使用权人将建设用地使用权转让、互换、出资、赠予或者抵押，应当符合以下规定：

1）当事人应当采取书面形式订立相应的合同。使用期限由当事人约定，但不得超过建设用地使用权的剩余年限。

2）应当向登记机构申请变更登记。

3）附着于该土地上的建筑物、构筑物及其附属设施一并处分。

住宅建设用地使用权期间届满的，自动续期。非住宅建设用地使用权期间届满后的续期，依照法律规定办理。该土地上的房屋及其其他不动产的归属，有约定的，按照约定；没有约定的或者约定不明确的，依照法律、行政法规的规定办理。

建设用地使用权消灭的，出让人应当及时办理注销登记。登记机构应当收回建设用地使用权证书。

3. 地役权

（1）地役权的概念

地役权是指为使用自己不动产的便利或提高其收益而按照合同约定利用他人不动产的权利。他人的不动产为供役地，自己的不动产为需役地。从性质上说，地役权是按照当事人的约定设立的用益物权。

（2）地役权的设立

设立地役权，当事人应当采取书面形式订立地役权合同。地役权合同一般包括下列条款：①当事人的姓名或者名称和住所；②供役地和需役地的位置；③利用目的和方法；④地役权的期限；⑤费用及其支付方式；⑥解决争议的方法。地役权自地役权合同生效时设立。当事人要求登记的，可以向登记机构申请地役权登记；未经登记，不得对抗善意第三人。

地役权期限由当事人约定；但是，不得超过土地承包经营权、建设用地使用权等用益物权的剩余期限。

土地上已经设立土地承包经营权、建设用地使用权、宅基地使用权等权利的，未经用益物权人同意，土地所有权人不得设立地役权。

（3）地役权的变动

地役权不得单独转让。土地承包经营权、建设用地使用权等转让的，地役权一并转让，但是合同约定的除外。

地役权不得单独抵押，土地承包经营权、建设用地使用权等抵押的，在实现抵押权时，地役权一并转让。

需役地以及需役地上的土地承包经营权、建设用地使用权、宅基地使用权等部分转让时，转让部分涉及地役权的，受让人同时享有地役权。供役地以及供役地上的土地承包经营权、建设用地使用权、宅基地使用权部分转让时，转让部分涉及地役权的，地役权对受让人具有约束力。

（4）地役权的消灭

地役权人有下列情形之一的，供役地权利人有权解除地役权合同，地役权消灭：①违反法律规定或者合同约定，滥用地役权；②有偿利用供役地，约定的付款期限届满后在合理期限内经两次催告未支付费用。

已经登记的地役权变更、转让或者消灭的，应当及时办理变更登记或者注销登记。

2.3.3　物权的设立、变更、转让、消灭和保护

1. 不动产物权的设立、变更、转让和消灭

不动产物权的设立、变更、转让和消灭，应当依照法律规定登记，自记载于不动产登记簿时发生效力。经依法登记，发生效力；未经登记，不发生效力，但法律另有规定的除外。依法属于国家所有的自然资源，所有权可以不登记。不动产登记，由不动产所在地的登记机构办理。

物权变动的基础往往是合同关系，如买卖合同导致物权的转让。需要注意的是，当事人之间订立有关设立、变更、转让和消灭不动产物权的合同，除法律另有规定或者合同另有约定外，自合同成立时生效；未办理物权登记的，不影响合同效力。

2. 动产物权的设立和转让

动产物权以占有和交付为公示手段。动产物权的设立和转让，应当依照法律规定交付。动产物权的设立和转让，自交付时发生效力，但法律另有规定的除外。船舶、航空器和机动车等物权的设立、变更、转让和消灭，未经登记，不得对抗善意第三人。

3. 物权的保护

物权的保护是指通过法律规定的方法和程序保障物权人在法律许可的范围内对其财产行使占有、使用、收益、处分权利的制度。物权受到侵害的，权利人可以通过和解、调解、仲裁、诉讼等途径解决。

因物权归属、内容发生争议的，利害关系人可以请求确认权利。无权占有不动产或者动产的，权利人可以请求返还原物。妨害物权或者可能妨害物权的，权利人可以请求排除妨害或者消除危险。造成不动产或者动产毁损的，权利人可以请求修理、重做、更换或者恢复原状。侵害物权，造成权利人损害的，权利人可以请求损害赔偿，也可以请求承担其他民事责任。对于物权保护方式，可以单独适用，也可以根据权利被侵害的情形合并适用。

侵害物权，除承担民事责任外，违反行政管理规定的，依法承担行政责任；构成犯罪的，依法承担刑事责任。

2.4　建设工程债权制度

2.4.1　债的基本法律关系

1. 债的概念

《民法典总则编》规定，债是按合同的约定或者按照法律的规定，在当事人之间产生的

特定的权利和义务关系，享有权利的人是债权人，负有义务的人是债务人。债权人有权要求债务人按照合同约定或者法律的规定履行义务。

债是特定当事人之间的法律关系。债权人只能向特定的人主张自己的权利，债务人也只需向享有该权利的特定人履行义务，即债的相对性。

2. 债的内容

债的内容是指债的主体双方之间的权利与义务，即债权人享有的权利和债务人负担的义务，即债权与债务。债权为请求特定人为特定行为或不作为的权利。

债权与物权不同，物权是绝对权，而债权是相对权。债权相对性理论的内涵，可以归纳为以下三个方面：第一，债权主体的相对性；第二，债权内容的相对性；第三，债权责任的相对性。债务是根据当事人的约定或者法律规定，债务人所负担的应为特定行为的义务。

2.4.2　建设工程债的产生根据

建设工程债的产生是指特定当事人之间债权债务关系的产生。引起债产生的一定法律事实，就是债产生的根据。建设工程债产生的根据有合同、侵权、无因管理和不当得利。

1. 合同

当事人之间因产生了合同法律关系，也就是产生了权利义务关系，便设立了债的关系。任何合同关系的设立，都会在当事人之间产生债权和债务关系。合同引起债的关系，是债产生的最主要、最普遍的依据。合同产生的债称为合同之债。

建设工程债的产生，最主要的也是合同。施工合同的订立，会在施工单位与建设单位之间产生债的关系；材料设备买卖合同的订立，会在施工单位与材料设备供应商之间产生债的关系。

2. 侵权

侵权是指公民或法人没有法律依据而侵害他人的财产权利或人身权利的行为。侵权行为一经发生，即在侵权行为人和被侵权人之间形成债的关系。侵权行为产生的债称为侵权之债。在建设活动中，也常会产生侵权之债。如施工现场的施工噪声，就有可能产生侵权之债。

《民法典侵权责任编》规定，建筑物、构筑物或者其他设施及其搁置物、悬挂物发生脱落、坠落造成他人损害，所有人、管理人或者使用人不能证明自己没有过错的，应承担侵权责任。所有人、管理人或者使用人赔偿后，有其他责任人的，有权向其他责任人追偿。

建筑物、构筑物或者其他设施倒塌造成他人损害的，由建设单位与施工单位承担连带责任。建设单位、施工单位赔偿后，有其他责任人的，有权向其他责任人追偿。因其他责任人的原因，建筑物、构筑物或者其他设施倒塌造成他人损害，由其他责任人承担侵权责任。

从建筑物中抛掷物品或者从建筑物上坠落的物品造成他人损害，难以确定具体侵权人的，除能证明自己不是侵权人外，由可能加害的建筑物使用人给予补偿。

3. 无因管理

无因管理是指既未受人之托，也不负有法律规定的义务，而是自觉为他人管理事务的行为。无因管理行为一经发生，便会在管理人和其事务被管理人之间产生债权债务关系，其事务被管理人负有赔偿管理人在管理过程中所支付的合理的费用及直接损失的义务。

《民法典合同编》将"无因管理"列为"准合同"的一种。

4. 不当得利

不当得利是指没有法律或合同依据，有损于他人而取得的利益。它可能表现为得利人财产的增加，致使他人不应减少的财产减少了；也可能表现为得利人应支付的费用没有支付，致使他人应当增加的财产没有增加。不当得利的法律事实发生后，即在不当得利人与利益所有人之间产生债权债务关系，不当得利人负有返还的义务。例如，买货人多付了货款，出卖人多收的部分款项即是不当得利，应该返还给买受人。

《民法典合同编》将"不当得利"列为"准合同"的一种。

2.4.3 建设工程债的常见种类

1. 施工合同之债

施工合同之债是发生在建设单位和施工单位之间的债。施工合同的义务主要是完成施工任务和支付工程款。对于完成施工任务，建设单位是债权人，施工单位是债务人；对于支付工程款，则相反。

2. 买卖合同之债

在建设活动中，会产生大量的买卖合同，主要是材料设备买卖合同。材料设备的买方有可能是建设单位，也可能是施工单位，他们会与材料设备供应商产生买卖合同之债。

3. 侵权之债

在侵权之债中，最常见的是施工单位的施工活动产生的侵权。如施工噪声或者废水废弃物排放等扰民，可能对工地附近的居民构成侵权。此时，居民是债权人，施工单位或者建设单位是债务人。

2.5 建设工程担保制度

2.5.1 担保与担保合同的规定

担保是指当事人根据法律规定或者双方约定，为促使债务人履行债务实现债权人权利的法律制度。

《民法典物权编》规定，债权人在借贷、买卖等民事活动中，为保障实现债权，需要担保的，可以依照该法和其他法律规定设立担保物权。

第三人为债务人向债权人提供担保，可以要求债务人提供反担保。反担保适用《民法典物权编》和《民法典合同编》关于担保的规定。

担保合同是主合同的从合同，主合同无效，担保合同无效，但法律另有规定的除外。担保合同被确认无效后，债务人、担保人、债权人有过错的，应当根据其过错各自承担相应的民事责任。

2.5.2　建设工程担保的方式和责任

担保方式为保证、抵押、质押、留置和定金五种方式，其中，保证和定金受《民法典合同编》相关内容调整，抵押、质押和留置受《民法典物权编》相关内容调整。

在建设工程活动中，保证是最为常用的一种担保方式。保证是指保证人和债权人约定，当债务人不履行债务时，保证人按照约定履行债务或者承担责任的行为。具有代为清偿债务能力的法人、其他组织或者公民，可以做保证人。但在建设工程活动中，由于担保的标的额较大，保证人往往是银行或者担保公司。银行出具的保证通常称为保函，其他保证人出具的书面保证一般称为保证书。

1. 保证的基本法律规定

（1）保证合同

根据《民法典合同编》的规定，保证合同是为保障债权的实现，保证人和债权人约定，当债务人不履行到期债务或者发生当事人约定的情形时，保证人履行债务或者承担责任的合同。

保证合同的内容一般包括被保证的主债权的种类、数额、债务人履行债务的期限，保证的方式、范围和期间等条款。

保证合同可以是单独订立的书面合同，也可以是主债权债务合同中的保证条款。

第三人单方以书面形式向债权人做出保证，债权人接收且未提出异议的，保证合同成立。

（2）保证方式

保证方式有两种：①一般保证；②连带责任保证。

当事人在保证合同中约定，债务人不能履行债务时，由保证人承担保证责任的，为一般保证；当事人在保证合同中约定，保证人与债务人对债务承担连带责任的，为连带责任保证。连带责任保证的债务人不履行到期债务或者发生当事人约定的情形时，债权人可以要求债务人履行债务，也可以要求保证人在其保证范围内承担保证责任。

当事人对保证方式没有约定或者约定不明的，按照一般保证承担保证责任。

（3）保证资格

《民法典物权编》规定，机关法人不得为保证人，但是经国务院批准为使用外国政府或者国际经济组织贷款进行转贷的除外。

以公益为目的的非营利法人、非法人组织不得为保证人。

（4）保证责任

保证合同生效后，保证人就应当在合同约定的保证范围和保证期间承担保证责任。

保证担保的范围包括主债权及利息、违约金、损害赔偿金和实现债权的费用。当事人另有约定的，按照约定。

保证期间是确定保证人承担保证责任的期间，不发生中止、中断和延长。

债权人与保证人可以约定保证期间，但是约定的保证期间早于主债务履行期限或者与主债务履行期限同时届满的，视为没有约定；没有约定或者约定不明确的，保证期间为主债务履行期限届满之日起六个月。

债权人与债务人对主债务履行期限没有约定或者约定不明确的，保证期间自债权人请求债务人履行债务的宽限期届满之日起计算。

一般保证的债权人未在保证期间对债务人提起诉讼或者申请仲裁的，保证人不再承担保证责任。

连带责任保证的债权人未在保证期间请求保证人承担保证责任的，保证人不再承担保证责任。

2. 建设工程施工常用的担保种类

（1）施工投标保证金

施工投标保证金是指投标人按照招标文件的要求向招标人出具的，以一定金额表示的投标责任担保。其实质目的是避免投标人在投标有效期内随意撤回、撤销投标或中标后不能提交履约保证金和签署合同等行为而给招标人造成损失。

投标保证金除现金外，可以是银行出具的银行保函、保兑支票、银行汇票或现金支票等。

（2）施工合同履约保证金

《招标投标法》规定，招标文件要求中标人提交履约保证金的，中标人应当提供。

施工合同履约保证金是为保证施工合同的顺利履行而要求承包人提供的担保。施工合同履约保证金多为第三人提供的信用担保（保证），一般是由银行或者担保公司向招标人出具履约保函或者担保书。

（3）工程支付款担保

2013年3月，国家发展和改革委员会等八部门经修改后发布的《工程建设项目施工招标投标办法》规定，招标人要求中标人提供履约保证金或其他形式履约担保的，招标人应当同时向中标人提供工程支付款担保。

工程支付款担保是指发包人向承包人提交的、保证按照合同约定支付工程款的担保，通常采用由银行出具保函的方式。

（4）预付款担保

2017年4月，住房和城乡建设部、工商行政总局经修改发布的《建设工程施工合同（示范文本）》中提出，发包人要求承包人提供预付款担保的，承包人应在发包人支付预付款7天前提供预付款担保，专用合同条款另有约定除外。预付款担保可以是银行保函、担保公司担保等形式，具体由合同当事人在专用合同条款中约定。在预付款完全扣回之前，承包人应保证预付款担保持续有效。发包人在工程款逐期预付后，预付款担保额度应相应减少，但剩余的预付款担保金额不得低于未被扣回的预付款金额。

2.5.3 抵押权、质权、留置权和定金的规定

1. 抵押权

（1）抵押的法律概念

按照《民法典物权编》的规定，抵押是指为担保债务的履行，债务人或者第三人不转移财产的占有，将该财产抵押给债权人，债务人不履行到期债务或者发生当事人约定的实现抵押权的情形，债权人有权就该财产优先受偿。其中，债务人或者第三人为抵押人，债权人为抵押权人，提供担保的财产为抵押财产。

（2）抵押物

债务人或者第三人提供担保的财产为抵押物。由于抵押物是不转移其占有的，因此能够成为抵押物的财产必须具备一定的条件。这类财产轻易不会灭失，其所有权的转移应当经过一定的程序。

债务人或者第三人有权处分的下列财产可以抵押：①建筑物和其他土地附着物；②建设用地使用权；③海域使用权；④生产设备、原材料、半成品、产品；⑤正在建造的建筑物、船舶、航空器；⑥交通运输工具；⑦法律、行政法规未禁止抵押的其他财产。抵押人可以将前面所列财产一并抵押。

下列财产不得抵押：①土地所有权；②宅基地、自留地、自留山等集体所有的土地使用权，但法律另有规定的除外；③学校、幼儿园、医疗机构等为公益目的成立的非营利法人的教育设施、医疗卫生设施和其他公益设施；④所有权、使用权不明或者有争议的财产；⑤依法被查封、扣押、监管的财产；⑥依法不得抵押的其他财产。

当事人以下列财产抵押的，应当办理抵押登记，抵押权自登记时设立：①建筑物和其他土地附着物；②建设用地使用权；③海域使用权；④正在建造的建筑物。

以动产抵押的，抵押权自抵押合同生效时设立；未经登记，不得对抗善意第三人。

以动产抵押的，不得对抗正常经营活动中已经支付合理价款并取得抵押财产的买受人。

抵押权设立前，抵押财产已经出租并转移占有的，原租赁关系不受该抵押权影响。

（3）抵押合同

设立抵押权，当事人应当采用书面形式订立抵押合同。抵押合同一般包括下列条款：①被担保债券的种类和数额；②债务人履行债务的期限；③抵押财产的名称、数量等情况；④担保的范围。

抵押权人在债务履行期限届满前，与抵押人约定债务人不履行到期债务时抵押财产归债权人所有的，只能依法就抵押财产优先受偿。

（4）抵押的效力

抵押担保的范围包括主债权及利息、违约金损害赔偿金和实现抵押权的费用。当事人也可以在抵押合同中约定抵押担保的范围。

抵押期间，抵押人可以转让抵押财产。当事人另有约定的，按照约定。抵押财产转让的，抵押权不受影响。抵押人转让抵押财产的，应当及时通知抵押权人。抵押权人能够证明抵押财产转让可能损害抵押权的，可以请求抵押人将转让所得的价款向抵押权人提前清偿债务或者提存。转让的价款超过债权数额的部分归抵押人所有，不足部分由债务人清偿。

抵押权不得与债权分离而单独转让或者作为其他债权的担保。债权转让的，担保该债权的抵押权一并转让，但法律另有规定或者当事人另有约定的除外。

（5）抵押权的实现

债务人不履行到期债务或者发生当事人约定的实现抵押权的情形，抵押权人可以与抵押人协议以抵押财产折价或者拍卖、变卖该抵押财产所得的价款优先受偿。协议损害其他债权人利益的，其他债权人可以请求人民法院撤销该协议。抵押权人与抵押人未就抵押权实现方式达成协议的，抵押权人可以请求人民法院拍卖、变卖抵押财产。抵押财产折价或者变卖的，应当参照市场价格。

抵押财产折价或者拍卖、变卖后，其价款超过债权数额的部分归抵押人所有，不足部分由债务人清偿。

同一财产向两个以上债权人抵押的，拍卖、变卖抵押财产所得的价款按照下列规定清偿：

1）抵押权已登记的，按照登记的时间先后确定清偿顺序。

2）抵押权已登记的先于未登记的受偿。

3）抵押权未登记的，按照债权比例清偿。

2. 质权

（1）质押的法律概念

按照《民法典物权编》的规定，质押是指债务人或者第三人将其动产或权利移交债权人占有，将该动产或权利作为债权的担保。债务人不履行债务时，债权人有权依照法律规定以该动产或权利或者以拍卖、变卖该动产或权利的价款优先受偿。

质权是一种约定的担保物权，以转移占有为特征。债务人或者第三人为出质人，债权人为质权人，移交的动产或权利为质物。

（2）质押的分类

质押可分为动产质押和权利质押。

动产质押是指债务人或者第三人将其动产移交债权人占有，将该动产作为债权的担保。能够用作质押的动产没有限制。

权利质押一般是将权利凭证交付质权人的担保。债务人或者第三人有权处分的下列权利可以出质：①汇票、支票、本票；②债券、存款单；③仓单、提单；④可以转让的基金份额、股权；⑤可以转让的注册商标专用权、专利权、著作权等知识产权中的财产权；⑥现有的以及将有的应收账款；⑦法律、行政法规规定可以出质的其他财产权利。

3. 留置

按照《民法典物权编》的规定，留置是指债权人按照合同约定占有债务人的动产，债务人不按照合同约定的期限履行债务的，债权人有权依照法律规定留置该动产，以该动产折价或者以拍卖、变卖该动产的价款优先受偿。

由于留置是一种比较强烈的担保方式，必须依法行使。《民法典物权编》规定，因保管合同、运输合同、加工承揽合同发生的债权，债务人不履行债务的，债权人有留置权。法律规定可以留置的其他合同，适用以上规定。当事人可以在合同中约定不得留置的物。法律规定或者当事人约定不得留置的动产，不得留置。留置权人负有妥善保管留置物的义务，因保管不善致使留置财产毁损、灭失的，应当承担赔偿责任。

债务人可以请求留置权人在债务履行期届满后行使留置权；留置人不行使的，债务人可以请求人民法院拍卖、变卖留置财产。

留置财产折价或者拍卖、变卖后，其价款超过债权数额的部分归债务人所有，不足部分由债务人清偿。

4. 定金

《民法典合同编》规定，当事人可以约定一方给付定金作为债权的担保。债务人履行债务后，定金应抵作价款或者收回。给付定金的一方不履行约定的债务，无权要求返还定金；收受定金的一方不履行约定的债务的，应当双倍返还定金。

定金应当以书面形式约定。当事人在定金合同中应当约定交付定金的期限。定金合同从实际交付定金之日起生效。定金的数额由当事人约定，但不得超过主合同标的额的20%。

2.6　建设工程保险制度

2.6.1　保险与保险索赔的规定

1. 保险概述

（1）保险的法律概念

《中华人民共和国保险法》（简称《保险法》）规定，保险是指投保人根据合同约定，向保险人支付保险费，保险人对于保险合同约定的可能发生的事故因其发生所造成的财产损失承担赔偿保险金责任，或者当被保险人死亡、伤残、疾病或者达到合同约定的年龄、期限等条件时承担给付保险金责任的商业保险行为。

保险是一种受法律保护的分散危险、消化损失的法律制度。因此，危险的存在是保险产生的前提。但保险制度含义的危险具有损失发生的不确定性，包括发生与否的不确定性、发生时间的不确定性和发生后果的不确定性。

（2）保险合同

保险合同是指投保人与保险人约定保险权利义务关系的协议。投保人是指与保险人订立保险合同，并按照合同约定负有支付保险费义务的人。保险人是指与投保人订立保险合同，并按照合同约定承担赔偿或者给付保险金责任的保险公司。

保险合同在履行中还会涉及被保险人和受益人。被保险人是指其财产或者人身受保险合同保障，享有保险金请求权的人。投保人可以是被保险人。受益人是指人身保险合同中由被保险人或者投保人指定的享有保险金请求权的人。投保人、被保险人可以为受益人。投保人提出保险要求，经保险人同意承保，保险合同成立。保险人应当及时向投保人签发保险单或者其他保险凭证。

保险合同一般是以保险单的形式订立的。保险合同分为人身保险合同和财产保险合同。

1）人身保险合同。人身保险合同是以人的寿命和身体为保险标的的保险合同。投保人应向保险人如实申报被保险人的年龄、身体状况。投保人于合同成立后，可以向保险人一次支付全部保险费，也可以按照合同规定分期支付保险费。人身保险的受益人由被保险人或者投保人指定。保险人对人身保险的保险费，不得以诉讼方式要求投保人支付。

2）财产保险合同。财产保险合同是以财产及其有关利益为保险标的的保险合同。在财产保险合同中，保险合同的转让应当通知保险人，经保险人同意继续承保后，依法转让合同。

在合同的有效期内，保险标的的危险程度显著增加的，被保险人应当按照合同约定及时通知保险人，保险人可以按照合同约定增加保费或者解除合同。建筑工程一切险和安装工程一切险即为财产保险合同。

2. 保险索赔

对于投保人来说，保险的根本目的是发生风险事件时能够得到补偿，而这一目的必须通过索赔来实现。

（1）投保人进行保险索赔须提供必要的有效证明

保险事故发生后，依照保险合同请求保险人赔偿或者给付保险金时，投保人、被保险人或者受益人应当向保险人提供其所能提供的与确认保险事故的性质、原因、损失程度等有关的证明和资料。

这就要求投保人在日常管理中应当注意证据的收集和保存。当保险事件发生后，更应该注意证据收集，有时还需要提供有关部门的证明。索赔的证据一般包括保单、建设工程合同、事故照片、鉴定报告以及保单中规定的证明文件。

（2）投保人等应当及时提出保险索赔

投保人、被保险人或者受益人知道保险事故发生后，应当及时通知保险人。这与索赔成功与否密切相关。因为资金有时间价值，如果保险事件发生后很长时间才能取得索赔，即使是全额赔偿也不足以补偿自己的全部损失。而且，时间过长还会给索赔人的取证或保险人的理赔增加很大的难度。

（3）计算损失值

保险单上载明的保险财产全部损失，应当按照全损进行保险索赔；保险单上载明的保险财产没有全部损失，应当按照部分损失进行保险索赔。如果财产虽然没有全部毁损或者消灭，但其损坏程度已达到无法修理，或者虽能修理但修理费将超过赔偿金额的，也应当按照全损进行索赔。如果一个建设工程项目同时由多家保险公司承保，则应按照约定的比例分别向不同的保险公司提出索赔要求。

2.6.2 建设工程保险的主要种类和投保权益

建筑工程活动涉及的法律关系较为复杂，风险较为多样。因此，建设工程活动涉及的险种也较多，主要包括建筑工程一切险（及第三者责任险）、安装工程一切险（及第三者责任险）、机器损坏险、机动车辆险、建筑职工意外伤害险、勘察设计责任险、工程监理责任险等。

1. 建筑工程一切险（及第三者责任险）

建筑工程一切险是承保各类民用、工业和公用事业建筑工程项目，包括道路、桥梁、水坝、港口等，在建造过程中因自然灾害或意外事故而引起的一切损失的险种。因在建工程抗灾能力差、危险程度高，一旦发生损失，不仅会对工程本身造成巨大的物质财富损失，甚至可能殃及邻近人员与财物。因此，随着各种新建、扩建、改建的建设工程项目日渐增多，许多保险公司已经开设这一险种。

建筑工程一切险往往还加保第三者责任险。第三者责任险是指在保险有效期内因在施工工地上发生意外事故造成在施工工地及邻近地区的第三者人身伤亡或财产损失，依法应由被保险人承担的经济赔偿责任。

（1）投保人与被保险人

《建设工程施工合同（示范文本）》中规定，除专用合同条款另有约定外，发包人应投保建筑工程一切险或安装工程一切险；发包人委托承包人投保的，因投保产生的保险费和其他相关费用由发包人承担。

建筑工程一切险的被保险人范围较广，所有在工程进行期间对该项工程承担一定风险的有关各方（即具有可保利益的各方），均可作为被保险人。如果被保险人不止一家，则各家接受赔偿的权利以不超过其对保险标的的可保利益为限。被保险人具体包括：①业主或工程所有人；②承包商或分包商；③技术顾问，包括业主聘用的建筑师、工程师及其他专业顾问。

（2）保险责任范围

保险人对下列原因造成的损失和费用负责赔偿：

1）自然事件。自然事件是指地震、海啸、雷电、飓风、台风、龙卷风、风暴、暴雨、洪水、水灾、冻灾、冰雹、山崩、雪崩、火山爆发、地面下陷下沉及其他人力不可抗拒的破坏力强大的自然现象。

2）意外事故。意外事故是指不可预料的以及被保险人无法控制并造成物质损失或人身伤亡的突发事件，包括火灾和爆炸。

（3）除外责任

保险人对下列各项原因造成的损失不负责赔偿：

1）设计错误引起的损失和费用。

2）自然磨损、内在或潜在缺陷、物质本身变化、自燃、自热、氧化、锈蚀、渗漏、大气变化、正常水位变化或其他渐变原因造成的保险财产自身的损失和费用。

3）因原材料缺陷或工艺不善引起的保险财产本身的损失以及为置换、修理或矫正这些缺点、错误所支付的费用。

4）非外力引起的机械或电气装置的本身损失，或施工用机具、设备、机械装置失灵造成的本身损失。

5）维修保养或正常检修的费用。

6）档案、文件、账簿、票据、现金、各种有价证券、图表资料及包装物料的损失。

7）盘点时发现的短缺。

8）领有公共运输行驶执照的，或已由其他保险予以保障的车辆、船舶和飞机的损失。

9）除非另有约定，在保险工程开始以前已经存在或形成的位于工地范围内或其周围的属于被保险人的财产的损失。

10）除非另有约定，在保险单保险期限终止以前，保险财产中已由工程所有人签发完验收证书或验收合格或实际占有或使用或接受的部分。

（4）第三者责任险

建筑工程一切险如果加保第三者责任险，保险人对下列原因造成的损失和费用负责赔偿：

1）在保险期限内，因发生与所保工程直接相关的意外事故引起工地内及邻近区域的第三者人身伤亡、疾病或财产损失。

2）被保险人因上述原因支付的诉讼费用以及事先经保险人书面同意而支付的其他费用。

（5）赔偿金额

保险人对每次事故引起的赔偿金额以法院或政府有关部门根据现行法律裁定的应由被保险人偿付的金额为准。但在任何情况下，均不得超过保险单明细表中对应列明的每次事故赔偿限额。在保险期限内，保险人经济赔偿的最高赔偿责任不得超过本保险单明细单列明的累计赔偿限额。

（6）保险期限

建筑工程一切险的保险责任自保险工程在工地动工或用于保险工程的材料、设备运抵工地之时起始，至工程所有人对部分或全部工程签发验收证书或验收合格，或工程所有人实际占用或使用或接收该部分或全部工程之时终止，以先发生者为准。但在任何情况下，保险期限的起始或终止不得超出保险单明细表中列明的保险生效日或终止日。

2. 安装工程一切险（及第三者责任险）

安装工程一切险是承保安装机器、设备、储油罐、钢结构工程、起重机等以及包含机械工程因素的各种安装工程的险种。由于科学技术日益进步，现代工业的机器设备已进入计算机操控的时代，这些机器设备具有工艺精密、构造复杂、技术高度密集和价格昂贵等特点，在安装、调试的过程中如果遇到自然灾害和意外事故，就会造成巨大的经济损失。安装工程一切险可以保障机器设备在安装、调试过程中，被保险人可能遭受的损失能够得到经济补偿。

安装工程一切险往往还加保第三者责任险。安装工程一切险的第三者责任险，负责被保险人在保险期限内，因发生意外事故，造成在工地及邻近地区的第三者人身伤亡、疾病或财产损失，依法应由被保险人赔偿的经济损失，以及因此而支付的诉讼费用和经保险人书面同意支付的其他费用。

（1）保险责任范围

保险人对因自然灾害、意外事故（具体内容与建筑工程一切险基本相同）造成的损失和费用负责赔偿。

（2）除外责任

其除外责任与建筑工程一切险除外责任的2）、5）、6）、7）、8）、9）、10）相同，不同之处主要有：因设计错误、铸造或原材料缺陷或工艺不善引起的保险财产本身的损失以及为换置、修理或矫正这些缺点、错误所支付的费用；由于超负荷、超电压、碰线、电弧、漏电、短路、大气放电及其他电气原因造成电气设备或电气用具本身的损失；施工用机具、设备、机械装置失灵造成的本身损失。

（3）保险期限

安装工程一切险的保险责任自保险工程在工地动工或用于保险工程的材料、设备运抵工地之时起始，至工程所有人对部分或全部工程签发完工验收证书或验收合格，或工程所有人实际占有或使用接收该部分或全部工程之时终止，以先发生者为准。但在任何情况下，安装期保险期限的起始或终止不得超过保险单明细表中列明的保险生效日或终止日。

安装工程一切险的保险期内，一般应包括一个试车考核期。试车考核期的长短一般根据安装工程合同中的约定进行确定，但不得超过安装工程保险单明细表中列明的试车和考核期限。安装工程一切险对试车考核期的保险责任一般不超过 3 个月；若超过 3 个月，应另行加收保险费。安装工程一切险对旧机器设备的考核期不负担保险责任，也不承担其维修期的保险责任。

3. 工伤保险和建筑意外伤害保险

《建筑法》规定，建筑施工企业应当依法为职工参加工伤保险缴纳工伤保险费。鼓励企业为从事危险作业的职工办理意外伤害保险，支付保险费。

据此，工伤保险是强制性保险。意外伤害保险则属于法定的鼓励性保险，其适用范围是施工现场从事危险作业的特殊职工群体，即在施工现场从事高处作业、深基坑作业、爆破作业等危险性较大的施工人员。尽管这部分人员可能已参加了工伤保险，但法律鼓励建筑施工企业再为其办理意外伤害保险，使他们能够比其他职工依法获得更多的权益保障。

（1）工伤保险

2010 年 12 月，经修订后颁布的《工伤保险条例》规定，中华人民共和国境内的企业、事业单位、社会团体、民办非企业单位、基金会、律师事务所、会计事务所等组织和有雇工的个体工商户应当依照该条例规定参加工伤保险，为本单位全部职工或者雇工缴纳工伤保险费。

中华人民共和国境内的企业、事业单位、社会团体、民办非企业单位、基金会、律师事务所、会计事务所等组织的职工和个体工商户的雇工，均有依照该条例的规定享受工伤保险待遇的权利。

（2）建筑意外伤害保险

《建筑法》规定，鼓励企业为从事危险作业的职工办理意外伤害保险，支付保险费。《建设工程安全生产管理条例》则规定，施工单位应当为施工现场从事危险作业的人员办理意外伤害保险。意外伤害保险费由施工单位支付。实行施工总承包的，由总承包单位支付意外伤害保险费。意外伤害保险期限自建设工程开工之日起至竣工验收合格止。

建筑意外伤害保险与工伤保险有很大的不同。工伤保险是社会保险的一种，实行实名制，并按工资总额计提保险费，较适合企业的固定职工。建筑意外伤害保险则是一种法定的非强制性商业保险，通常是按照施工合同额或建筑面积计提保险费，针对施工现场从事危险作业的特殊群体，较适合施工现场作业人员流动性大的行业特点。

4. 保险代理人和保险经纪人

《保险法》规定，保险代理人是根据保险人的委托，向保险人收取佣金，并在保险人授权范围内代为办理保险业务的机构或者个人。保险经纪人是基于投保人的利益，为投保人与保险人订立保险合同提供中介服务，并依法收取佣金的机构。

保险代理人和保险经纪人最大的区别是：保险代理人是受保险公司的委托，为该保险公司推销保险产品；保险经纪人则是受投保人（保险客户）委托，根据客户风险情况，为其设计保险方案，制订保险计划，横向比较各保险公司的保险条款优劣，帮助投保人选择适当的保险公司。保险经纪公司作为衔接保险公司与保险客户的中间环节，可以为客户提供专业的全方位的保险咨询服务，代表客户与保险公司谈判，协助客户办理投保与索赔工作，最大限度地保障投保人的利益。

2.7 建设工程税收制度

税收是政府为了满足社会公共需要，凭借其政治权力，按照法律规定，强制、无偿地取得财政收入的一种形式。在建设工程活动中，应当熟悉和执行有关税收法律制度。

2.7.1 企业增值税的规定

增值税是以商品和劳务在流转过程中产生的增值额作为征税对象而征收的一种流转税。

1. 纳税人

2017 年 11 月，经修改后发布的《中华人民共和国增值税暂行条例》（简称《增值税暂行条例》）规定，在中华人民共和国境内销售货物或者加工、修理修配劳务（简称劳务），销售服务、无形资产、不动产以及进口货物的单位和个人，为增值税的纳税人。

纳税人分为一般纳税人和小规模纳税人。小规模纳税人以外的纳税人应向主管税务机关办理登记。小规模纳税人会计核算健全，能够提供准确税务资料的，可以向主管税务机关办理登记，不作为小规模纳税人计算应纳税额。

2. 应纳税额的计算

纳税人兼营不同税率的项目，应当分别核算不同税率项目的销售额；未分别核算销售额的，从高适用税率。纳税人销售货物、劳务、服务、无形资产、不动产（以下统称应税销售行为），应纳税额为当期销项税额抵扣当期进项税额后的余额。当期销项税额小于当期进项税额不足抵扣时，其不足部分可以转结下期继续抵扣。小规模纳税人发生应税销售行为，实行按照销售额和征收税率计算应纳税额的简易办法，并不得抵扣进项税额。纳税人进口货物，按照组成计税价格和《增值税暂行条例》规定的税率计算应纳税额。

纳税人发生应税销售行为，按照销售额和《增值税暂行条例》规定的税率计算收取的增值税额，为销项税额。纳税人发生应税销售行为的价格明显偏低并无正当理由的，由主管税务机关核定其销售额。纳税人购进货物、劳务、服务、无形资产、不动产支付或者负担的增值税额，为进项税额。

纳税人发生应税销售行为，应当向索取增值税专用发票的购买方开具增值税专用发票，并在增值税专用发票上分别注明销售额和销项税额。属于下列情形之一的，不得开具增值税专用发票：①应税销售行为的购买方为消费者个人的；②发生应税行为适用免税规定的。

财政部、国家税务总局《关于建筑服务等营改增试点政策的通知》（财税〔2017〕58号）规定，建筑工程总承包单位为房屋建筑的地基与基础、主体结构提供工程服务，建设单位自行采购全部或部分钢材、混凝土、砌体材料、预制构件的，适用于简易计税方法计税。地基与基础、主体结构的范围，按照《建筑工程施工质量验收统一标准》（GB 50300—2013）附录 B 中的"地基基础""主体结构"分部工程的范围执行。纳税人提供建筑服务取得的预收款，应在收到预收款时，以取得的预收款扣除支付的分包款后的余额，按照规定的预征率预缴增值税。按照现行规定应在建筑服务发生地预缴增值税的项目，纳税人收到预收款时在建筑服务发生地预缴增值税。按照现行规定无须在建筑服务发生地预缴增值税的项目，纳税人收到预付款时在机构所在地预缴增值税。适用一般计税方法计税的项目预征率为2%，适用简易计税方法计税的项目预征率为 3%。

《国税局 住建部 财政部关于进一步做好建筑行业营改增试点工作的意见》（税总发〔2017〕99 号）规定，各地税务部门要积极创造条件，在建材市场、大型工程项目部等地增设专用发票代开点，为砂土石料销售企业、临时经营企业及建筑材料零售企业代开专用发票提供便利，不断提高建筑企业购买建筑材料获得专用发票的比例。各地税务部门要强化对砂土石料等建筑材料销售企业的税收检查，及时处理建筑材料企业拒绝开票、加价开票等违规行为，发现建筑材料销售企业通过不开发票隐瞒收入偷税的，要依法依规严肃查处。各级住房和城乡建设部门及税务部门要进一步加强信息共享，充分利用税收征管数据，对于增值税缴纳单位与工程建设合同承包方不一致的工程项目，重点核查是否存在转包、违法分包、挂靠等行为，一经发现，严肃查处，切实维护建筑市场秩序。

3. 销项税额的抵扣

《增值税暂行条例》规定，下列进项税额准予从销项税额中抵扣：

1）从销售方取得的增值税专用发票上注明的增值税额。

2）从海关取得的海关进口增值税专用缴款书上注明的增值税额。

3）购进农产品，除取得增值税专用发票或者海关进口增值税专用缴款书外，按照农产品收购发票或者销售发票注明的农产品买价和 11% 的扣除率计算的进项税额，国务院另有规定的除外。

4）自境外单位或者个人购进劳务、服务、无形资产或者境内的不动产，从税务机关或者扣缴义务人取得的代扣代缴税款的完税凭证上注明的增值税额。

纳税人购进货物、劳务、服务、无形资产、不动产，取得的增值税扣缴凭证不符合法律、行政法规或者国务院税务主管部门有关规定的，其进项税额不得从销项税额中抵扣。

下列项目的进项税额不得从销项税额中抵扣：

1）用于简易计税方法计税项目、免征增值税项目、集体福利或者个人消费的购进货物、劳务、服务、无形资产和不动产。

2）非正常损失的购进货物，以及相关的劳务和交通运输服务。

3）非正常损失的在产品、产成品所耗用的购进货物（不包括固定资产）、劳务和交通运输服务。

4）国务院规定的其他项目。

4. 税率

按照国务院常务会议决定，从 2019 年 4 月 1 日起，增值税税率调整如下：

1）纳税人销售货物、劳务、有形动产租赁服务或者进口货物，除下述第 2）项、第 4）

项、第5）项另有规定外，税率为13%。

2）纳税人提供交通运输、邮政、基础电信、建筑、不动产租赁服务，销售不动产，转让土地使用权，销售或者进口下列货物，税率为9%：①粮食等农产品、食用植物油、食用盐；②自来水、暖气、冷气、热水、煤气、石油液化气、天然气、二甲醇、沼气、居民用煤炭制品；③图书、报纸、杂志、音像制品、电子出版物；④饲料、化肥、农药、农机、农膜；⑤国务院规定的其他货物。

3）纳税人销售服务、无形资产，除上述第1）项、第2）项及下述第5）项另有规定外，税率为6%。

4）纳税人出口货物，税率为零；但是，国务院另有规定的除外。

5）境内单位和个人跨境销售国务院规定范围内的服务、无形资产，税率为零。

2.7.2 环境保护税的规定

环境保护税是为了保护和改善环境，减少污染排放，推进生态文明建设而征收的一种税。

1. 纳税人

2018年1月公布的《中华人民共和国环境保护税法》规定，在中华人民共和国领域和中华人民共和国管辖的其他海域，直接向环境排放应税污染物的企业事业单位和其他生产经营者为环境保护税的纳税人。应税污染物详见该法所附"环境保护税税目税额表"和"应税污染物和当量值表"。有下列情形之一的，不属于直接向环境排放污染物，不缴纳相应污染物的环境保护税：①企业事业单位和其他生产经营者向依法设立的污水集中处理、生活垃圾集中处理场所排放应税污染物的；②企业事业单位和其他生产经营者在符合国家和地方环境保护标准的设施、场所贮存或者处置固体废物的。

依法设立的城乡污水集中处理、生活垃圾集中处理场所超过国家和地方规定的排放标准向环境排放应税污染物的，应当缴纳环境保护税。企业事业单位和其他生产经营者贮存或者处置固体废物不符合国家和地方环境保护标准的，应当缴纳环境保护税。

2. 计税依据和应纳税额

应税污染物的计税依据，按照下列方法确定：①应税大气污染物按照污染物排放量折合的污染当量数确定；②应税水污染物按照污染物排放量折合的污染当量数确定；③应税固体废物按照固体废物的排放量确定；④应税噪声按照超过国家规定标准的分贝数确定。环境保护税的税目、税额详见《中华人民共和国环境保护税法》所附"环境保护税税目税额表"。

环境保护税应纳税额，按照下列方法计算：①应税大气污染物的应纳税额为污染当量数乘以具体适用税额；②应税水污染物的应纳税额为污染当量数乘以具体适用税额；③应税固体废物的应纳税额为固体废物排放量乘以具体适用税额；④应税噪声的应纳税额为超过国家规定标准的分贝数对应的具体适用税额。

3. 税收减免

下列情形，暂予免征环境保护税：①农业生产（不包括规模化养殖）排放应税污染物的；②机动车、铁路机车、非道路移动机械、船舶和航空器等流动污染源排放应税污染物的；③依法设立的城乡污水集中处理、生活垃圾集中处理场所排放相应污染物，不超过国家和地方规定的排放标准的；④纳税人综合利用的固体废物，符合国家和地方环境保护标准的；⑤国务院批准免税的其他情形。

纳税人排放应税大气污染物或者水污染物的浓度值低于国家和地方规定标准的污染物排放标准 30% 的，减按 75% 征收环境保护税。纳税人排放应税大气污染物或者水污染物的浓度值低于国家或地方规定标准的污染物排放标准 50% 的，减按 50% 征收环境保护税。

2.7.3　其他相关税收的规定

同建设工程有关的税收法律制度还有城市维护建设税、教育费附加、城镇土地使用税、房产税、车船税、印花税等。

1. 城市维护建设税

2011 年 1 月，经修改后发布的《中华人民共和国城市维护建设税暂行条例》规定，凡缴纳消费税、增值税、营业税的单位和个人，都是城市维护建设税的纳税义务人。

城市维护建设税以纳税人实际缴纳的消费税、增值税、营业税税额为计税依据，分别与消费税、增值税、营业税同时缴纳。城市维护建设税税率如下：纳税人所在地在市区的，税率为 7%；纳税人所在地在县城、镇的，税率为 5%；纳税人所在地不在市区、县城或镇的，税率为 1%。

开征城市维护建设税后，任何地区和部门都不得再向纳税人摊派资金或物资。遇到摊派情况，纳税人有权拒绝执行。

2. 教育费附加

2011 年 1 月，经修改后发布的《征收教育费附加的暂行规定》规定，凡缴纳消费税、增值税、营业税的单位和个人，除按照《国务院关于筹措农村学校办学经费的通知》（国发〔1984〕174 号文）的规定缴纳农村教育事业费附加的单位外，都应当缴纳教育费附加。

教育费附加以各单位和个人实际缴纳的增值税、营业税、消费税的税额为计征依据，教育费附加率为 3%，分别与增值税、营业税、消费税同时缴纳。

凡办有职工子弟学校的单位，应当先按本规定缴纳教育费附加；教育部门可根据它们办学的情况酌情返还给办学单位，作为对所办学校经费的补贴。办学单位不得借口缴纳教育费附加而撤并学校，或者缩小办学规模。

3. 城镇土地使用税

2013 年 12 月，经修改后发布的《中华人民共和国城镇土地使用税暂行条例》（简称《城镇土地使用税暂行条例》）规定，在城市、县城、建制镇、工矿区范围内使用土地的单位和个人，为城镇土地使用税的缴纳人。

土地使用税以纳税人实际占用的土地面积为计税依据，依照规定税额计算征收。土地使用税每平方米年税额如下：①大城市 1.5~30 元；②中等城市 1.2~24 元；③小城市 0.9~18元；④县城、建制镇、工矿区 0.6~12 元。

经省、自治区、直辖市人民政府批准，经济落后地区土地使用税额标准可以适当降低，但降低额不得超过《城镇土地使用税暂行条例》规定最低税额的 30%；经济发达地区土地使用税的适用税额标准可以适当提高，但必须报经财政部批准。

下列土地免缴土地使用税：①国家机关、人民团体、军队自用的土地；②由国家财政部门拨付事业经费的单位自用土地；③宗教寺庙、公园、名胜古迹自用的土地；④市政街道、广场、绿化地带等公共用地；⑤直接用于农、林、牧、渔业的生产用地；⑥经批准开山填海整治的土地和改造的废弃土地；⑦由财政部另行规定免税的能源、交通、水利设施用地和其他用地。

土地使用税按年计算、分期缴纳。缴纳期限由省、自治区、直辖市人民政府确定。

4. 房产税

2011年，经修改后发布的《中华人民共和国房产税暂行条例》（简称《房产税暂行条例》）规定，房产税在城市、县城、建制镇和工矿区征收。房产税由产权所有人缴纳。产权属于全民所有的，由经营管理的单位缴纳。产权出典的，由承典人缴纳。产权所有人、承典人不在房产所在地的，或产权未确定及租典纠纷未解决的，由房产代管人或者使用人缴纳。上述列举的产权所有人、经营管理单位、承典人、房产代管人或者使用人，统称为纳税义务人。

房产税依照原房产原值一次减除10%~30%后的余值计算缴纳。具体减除幅度，由省、自治区、直辖市人民政府规定。没有房产原值作为依据的，由房产所在地税务机关参考同类房产核定。房产出租的，以房产租金收入为房产税的计税依据。

房产税的税率，依照房产余值计算缴纳的，税率为1.2%；依照房产租金收入计算缴纳的，税率为12%。

下列房产免纳房产税：①国家机关、人民团体、军队自用的房产；②由国家财政部门拨付事业经费的单位自用的房产；③宗教寺庙、公园、名胜古迹自用的房产；④个人所有非营业用的房产；⑤经财政部批准的免税的其他房产。除《房产税暂行条例》规定外，纳税人纳税确有困难的，可经省、自治区、直辖市人民政府确定，定期减征或者免征房产税。

5. 车船税

2011年2月公布的《中华人民共和国车船税法》（简称《车船税法》）规定，在中华人民共和国境内属于本法所附"车船税税目税额表"规定的车辆、船舶（简称车船）的所有人或者管理人，为车船税的纳税人。车辆的适用税额详见《车船税法》所附"车船税税目税额表"和《中华人民共和国车船税法实施条例》。

下列车船免征车船税：①捕捞、养殖渔船；②军队、武警部队专用的车船；③警用车船；④依照法律规定应当予以免税的外国驻华使领馆、国际组织驻华代表机构及其有关人员的车船。

对节约能源、使用新能源的车船可以减征或者免征车船税；对受严重自然灾害影响纳税困难以及有其他特殊原因需要减免、免税的，可以减征或者免征车船税。

从事机动车第三者责任强制险保险业务的保险机构为机动车车船税的扣缴义务人，应当在收取保险费时依法代扣车船税，并出具代收税款凭证。

6. 印花税

2011 年 1 月，经修改后发布的《中华人民共和国印花税暂行条例》（简称《印花税暂行条例》）规定，在中华人民共和国境内书立、领受本条例所列举凭证的单位和个人，都是印花税的纳税义务人。

下列凭证为应税纳税凭证：①购销、加工承揽、建设工程承包、财产租赁、货物运输、仓储保管、借款、财产保险、技术合同或者具有合同性质的凭证；②产权转移书据；③营业账簿；④权利、许可证照；⑤经财政部确定征税的其他凭证。

纳税人根据应纳税额凭证的性质，分别按比例税率或者按件定额计算应纳税额。具体税率、税额详见《印花税暂行条例》所附"印花税税目税率表"。

下列凭证免征印花税：①已缴纳印花税的凭证的副本或者抄本；②财产所有人将财产赠给政府、社会福利单位、学校所立的书据；③经财政部批准免税的其他凭证。

2.8 建设工程法律责任制度

法律责任是指行为人由于违法行为、违约行为或者由于法律规定而应承受的某种不利的法律后果。法律责任不同于其他社会责任，法律责任的范围、性质、大小、期限等均在法律上有明确规定。

2.8.1 法律责任的基本种类和特征

按照违法行为的性质和危害程度，法律责任可以分为违宪法律责任、刑事法律责任、民事法律责任、行政法律责任和国家赔偿责任。

法律责任的特征：①法律责任是因为违反法律上的义务（包括违约等）而形成的法律后果，以法律义务存在为前提；②法律责任即承担不利的后果；③法律责任的认定和追究，由国家专门机关依法定程序进行；④法律责任的实现由国家强制力做保障。

2.8.2 建设工程民事责任的种类及承担方式

民事责任是指民事活动主体在民事活动中，因实施了民事违法行为，根据民法所应承担的对其不利的民事法律后果或者基于法律特别规定而应承担的民事法律责任。民事法律责任的功能主要是一种民事救济功能，使受害人被侵犯的权益得以恢复。

民事责任主要是财产责任，如《民法典合同编》规定的损害赔偿、支付违约金等；但也不限于财产责任，还有恢复名誉、赔礼道歉等。

1. 民事责任的种类

民事责任可以分为违约责任和侵权责任两类。

违约责任是指合同当事人违反法律规定或合同约定而应承担的责任。侵权责任是指行为人因过错侵害他人财产、人身而应承担的责任，以及虽没有过错，但在造成损害以后，依法应当承担的责任。

2. 民事责任的承担方式

《民法典总则编》规定，民事责任的承担方式主要有：①停止侵害；②排除妨碍；③消除危险；④返还财产；⑤恢复原状；⑥修理、重做、更换；⑦继续履行；⑧赔偿损失；⑨支付违约金；⑩消除影响、恢复名誉；⑪赔礼道歉。法律规定惩罚性赔偿的，依照其规定。

以上承担民事责任的方式，可以单独适用，也可以合并适用。

3. 建设工程民事责任的主要承担方式

（1）返还财产

当建设工程施工合同无效、被撤销后，应当返还财产。执行返还财产的方式是折价返还，即承包人已经施工完成的工程，发包人按照"折价返还"的规则支付工程价款。主要有两种方式：①参照无效合同中的约定价款；②按照当地市场价、定额量据实结算。

（2）修理

施工合同的承包人对施工中出现质量问题的建设工程或者竣工验收不合格的建设工程，应当负责返工修理。

（3）赔偿损失

赔偿损失是指合同当事人由于不履行合同义务或者履行合同义务不符合约定，给对方造成财产上的损失时，由违约方依法或依照合同约定应承担的损害赔偿责任。

（4）支付违约金

违约金是指按照当事人的约定或者法律规定，一方当事人违约的，应向另一方支付的金钱。

2.8.3 建设工程行政责任的种类及承担方式

行政责任是指违反有关行政管理的法律、法规规定，但尚未构成犯罪的行为，依法应承担的行政法律后果，包括行政处罚和行政处分。

1. 行政处罚

《中华人民共和国行政处罚法》规定，行政处罚的种类有：①警告；②罚款；③没收违法所得，没收非法财物；④责令停产停业；⑤暂扣或者吊销许可证，暂扣或者吊销执照；⑥行政拘留；⑦法律、行政法规规定的其他行政处罚。

在建设工程领域，法律、行政法规所设定的行政处罚主要有：警告、罚款、没收违法所得、责令限期改正、责令停业整顿、取消一定期限内参加依法必须进行招标的项目的投标资格、责令停止施工、降低资质等级、吊销资质证书（同时吊销营业执照）、责令停止执业、吊销职业资格证书或其他许可证等。

2. 行政处分

行政处分是指国家机关、企事业单位对所属的国家工作人员违法失职行为尚不构成犯罪，依据法律、法规所规定的权限而给予的一种惩戒。行政处分种类有：警告、记过、记大过、降级、撤职、开除。《建设工程质量管理条例》规定，国家机关工作人员在建设工程质量监督管理工作中玩忽职守、滥用职权、徇私舞弊，构成犯罪的，依法追究刑事责任；尚不构成犯罪的，依法给予行政处分。

2.8.4 建设工程刑事责任的种类及承担方式

刑事责任是指犯罪主体因违反刑法，实施了犯罪行为，所应承担的法律责任。刑事责任是法律责任中最强烈的一种，其承担方式主要是刑罚，也包括一些非刑罚方法。

《中华人民共和国刑法》（简称《刑法》）规定，刑罚分为主刑和附加刑。主刑包括：①管制；②拘役；③有期徒刑；④无期徒刑；⑤死刑。附加刑包括：①罚金；②剥夺政治权利；③没收财产；④驱逐出境。

在建设工程领域，常见的刑事责任如下：

（1）工程重大安全事故罪

《刑法》第一百三十七条规定，建设单位、设计单位、施工单位、工程监理单位违反国家规定，降低工程质量标准，造成重大安全事故的，对直接责任人员，处5年以下有期徒刑或者拘役，并处罚金；后果特别严重的，处5年以上10年以下有期徒刑，并处罚金。

（2）重大责任事故罪

《刑法》（《刑法修正案（六）》）第一百三十四条、第一百三十五条规定，在生产、作业中违反有关安全规定，因而发生重大伤亡事故或者其他严重后果的，处3年以下有期徒刑或者拘役；情节特别恶劣的，处3年以上7年以下有期徒刑。强令他人违章冒险作业，因而发生重大伤亡事故或者造成其他严重后果的，处5年以下有期徒刑或者拘役；情节特别恶劣的，处5年以上有期徒刑。

（3）重大劳动安全事故罪

《刑法》（《刑法修正案（六）》）第一百三十五条规定，安全生产设施或者安全生产条件不符合国家规定，因而发生重大伤亡事故或者造成其他严重后果的，对直接负责的主管人员和其他直接责任人员，处3年以下有期徒刑或者拘役；情节特别严重的，处3年以上7年以下有期徒刑。

（4）串通投标罪

《刑法》第二百二十三条规定，投标人相互串通投标报价，损害招标人或者其他投标人利益，情节严重的，处3年以下有期徒刑或者拘役，并处或者单处罚金。投标人与招标人串通投标，损害国家、集体、公民的合法利益的，依照以上规定处罚。

【案例1】　某施工企业与某建材公司水泥采购合同的合同效力纠纷案

1. 案例背景

甲施工企业在某办公楼工程项目的施工过程中，需要购买一批水泥。甲施工企业的采购人员张某持介绍信到乙建材公司要求购买一批B强度等级的水泥。由于双方有长期的业务关系，未签订书面的水泥买卖合同，乙建材公司就很快发货了。但在乙建材公司发货后，甲施工企业拒绝支付货款。甲施工企业提出的理由是：公司让其采购人员张某购买的水泥是A强度等级而非B强度等级。双方由此发生纠纷。

2. 思考问题

（1）甲施工企业和乙建材公司之间的水泥购买合同是否有效？

（2）甲施工企业和乙建材公司之间的合同纠纷应当如何处理？

3. 案例分析

（1）本案中的纠纷处理，首先要判明水泥买卖合同是否有效，而对合同效力判断的重要依据是甲施工企业的介绍信是如何写的。《民法典总则编》第一百六十五条规定："委托代理授权采用书面形式的，授权委托书应当载明代理人的姓名或者名称、代理事项、权限和期间，并由委托人签名或者盖章。"据此，甲施工企业的介绍信可以视为授权委托书，张某则是甲施工企业的代理人。如果甲施工企业开出的介绍信是"介绍张某购买水泥"，则张某的行为是合法代理行为，其购买 B 强度等级水泥行为在代理权限范围内；双方的口头合同也是有效的，应当继续履行，即甲施工企业应当付款。如果甲施工企业开出的介绍信是"介绍张某购买 A 强度等级水泥"，则张某购买 B 强度等级水泥的行为就超越了代理权限，双方的口头合同是无效的。

（2）如果合同被确认无效后，其首要的法律后果是返还财产，即甲施工企业可以退货、拒付货款。乙建材公司的损失，按照《民法典总则编》第一百七十一条关于"行为人没有代理权、超越代理权或者代理权终止后，仍然实施代理行为，未经被代理人追认的，对被代理人不发生效力"的规定，应当向张某主张。但在司法实践中，乙建材公司的难点是应当如何证明张某要求购买的是 B 强度等级的水泥。

【案例2】 某在建住宅楼倒塌事故所涉及的法律责任案件

1. 案例背景

某市一栋在建住宅楼发生楼体倒塌事故，造成 1 名工人身亡。经调查分析，事故调查组认定是一起重大生产安全责任事故。其直接原因是：紧贴该楼北侧，在短时间内堆土过高，最高达 10m 左右；紧邻该楼南侧的地下车库基坑正在开挖，开挖深度达 4.6m。大楼两侧的压力差使土体产生水平位移，过大的水平力超过了桩基的抗侧能力，导致房屋倾倒。此外，还存在以下六个方面的主要问题：

（1）土方堆放不当。在未对天然地基进行承载力计算的情况下，开发商随意指定将开挖土方短时间内集中堆放于该楼北侧。

（2）开挖基坑违反相关规定。土方开挖单位在未经监理方同意、未进行有效监测并不具备相应资质的情况下，没有按照相关技术要求开挖基坑。

（3）监理不到位。监理方对开发商、施工方的违法施工行为未进行有效处理，对施工现场的事故隐患未及时报告。

（4）管理不到位。开发商管理混乱，违章指挥，违法指定施工单位，不合理压缩工期。

（5）安全措施不到位。施工方对基坑开挖及土方处置未采取专项防护措施。

（6）维护桩施工不规范。施工方未严格按照相关要求组织施工，施工速度快于规定的技术标准要求。

事故发生后，该楼所在地的副区长和镇长、副镇长等公职人员，因对辖区内建设工程安全生产工作负有领导责任，被分别给予行政警告、行政记过、行政记大过处分；开发商、总包单位对事故发生负有主要责任，土方开挖单位对事故发生负有直接责任，基坑围护及桩基工程施工单位对事故发生负有一定责任，分别给予了经济处罚，其中，对开发商、总包单位均处以最高罚款限额50万元的罚款，并吊销总包单位的建筑施工企业资质证书及安全生产许可证，待事故善后处理工作完成后吊销开发商的房地产开发企业资质书；监理单位对事故发生负有重要责任，吊销其工程监理资质证书；工程检测单位对事故发生负有一定责任，予以通报批评；监理单位、土方开挖单位的法定代表人等8名责任人员，对事故发生负有相关责任，被处以吊销执业证书、罚款、解除劳动合同等处罚；秦某等6人，犯重大事故罪，被追究刑事责任，分别被判处有期徒刑3~5年。

该楼的21户购房户，有11户业主退房，10户置换，分别获得相应的赔偿费。

2. 思考问题

（1）本案中的民事责任有哪些？

（2）本案中的行政责任有哪些？

（3）本案中的刑事责任有哪些？

3. 案例分析

本案中所涉及的法律关系复杂，产生了多个法律关系：

（1）本案中存在着多个合同关系，这些合同关系都会产生民事责任。首先是开发商与购房户存在商品房买卖合同，由于发生楼梯倒塌事故，开发商无法交付房屋，应当承担违约责任。在本案中，违约责任最主要的就是赔偿损失。开发商与其他主体也有合同关系，也会出现违约问题，但这些单位之间没有产生民事诉讼。

（2）本案中的行政责任包括了行政处分和行政处罚。副区长和镇长、副镇长等公职人员，对辖区内建设工程安全生产工作负有领导责任，分别被给予行政警告、行政记过、行政记大过处分，即属于行政处分。对开发商、总包单位等处以罚款、吊销资质证书等，对责任人处以吊销执业证书、罚款等，都属于行政处罚。

（3）本案中的被告人秦某等6人在该工程项目中，分别作为建设方、施工方、监理方的工作人员以及土方施工的具体实施者，在工程施工的不同岗位和环节中，本应上下衔接、互相制约，但却违反安全管理规定，不履行或者不能正确履行或者消极履行各自的职责与义务，最终导致该楼房整体倾倒的重大生产安全事故，致1人死亡，并造成重大经济损失。6名被告均已构成重大责任事故罪，且属于情节特别恶劣，依法应予惩处，承担相应的刑事责任。

复习思考题

1. 代理的法律特征主要有哪些？

2. 什么是表见代理？简述表见代理的构成要件。

3. 简述物权的法律特征。

4. 什么是用益物权？用益物权包括哪些内容？

5. 什么是地役权？简述地役权合同应包括的内容。

6. 简述建设工程债发生的根据。

7. 什么是保证？哪些组织不能作为保证人？

8. 哪些财产抵押时应当办理抵押登记手续？

9. 建筑工程一切险的保险责任范围是什么？

10. 增值税的应纳税额如何计算？

11. 确定应税污染物的计税依据的方法有哪些？

12. 城市维护建设税的计税依据是什么？

13. 印花税的应纳税凭证包括哪些？

14. 民事责任的承担方式主要有哪些？

第 **3** 章

工程建设标准法律制度

3.1 概述

3.1.1 工程建设标准的概念和特征

1. 工程建设标准的概念

标准是对重复性事物和概念所做的统一规定。它以科学、技术和实践经验的综合成果为基础，经有关方面协商一致，由主管机构批准，以特定形式发布，作为共同遵守的准则和依据。工程建设标准是为在工程建设领域获得最佳秩序，对工程建设活动或其结果规定共同的和重复使用的规则、导则或特性的文件。在我国，工程建设标准一般是由政府机关颁布的，对新建工程项目所做的最低限度技术要求的规定，是建设法律、法规体系的重要组成部分。工程建设标准侧重于单项技术要求，主要包括工程项目的分类等级、允许使用荷载、建筑面积及层高层数的限制、防火与疏散以及结构、材料、供暖、通风、照明、给水排水、消防、电梯、通信动力等的基本要求。

标准化的含义是在经济、技术、科学及管理等社会实践中，对重复性事物和概念通过制定、实施标准，达到统一，以获得最佳秩序和社会效益的过程。工程建设标准化是为在工程建设领域内获得最佳秩序，以实际的或潜在的问题制定共同的和重复使用的规则的活动。为了促进技术进步，改进产品质量，全国人大常委会于 1988 年 12 月 29 日通过了《中华人民共和国标准化法》（简称《标准化法》）。

工程建设标准与规范、规程等概念有密切的关系。规范是在工农业生产和工程建设中，对设计、施工、制造、检验等技术事项所做的一系列规定；规程是对作业、安装、鉴定、安全、管理技术要求和实施程序所做的统一规定。标准、规范、规程都是标准的一种表现形式，习惯上统称为标准，只有针对具体对象才加以区别。当针对产品、方法、符号、概念等时，一般采用标准；当针对工程规划、勘察、设计、施工等技术事项做规定时，通常采用规范；当针对操作、工艺、管理等技术要求时，一般采用规程。

2. 工程建设标准的特征

（1）前瞻性

工程建设标准是工程建设中共同的和重复使用的规则、导则或特性的文件，因此，工程建设标准将决定未来工程的要求，具有一定的前瞻性。

（2）科学性

工程建设标准是以科学、技术和实践经验的综合成果为基础制定出来的，揭示了工程建设活动的规律。即制定标准的基础是综合成果，单单是科学技术成果，如果没有经过综合研究、比较、选择、分析其在实践活动中的可行性、合理性或没有经过实践检验，是不能纳入标准中的。同样，单单是实践检验，如果没有总结其普遍性、规律性或经过科学的论证，也是不能纳入标准的。因此，工程建设标准的制定过程反映了标准严格的科学性。

（3）民主性

工程建设标准的制定过程应当是民主的。在制定标准的过程中，要征求标准涉及各方的意见，对于不同的意见要有合理的解释。标准的民主性越突出，标准的执行就越顺利，标准也就越有生命力。

（4）权威性

标准需要经过一个具有公信力的公认机构批准。在我国，工程建设标准一般是由政府机关颁布的。标准反映了工程建设的客观规律，制定过程民主，以特定的形式批准和颁布，保证了标准的严肃性和权威性。

3.1.2 工程建设标准的范围

1. 工程建设国家标准的范围

《标准化法》规定，对保障人身健康和生命财产安全、国家安全、生态环境安全以及满足经济社会管理基本需要的技术要求，应当制定强制性国家标准；对满足基础通用、与强制性国家标准配套、对各有关行业起引领作用等需要的技术要求，可以制定推荐性国家标准。

1992年建设部发布的《工程建设国家标准管理办法》规定，对需要在全国范围内统一的下列技术要求，应当制定国家标准：

1）工程建设勘察、规划、设计、施工（包括安装）及验收等通用的质量要求。

2）工程建设通用的有关安全、卫生和环境的技术要求。

3）工程建设通用的术语、符号、代号、量与单位、建筑模数和制图方法。

4）工程建设通用的实验、检验和评定等方法。

5）工程建设通用的信息技术要求。

6）国家需要控制的其他工程建设通用的技术要求。

2. 工程建设行业标准的范围

《标准化法》规定，对没有推荐性国家标准、需要在全国某个行业范围内统一的技术要求，可以制定行业标准。

1992年建设部发布的《工程建设国家标准管理办法》规定，对没有国家标准而需要在全国某个行业范围内统一的下列技术要求，可以制定行业标准：

1）工程建设勘察、规划、设计、施工（包括安装）及验收等行业专用的质量要求。

2）工程建设行业专用的有关安全、卫生和环境的技术要求。

3）工程建设行业专用的术语、符号、代号、量与单位、建筑模数和制图方法。

4）工程建设行业专用的实验、检验和评定等方法。

5）工程建设行业专用的信息技术要求。

6）其他工程建设行业专用的技术要求。

3. 工程建设地方标准的范围

《标准化法》规定，为满足地方自然条件、风俗习惯等特殊要求，可以制定地方标准。

工程建设地方标准的确定，应当从本行政区域工程建设的需要出发，并应体现本行政区域的气候、地理、技术等特点。例如，我国的黄土地区、冻土地区以及膨胀土地区，对建筑技术的要求有很大的区别。因此，工程建设标准除国家标准、行业标准外，还需要相应的地方标准。

4. 工程建设团体标准的范围

《标准化法》规定，国家鼓励学会、协会、商会、联合会、产业技术联盟等社会团体协调相关市场主体共同制定满足市场和创新需要的团体标准，由本团体成员约定采用或者按照本团体的规定供社会自愿采用。

团体标准是指由具有法人资格，且具备相应专业技术能力、标准化工作能力和组织管理能力的学会、协会、商会、联合会和产业技术联盟等社会团体，按照团体确立的标准制定程序自主制定发布，由社会自愿采用的标准。团体标准具有能够及时响应市场需求、迅速跟进新技术新产品、制定工作机制灵活、技术指标水平领先等特点。发展团体标准，能够充分发挥市场的主体作用，进一步释放社会团体创新潜力，将政府单一供给的现行标准体系，转变为由政府主导制定的标准和市场自主制定的标准共同构成的新型标准体系，有利于扩大标准的供给，提高标准供给的及时性和有效性，提高标准服务能力，促进标准化改革工作进程。

国家高度重视团体标准发展，出台了《深化标准化工作改革方案》《团体标准管理规定（试行）》《关于培育和发展工程建设团体标准的意见》等系列文件，支持引导团体化标准发展。2017 年 11 月，《标准化法》正式将团体标准纳入国家标准体系，确立了团体标准的法律地位。

5. 工程建设企业标准的范围

《标准化法》规定，企业可以根据需要自行制定企业标准，或者与其他企业联合制定企业标准。国家法律、法规没有对工程建设企业标准的范围进行限制。工程建设企业标准可以覆盖本企业生产、经营活动的各个环节。工程建设企业标准一般包括企业的技术标准、管理标准和工作标准。

推荐性国家标准、行业标准、地方标准、团体标准、企业标准的技术要求不得低于强制性国家标准的相关技术要求。国家鼓励社会团体、企业制定高于推荐性国家标准相关技术要求的团体标准、企业标准。

6. 工程建设国际标准的范围

随着我国改革开放进程的不断加快和参与国际经济与贸易活动的不断深入，我国建筑业在国际工程承包中所占的比例和份额不断提高，这需要我国的建筑企业在所承包的国际工程项目中对所涉及的和工程建设相关的国际标准必须有所了解，才能更好地进行工程建设活动。

3.1.3 工程建设标准的种类

工程建设标准可以从不同的角度进行分类。

1. 按照标准的适用范围进行分类

按照标准的适用范围进行分类，工程建设标准可以分为国家标准、行业标准、地方标准、团体标准、企业标准和国际标准。

（1）工程建设国家标准

工程建设国家标准是指工程建设领域中需要在全国范围内统一的，由国务院工程建设主管部门组织草拟、审批的标准。

（2）工程建设行业标准

工程建设行业标准是指工程建设领域中没有国家标准而需要在全国某个行业范围内统一的，由国务院有关行政主管部门组织草拟、审批的标准。

（3）工程建设地方标准

工程建设地方标准是指工程建设领域中没有国家标准、行业标准或国家标准、行业标准不具体，且需要在本行政区域内对工程建设技术要求做出统一规定的，由省、自治区、直辖市建设行政主管部门组织草拟、审批的标准。

（4）工程建设团体标准

2017年12月国家质检总局、国家标准委、民政部印发的《团体标准管理规定（试行）》规定，团体标准是依法成立的社会团体为满足市场和创新需要，协调相关市场主体共同制定的标准。

（5）工程建设企业标准

工程建设企业标准是对工程建设企业生产、经营活动中的重复性事项所做出的统一规定。

（6）工程建设国际标准

工程建设国际标准是指国际标准化组织（ISO）、国际电工委员会（IEC）和国际电信联盟（ITU）制定的标准，以及国际标准化组织确认并公布的其他国际组织，如国际计量局（BIPM）、国际建筑结构研究与改革委员会（CIB）、国际照明委员会（CIE）、因特网工程特别工作组（IETF）等制定的标准。这些机构制定和确认的工程建设标准就是工程建设国际标准。

2. 按照标准的性质进行分类

按照标准的性质进行分类，工程建设标准可以分为强制性标准和推荐性标准。

（1）工程建设强制性标准

工程建设强制性标准是指直接涉及工程质量、安全、卫生及环境保护等方面的工程建设标准强制性条文。

（2）工程建设推荐性标准

工程建设推荐性标准是指工程建设强制性标准以外的其他标准。

3. 按照标准的专业进行分类

按照标准的专业进行分类，工程建设标准可以分为技术标准、管理标准和工作标准。

（1）技术标准

技术标准是对标准化领域中需要统一的技术事项所制定的标准。技术标准是一个大类，可进一步分为技术基础标准、产品标准、工艺标准、检验和试验方法标准、设备标准、原材料标准、安全标准、环境保护标准、卫生标准等。其中的每一类还可以进一步细分，如技术基础标准还可以再分为术语标准、图形符号标准、数系标准、公差标准、环境条件标准、技术通则性标准等。

（2）管理标准

管理标准是对标准化领域中需要协调统一的管理事项所制定的标准。管理标准主要是对管理目标、管理项目、管理业务、管理程序、管理方法和管理组织所做出的规定。管理标准包括基础标准、技术管理标准、经济管理标准、行政管理标准和生产经营标准等。

（3）工作标准

工作标准是指对工作的责任、权利、范围、质量要求、程序、效果、检查方法、考核办法所制定的标准。工作标准一般包括部门工作标准和岗位（个人）工作标准。在建立了企业标准体系的企业里一般都制定工作标准。按岗位制定的工作标准通常包括岗位目标（工作内容、工作任务）、工作程序和工作方法、业务分工和业务联系（信息传递）方式、职责权限、质量要求与定额、对岗位人员的基本技术要求、检查考核办法等内容。

3.2 工程建设标准的制定

3.2.1 工程建设国家标准的制定

1. 工程建设国家标准的编制计划

工程建设国家标准的计划分为五年计划和年度计划。五年计划是编制年度计划的基础；年度计划是确定工作任务和组织编制标准的依据。

（1）编制工程建设国家标准计划的原则

编制工程建设国家标准计划，应当遵循下列原则：①在国民经济发展的总目标和总方针的指导下进行，体现国家的技术、经济政策；②适应工程建设和科学发展的需要；③在充分做好调查研究和认真总结经验的基础上，根据工程建设标准体系表的要求，综合考虑相关标准之间的构成和协调配套；④从实际出发，保证重点，统筹兼顾，根据需要和可能，分清轻重缓急，做好计划的综合平衡。

（2）工程建设国家标准五年计划的编制

五年计划由计划编制纲要和计划项目两部分组成。其内容应当符合下列要求：①计划编制纲要要包括计划编制的依据、指导思想、预期目标、工作重点和实施计划的主要措施等；②计划项目的内容包括标准名称、制定或修订、使用范围及其主要技术内容、主编部门、主编单位和起始年限等。

列入五年计划的国家标准制定项目应当落实主编单位，主编单位应当具备下列条件：①承担过与该国家标准项目相应的工程建设勘察、规划、设计、施工或科研任务的企业、事业单位；②具有丰富的工程建设经验、较高的技术水平和组织管理水平，能组织解决国家标准编制中的重大技术问题。

（3）工程建设国家标准年度计划的编制

年度计划由计划编制的简要说明和计划项目两部分组成。计划项目的内容包括标准名称、制定或修订、使用范围及其主要技术内容、主编部门和主编单位、参加单位、起止年限、进度要求等。年度计划应当在五年计划的基础上进行编制。国家标准项目在列入年度计划之前由主编单位做好年度计划的前期工作，并提出前期工作报告。前期工作报告应当包括：国家标准项目名称、目的和作用、技术条件和成熟程度、与各类现行标准的关系、预期的经济效益和社会效益、建议参编单位和起止年限。

列入年度计划的国家标准项目，应当具备下列条件：①有年度计划的前期工作报告；②有生产和建设的实践经验；③相应的科研成果经过鉴定和验证，具备推广应用的条件；④不与相关的国家标准重复或矛盾；⑤参编单位已落实。

（4）工程建设国家标准计划的监督与检查

国务院各有关行政主管部门和省、自治区、直辖市工程建设行政主管部门对主管的国家标准项目计划执行情况负有监督和检查的责任，并负责协调解决计划执行中的重大问题。各主编单位在每年年底前将本年度计划执行情况和下年度的工作安排报行政主管部门，并报国务院工程建设行政主管部门备案。

2. 工程建设国家标准制定的基本要求

1）制定国家标准必须贯彻国家的有关法律、法规和方针、政策，密切结合自然条件，合理利用资源，充分考虑使用和维修的要求，做到安全适用、技术先进、经济合理。

2）制定国家标准，对需要进行科学试验或测试验证的项目，应当纳入各级主管部门的科研计划，认真组织实施，写出成果报告。凡经过行政主管部门或受委托单位鉴定，技术上成熟，经济上合理的项目应当纳入标准。

3）制定国家标准应当积极采用新技术、新工艺、新设备、新材料。纳入标准的新技术、新工艺、新设备、新材料，应当经有关主管部门或受委托单位鉴定，有完整的技术文件，且经实践检验行之有效。

4）制定国家标准要积极采用国际标准和国外先进标准，凡经过认真分析论证或测试验证，并且符合我国国情的，应当纳入国家标准。

5）制定国家标准，其条文应当严谨明确，文字简练，不得模棱两可，其内容深度、术语、符号、计量单位等应当前后一致，不得矛盾。

6）制定国家标准必须做好与现行相关标准之间的协调工作。对需要与现行工程建设国家标准协调的，应当遵守现行工程建设国家标准的规定；确有充分证据对其内容进行更改的，必须经过国务院工程建设行政主管部门审批，方可另行规定。凡属于产品标准方面的内容，不得在工程建设国家标准中加以规定。

7）制定国家标准必须充分发扬民主。对国家标准中有关政策性问题，应当认真研究，充分讨论，统一认识；对有争论的技术性问题，应当在调查研究、试验验证或专题讨论的基础上，经过充分协商，恰如其分地做出结论。

3. 工程建设国家标准制定的程序

制定国家标准的工作程序分为准备、征求意见、送审和报批四个阶段。

（1）准备阶段的工作

准备阶段的工作应当符合下列要求：

1）主编单位根据年度计划的要求，进行编制国家标准的筹备工作。落实国家标准编制组成员，草拟制定国家标准的工作大纲。工作大纲包括国家标准的主要章节内容、需要调查研究的主要问题、必要的测试验证项目、工作进度计划及编制组成员分工等内容。

2）主编单位筹备工作完成后，由主编部门或由主编部门委托主编单位主持召开编制组第一次工作会议。其内容包括：宣布编制组成员、学习工程建设标准化工作的有关文件、讨论通过工作大纲和会议纪要。会议纪要要印发国家标准的参编部门和单位，并报国务院工程建设行政主管部门备案。

（2）征求意见阶段的工作

征求意见阶段的工作应当符合下列要求：

1）编制组根据制定国家标准的工作大纲开展调查研究工作。调查对象应当具有代表性和典型性。调查研究工作结束后，应当及时提出调查研究报告，并将整理好的原始调查记录和收集到的国内外有关资料由编制组统一归档。

2）测试验证工作在编制组统一计划下进行，落实负责单位、制定测试验证工作大纲、确定统一的测试验证方法等。测试验证结果应当由项目的负责单位组织有关专家鉴定。鉴定结果及有关的原始资料由编制组统一归档。

3）编制组对国家标准中重大问题或有分歧的问题，应当根据需要召开专题会议。专题会议邀请有代表性和有经验的专家参加，并应当形成会议纪要。会议纪要与会议记录等由编制组统一归档。

4）编制组在做好上述各项工作的基础上，编写标准征求意见稿及其条文说明。主编单位对标准征求意见稿及其条文说明的内容全面负责。

5）主编部门对主编单位提出的征求意见稿及其条文说明进行审核。审核的主要内容包括：国家标准的适用范围与技术内容协调一致；技术内容体现国家的技术经济政策；准确反映生产、建设的实践经验；标准的技术数据和参数有可靠的依据，并与相关标准相协调；对有分歧和争论的问题，编制组取得一致意见；国家标准的编写符合工程建设国家标准的统一规定。

6）征求意见稿及其条文说明应由主编单位印发国务院有关行政主管部门，各有关省、自治区、直辖市工程建设行政主管部门和各单位征求意见。征求意见的期限一般为两个月。必要时，对其中的重要问题，可以采取走访或召开专题会议的形式征求意见。

（3）送审阶段的工作

送审阶段的工作应当符合下列要求：

1）编制组将征求意见阶段收集到的意见，逐条归纳整理，在分析研究的基础上提出意见，形成国家标准送审稿及其条文说明。对其中有争议的重大问题可以视具体情况进行补充调查研究、测试验证或召开专题会议，提出处理意见。

2）当国家标准需要进行全面的综合技术经济比较时，编制组要按国家标准送审稿组织试设计或施工试用。试设计或施工试用应当选择有代表性的工程建设进行。试设计或施工试用结束后应当提出报告。

3）国家标准送审的文件一般应当包括：国家标准送审稿及其条文说明、送审报告、主要问题的专题报告、试设计或施工试用报告等。送审报告的内容主要包括制定标准任务的来源、制定标准过程中所做的主要工作、标准中重点内容确定的依据及其成熟程度、与国外相关标准水平的对比、标准实施后的经济效益和社会效益以及对标准的初步总评价、标准中尚存在的主要问题和今后需要进行的主要工作等。

4）国家标准送审文件应当在开会之前一个半月发至各主管部门和有关单位。

5）国家标准送审稿的审查，一般采取召开审查会议的形式。经国务院工程建设行政主管部门同意后，也可以采取函审和小型审定会议的形式。

6）审查会议应由主编部门主持召开。参加会议的代表应包括国务院有关行政主管部门的代表、有经验的专家代表、相关的国家标准编制组或管理组的代表。审查会议可以成立会议领导小组，负责研究解决会议中提出的重大问题。会议由代表和编制组成员共同对标准送审稿进行审查，对其中重要的或有争议的问题应当进行充分讨论，集中代表的正确意见；对有争议并不能取得一致意见的问题，应当提出倾向性审查意见。审查会议应当形成会议纪要。其内容一般包括审查会议概况、标准送审稿中的重点内容及分歧较大的审查意见、对标准送审稿的评价、会议代表和领导小组成员名单等。

7）采取函审和小型审定会议对标准送审稿进行审查时，由主编部门印发通知。参加函审的单位和专家，应经国务院工程建设行政主管部门审查同意，主编部门在函审的基础上主持召开小型审定会议，对标准中的重大问题和有分歧的问题提出审查意见，形成会议纪要，印发各有关部门和单位并报国务院建设行政主管部门。

（4）报批阶段的工作

报批阶段的工作应当符合下列要求：

1）编制组根据审查会议或函审和小型审定会议的审查意见，修改标准送审稿及条文说明，形成标准报批稿及其条文说明。标准的报批文件经主编单位审查后报主编部门。报批文件一般包括标准报批稿及其条文说明、报批报告、审查或审定会议纪要、主要问题的专题报告、试设计或施工试用报告等。

2）主编部门应当对标准报批文件进行全面审查，并会同国务院工程建设行政主管部门对标准报批稿进行审核。主编部门将共同确认的标准报批文件一式三份报国务院工程建设主管部门审批。

4. 工程建设国家标准的审批、发布

国家标准由国务院工程建设行政主管部门审查批准，由国务院标准化行政主管部门统一编号，由国务院标准化行政主管部门和国务院工程建设行政主管部门联合发布。

《标准化法》规定，强制性国家标准由国务院批准发布或者授权发布。强制性标准文本应当免费向社会公开。国家推动免费向社会公开推荐性标准文本。

《工程建设国家标准管理办法》规定，工程建设国家标准的编号由国家标准代号、发布标准的顺序号和发布标准的年号组成。强制性国家标准的代号为"GB"，推荐性国家标准的代号为"GB/T"。例如，《建筑工程施工质量验收统一标准》（GB 50300—2013），其中，GB 表示强制性国家标准，50300 表示标准发布的顺序号，2013 表示 2013 年批准发布；再如，《工程建设施工企业质量管理规范》（GB/T 50430—2017），其中，GB/T 表示推荐性国家标准，50430 表示标准发布的顺序号，2017 表示 2017 年批准发布。

5. 工程建设国家标准的复审与修订

（1）工程建设国家标准的复审

国家标准实施后，应当根据科学技术的发展和工程建设的需要，由该国家标准的管理部门适时组织有关单位进行复审。复审一般在国家标准实施后 5 年进行一次。复审可以采用函审或会议审查，一般由参加过该标准编制或审查的单位或个人参加。

国家标准复审后，标准管理单位应当提出其继续有效或者予以修订、废止的意见，经该国家标准的主管部门确认后报国务院工程建设行政主管部门批准。

（2）工程建设国家标准的修订

凡属下列情况之一的国家标准，应当进行局部修订：①国家标准的部分规定已制约了科学技术新成果的推广应用；②国家标准的部分规定经修订后可以取得明显的经济效益、社会效益、环境效益；③国家标准的部分规定有明显缺陷或与相关的国家标准相抵触；④需要对现行的国家标准做局部补充规定。

3.2.2　工程建设行业标准的制定

1. 工程建设行业标准的主管部门

国务院有关行政主管部门根据《标准化法》和国务院工程建设行政主管部门确定的行业标准管理范围，履行行业标准的管理职责。

2. 工程建设行业标准的计划

行业标准的计划根据国务院建设行政主管部门的统一部署由国务院有关行政主管部门组织编制和下达，并报国务院工程建设行政主管部门备案。

与两个以上国务院行政主管部门有关的行业标准，其主编部门由相关的行政主管部门协商确定或由国务院工程建设行政主管部门协商确定，其计划由被确定的主编部门下达。行业标准不得与国家标准相抵触。行业标准的某些规定与国家标准不一致时，必须有充分的科学依据和理由，并经国家标准的审批部门批准。有关行业标准之间应当协调、统一、避免重复。

3. 工程建设行业标准的制定程序

与工程建设国家标准相同，制定、修订行业标准的工作程序，可以按准备、征求意见、送审和报批四个阶段进行。

行业标准的编写应当符合工程建设标准编写的统一规定。行业标准的编号由行业标准的代号、发布标准的顺序号和发布标准的年号组成。

4. 工程建设行业标准的审批、发布

行业标准由国务院有关行政主管部门审批、编号和发布。其中，两个以上部门共同制定的行业标准，由有关的行政主管部门联合审批、发布，并由其主编部门负责编号，行业标准实施后，该标准的批准部门应当根据科学技术的发展和工程建设的实际需要适时进行复审，确认其继续有效或予以修订、废止。一般5年复审一次，复审结果报国务院工程建设行政主管部门备案。

行业标准发布后，应当报国务院工程建设行政主管部门备案。

行业标准由标准的批准部门负责组织出版，并应当符合工程建设标准出版印刷的统一规定。行业标准属于科技成果。对技术水平高，取得显著经济效益、社会效益和环境效益的行业标准，应当纳入各级科学技术进步奖励范围，并予以奖励。

3.2.3　工程建设地方标准的制定

1. 工程建设地方标准制定的管理部门

工程建设地方标准在省、自治区、直辖市范围内，由省、自治区、直辖市建设行政主管部门统一计划、统一审批、统一发布、统一管理。

2. 工程建设地方标准制定的原则

制定工程建设地方标准，应当严格遵守国家的有关法律、法规，贯彻执行国家的技术经济政策，密切结合自然条件，合理利用资源，积极采用新技术、新材料、新工艺、新设备，做到技术先进、经济合理、安全适用。

制定工程建设地方标准应当以实践经验和科学技术发展的综合成果为依据，做到协商一致、共同确认。工程建设地方标准不得与国家标准和行业标准相抵触。对与国家标准或行业标准相抵触的工程建设地方标准的规定，应当自行废止。当确有充分证据，且需要对国家标准或行业标准的条文进行修改的，必须经相应标准的批准部门审批。

工程建设地方标准中，对直接涉及人民生命财产安全、人体健康、环境保护和公共利益的条文，经国务院建设行政主管部门确定后，可作为强制性条文。

3. 工程建设地方标准的备案

工程建设地方标准应报国务院建设行政主管部门备案，未经备案的工程建设地方标准，不得在建设活动中使用。对有强制性条文的工程建设地方标准，应当在批准发布前报国务院建设行政主管部门备案；对没有强制性条文的工程建设地方标准，应当在批准发布后30日内报国务院建设行政主管部门备案。

3.2.4　工程建设团体标准的制定

（1）工程建设团体标准制定的基本要求

《标准化法》规定，制定团体标准，应当遵循开放、透明、公平的原则，保证各参与主体获取相关信息，反映各参与主体的共同需求，并应当组织对标准相关事项进行调查分析、实验、论证。国家支持在重要行业、战略性新兴产业、关键共性技术等领域利用自主创新技术制定团体标准、企业标准。

《团体标准管理规定（试行）》进一步规定，禁止利用团体标准实施妨碍商品、服务自由流通等排除、限制市场竞争的行为。团体标准应当符合相关法律的要求，不得与国家有关产业政策相抵触。团体标准的技术要求不得低于强制性标准的相关技术要求。

国家鼓励社会团体制定高于推荐性标准相关技术要求的团体标准；鼓励制定具有国际领先水平的团体标准。

（2）工程建设团体标准制定的程序

制定团体标准的一般程序是：提案、立项、起草、征求意见、技术审查、批准、编号、发布、复审。

3.2.5 工程建设企业标准的制定

工程建设企业标准的制定应当认真贯彻执行国家有关的法律、法规和方针、政策；充分考虑工程建设的实际需要；结合本企业的特点，促进技术进步、改善经营管理、保证工程质量、提高经济效益；积极采用国际标准或国外先进标准，向国际惯例靠拢。工程建设企业标准应当根据科学技术进步、实践经验总结和管理工作的需要，适时组织修订。

工程建设企业标准是对工程建设企业生产、经营活动中的重复性事项所做的统一规定，应当覆盖本企业生产、经营活动的各个环节。工程建设企业标准一般包括企业的技术标准、管理标准和工作标准。

1）技术标准是指对工程建设企业中需要协调和统一的技术要求所制定的标准，应当围绕工程建设企业所承担的任务，对材料和设备采购的技术要求，勘察、设计或施工过程中的质量、方法或工艺的要求，安全、卫生和环境保护的技术要求以及试验、检验和评定的方法等做出规定。对已有国家标准、行业标准或地方标准的，工程建设企业可以按照国家标准、行业标准或地方标准的规定执行，也可以根据本企业的技术特点和实际需要制定优于国家标准、行业标准或地方标准的企业标准；对没有国家标准、行业标准或地方标准的，工程建设企业应当制定企业标准。国家鼓励企业积极采用国际标准或国外先进标准。

2）管理标准是指对工程建设企业中需要协调和统一的管理要求所制定的标准，应当围绕工程建设企业规范化管理的需要，对本企业组织管理、计划管理、技术管理、质量管理和财务管理等具体的管理事项做出规定。

3）工作标准是指对工程建设企业中需要协调和统一的工作事项要求所制定的标准，应当围绕工作岗位的要求，对工程建设企业中各个工作岗位的任务、职责、权限、技能、方法、程序、评定等做出规定。

3.3 工程建设强制性标准的实施

我国工程建设领域所出现的各类工程质量事故和安全生产事故，大多是没有贯彻或没有严格贯彻强制性标准的结果。因此，《标准化法》规定，强制性标准，必须执行。2019 年 4 月 23 日经修改后公布的《中华人民共和国建筑法》（简称《建筑法》）规定，建筑活动应当确保建筑工程质量和安全，符合国家的建设工程安全标准。

3.3.1 工程建设各方主体实施强制性标准的规定

《建筑法》规定，建设单位不得以任何理由，要求建筑设计单位或者建筑施工企业在工程设计或者施工作业中，违反法律、行政法规和建筑工程质量、安全标准，降低工程质量。

建筑工程设计应当符合按照国家规定制定的建筑安全规程和技术规范，保证工程的安全性能。勘察、设计文件应当符合有关法律、行政法规的规定和建筑工程质量、安全标准、建筑工程勘察、设计技术规范以及合同约定。设计文件选用的建筑材料、建筑构配件和设备，应当注明其规格、型号、性能等技术指标，其质量要求必须符合国家规定的标准。

建筑工程监理应当依照法律、行政法规及有关的技术标准、设计文件和建筑工程承包合同，对承包单位在施工质量、建设工期和资金使用等方面，代表建设单位实施监督。工程监理人员认为工程施工不符合工程设计要求、施工技术标准和合同约定的，有权要求建筑施工企业改正。工程监理人员发现工程设计不符合建筑工程质量标准或者合同约定的质量要求的，应当报告建设单位要求设计单位改正。

2019 年 4 月 23 日国务院经修改后发布的《建设工程质量管理条例》进一步规定，建设单位不得明示或者暗示设计单位或者施工单位违反工程建设强制性标准，降低建设工程质量。建筑设计单位和建筑施工企业对建设单位违反规定提出的降低工程质量的要求，应当予以拒绝。

勘察、设计单位必须按照工程建设强制性标准进行勘察、设计，并对其勘察、设计的质量负责。

施工单位必须按照工程设计图和施工技术标准施工，不得擅自修改工程设计，不得偷工减料。施工单位必须按照工程设计要求、施工技术标准和合同约定，对建筑材料、建筑构配件、设备和商品混凝土进行检验，检验应当有书面记录和专人签字；未经检验或者检验不合格的，不得使用。

3.3.2 工程建设标准实施的监督检查

2015 年 1 月 22 日住房和城乡建设部经修改后发布的《实施工程建设强制性标准监督规定》规定，在中华人民共和国境内从事新建、扩建、改建等工程建设活动，必须执行工程建设强制性标准。

1. 监督管理机构及其职责

国务院住房和城乡建设主管部门负责全国实施工程建设强制性标准的监督管理工作。国务院有关主管部门按照国务院的职能分工负责实施工程建设强制性标准的监督管理工作。县级以上地方人民政府住房和城乡建设主管部门负责本行政区域内实施工程建设强制性标准的监督管理工作。

建设项目规划审查机关应当对工程建设规划阶段执行强制性标准的情况实施监督；施工图设计文件审查单位应当对工程建设勘察、设计阶段执行强制性标准的情况实施监督；建筑安全监督管理机构应当对工程建设施工阶段执行施工安全强制性标准的情况实施监督；工程质量监督机构应当对工程建设施工、监理、验收等阶段执行强制性标准的情况实施监督。

建设项目规划审查机关、施工图设计文件审查单位、建筑安全监督管理机构、工程质量监督管理机构的技术人员必须熟悉、掌握工程建设强制性标准。

2. 监督检查的内容和方式

强制性标准监督检查的内容包括：①有关工程技术人员是否熟悉、掌握强制性标准；②工程项目的规划、勘察、设计、施工、验收等是否符合强制性标准的规定；③工程项目采用的材料、设备是否符合强制性标准的规定；④工程项目的安全、质量是否符合强制性标准的规定；⑤工程项目采用的导则、指南、手册、计算机软件的内容是否符合强制性标准的规定。

工程建设标准批准部门应当定期对建设项目规划审查机关、施工图设计文件审查单位、建筑安全监督管理机构、工程质量监督机构实施强制性标准的监督检查，对监督不力的单位和个人，给予通报批评，建议有关部门处理。

工程建设标准批准部门应当对工程项目执行强制性标准情况进行监督检查。监督检查可以采取重点检查、抽查和专项检查的方式。

建设行政主管部门或者有关行政主管部门在处理重大事故时，应当有工程建设标准方面的专家参加；工程事故报告应当包含是否符合工程建设强制性标准的意见。工程建设标准批准部门应当将强制性标准监督检查结果在一定范围内公布。

3.4 | 违反工程建设强制性标准的法律责任

3.4.1 建设单位违反工程建设强制性标准的法律责任

《建筑法》规定，建设单位违反本法规定，要求建筑设计单位或者建筑施工企业违反建筑工程质量、安全标准，降低工程质量的，责令改正，可以处以罚款；构成犯罪的，依法追究刑事责任。

《建设工程质量管理条例》规定，建设单位有下列行为之一的，责令改正，并处以 20 万元以上 50 万元以下的罚款：①明示或暗示施工单位使用不合格的建筑材料、建筑构配件和设备的；②明示或暗示设计单位或者施工单位违反工程建设强制性标准，降低工程质量的。

《实施工程建设强制性标准监督规定》规定，建设单位有下列行为之一的，责令改正，并处以 20 万元以上 50 万元以下的罚款：①明示或者暗示施工单位使用不合格的建筑材料、建筑构配件和设备的；②明示或者暗示设计单位或者施工单位违反工程建设强制性标准，降低工程质量的。

3.4.2 勘察、设计单位违反工程建设强制性标准的法律责任

《建筑法》规定，建筑设计单位不按照建筑工程质量、安全标准进行设计的，责令改正，处以罚款；造成工程质量事故的，责令停业整顿，降低资质等级或者吊销资质证书，没收违法所得，并处以罚款；造成损失的，承担赔偿责任；构成犯罪的，依法追究刑事责任。

《建设工程质量管理条例》规定，有下列行为之一的，责令改正，处 10 万元以上 30 万元以下的罚款：①勘察单位未按照工程建设强制性标准进行勘察的；②设计单位未按照工程建

设强制性标准进行设计的。有以上所列行为造成工程质量事故的，责令停业整顿，降低资质等级；情节严重的，吊销资质证书；造成损失的，依法承担赔偿责任。

《实施工程建设强制性标准监督规定》中规定，勘察、设计单位违反工程建设强制性标准进行勘察、设计的，责令改正，并处以10万元以上30万元以下的罚款。有上述行为，造成工程质量事故的，责令停业整顿，降低资质等级；情节严重的，吊销资质证书；造成损失的，依法承担赔偿责任。

3.4.3 施工单位违反工程建设强制性标准的法律责任

《建筑法》规定，建筑施工企业在施工中偷工减料的，使用不合格的建筑材料、建筑构配件和设备的，或者有其他不按照工程设计图或者施工技术标准施工的行为的，责令改正，处以罚款；情节严重的，责令停业整顿，降低资质等级或者吊销资质证书；造成建筑工程质量不符合规定的质量标准的，负责返工、修理，并赔偿因此造成的损失；构成犯罪的，依法追究刑事责任。

《标准化法》规定，生产、销售、进口产品或者提供服务不符合强制性标准，或者企业生产的产品、提供的服务不符合公开标准的技术要求的，依法承担民事责任。

生产、销售、进口产品或者提供服务不符合强制性标准的，依照《中华人民共和国产品质量法》《中华人民共和国进出口商品检验法》《中华人民共和国消费者权益保护法》等法律、行政法规的规定查处，记入信用记录，并依照有关法律、行政法规的规定予以公示；构成犯罪的，依法追究刑事责任。

企业未依照本法规定公开执行其执行的标准的，由标准化行政主管部门责令限期改正；逾期不改正的，在标准信息公共服务平台上公示。

《建设工程质量管理条例》规定，施工单位在施工中偷工减料的，使用不合格的建筑材料、建筑构配件和设备的，或者有不按照工程设计图或者施工技术标准施工的其他行为的，责令改正，处工程合同价款2%以上4%以下的罚款；造成建设工程质量不符合规定的质量标准的，负责返工、修理，并赔偿因此造成的损失；情节严重的，责令停业整顿，降低资质等级或者吊销资质证书。

《实施工程建设强制性标准监督规定》中规定，施工单位违反工程建设强制性标准的，责令改正，处合同价款2%以上4%以下的罚款；造成建设工程质量不符合规定的质量标准的，负责返工、修理，并赔偿因此造成的损失；情节严重的，责令停业整顿，降低资质等级或者吊销资质证书。

3.4.4 工程监理单位违反工程建设强制性标准的法律责任

《实施工程建设强制性标准监督规定》规定，工程监理单位违反强制性标准规定，将不合格的建设工程以及建筑材料、建筑构配件和设备按照合格签字的，责令改正，处50万元以上100万元以下的罚款，降低资质等级或者吊销资质证书；有违法所得的，予以没收；造成损失的，承担连带赔偿责任。

3.4.5 相关主体的刑事责任

《建设工程质量管理条例》规定，建设单位、设计单位、施工单位、工程监理单位违反国家规定，降低工程质量标准，造成重大安全事故，构成犯罪的，对直接责任人员依法追究刑事责任。

1. 案例背景

某施工企业（以下称施工方）承包了某开发公司（以下称建设方）的商务楼工程施工，双方签订了工程施工合同。该工程封顶时，建设方发现该商务楼的第17层（顶层）以及第15层、第16层的混凝土凝固较慢。于是，建设方认为施工方使用的混凝土强度不够，要求施工方采取措施，对该3层重新施工。施工方则认为，该混凝土强度符合相关的技术规范，不同意重新施工或者采取其他措施。双方协商未果，建设方便将施工方起诉至某区法院，要求施工方对混凝土强度不够的那3层重新施工或采取其他措施，并赔偿建设方的相应损失。根据双方的请求，受诉法院委托某建筑工程质量检测中心按照两种工程建设规范对该工程结构混凝土实体强度进行检测，具体检测情况如下：

根据原告即建设方的要求，检测中心按照行业协会推荐性标准《钻芯法检测混凝土强度技术规范》（CECS 03：2007）的检测结果是：第15层、第16层、第17层的结构混凝土实体强度达不到该技术规范的要求，其他各层的结构混凝土实体均达到该技术规范的要求。根据被告即施工方的请求，检测中心按照地方推荐性标准《结构混凝土实体检测技术规程》（DB/T 29—148—2005）的检测结果是：第15层、第16层、第17层及其他各层结构混凝土实体强度均达到该规范的要求。

2. 案例分析

1）本案中的协会标准、地方标准均为推荐性标准，且建设方、施工方未在合同中约定采用哪个标准。《标准化法》中规定：“国家鼓励采用推荐性标准。”所以，在没有国家强制性标准的情况下，施工方有权自主选择采用地方标准。

2）依据《标准化法》的规定："强制性标准，必须执行。"因此，如果有国家强制性标准，即使双方当事人在合同中约定了采用某项推荐性标准，也必须执行国家强制性标准。

据此，受诉法院经过庭审做出如下判决：①驳回原告即建设方的诉讼请求；②案件受理费和检测费由原告建设方承担。

法院判决的主要理由是：此案涉及工程技术要求目前尚无此方面的国家强制性标准，而只有协会标准、地方标准，双方应当通过合同来约定施工过程中所要适用的技术规范，本案中的双方并没有在施工合同中具体约定适用的规范。因此，施工方有权选择适用地方标准《结构混凝土实体检测技术规程》（DBT 29—148—2005）。

复习思考题

1. 我国工程建设标准的特点有哪些?
2. 在哪些情形下需要制定工程建设国家标准?
3. 简述工程建设行业标准的概念及内容。
4. 简述工程建设国家标准的制定各阶段的基本要求。
5. 简述工程建设团体标准所包含的主要内容。
6. 负责对工程建设标准实施进行监督的管理机构的主要职责包括哪些?
7. 建设单位违反工程建设强制性标准的法律责任主要有哪些?

第 4 章

城乡规划法律制度

4.1 概述

4.1.1 城乡规划的概念和作用

1. 城乡规划的概念

城乡规划是指各级人民政府为实现一定时期内行政区域的经济和社会发展目标，事先依法制定的用以确定规划区的性质、规模和发展方向，土地的合理利用，规划区的空间布局和规划区设施的科学配置的综合部署和具体安排。规划区是指城市、镇和村庄的建成区以及因城乡建设和发展需要，必须实行规划控制的区域。规划区的具体范围由有关人民政府在组织编制的城市总体规划、镇总体规划、乡规划和村庄规划中，根据城乡经济社会发展水平和统筹城乡发展的需要划定。

2. 城乡规划法规的立法现状

城乡规划法规是调整城乡规划中产生的社会关系的法律规范的总称，属于社会法的范畴。我国十分重视城乡规划法规的立法工作。1989 年 12 月 26 日，第七届全国人民代表大会常务委员会第一次会议通过了《中华人民共和国城市规划法》（简称《城市规划法》），并且随后颁布了大量的配套法律法规，如《建设项目选址规划管理办法》《城市规划编制办法》《开发区规划管理办法》《城市国有土地使用权出让转让规划管理办法》《城镇体系规划编制审批办法》等建设部门规章及各地方性建设法规等。2014 年 10 月 28 日，第十届全国人民代表大会常务委员会第三十次会议通过了《中华人民共和国城乡规划法》（简称《城乡规划法》），自 2015 年 1 月 1 日起施行，同时，《城市规划法》废止。根据 2015 年 4 月 24 日第十二届全国人民代表大会常务委员会第十四次会议《关于修改〈中华人民共和国港口法〉等七部法律的决定》对《城乡规划法》第一次修正；根据 2019 年 4 月 23 日第十三届全国人民代表大会常务委员会第十次会议《关于修改〈中华人民共和国建筑法〉等八部法律的决定》对《城乡规划法》第二次修正。《城乡规划法》的颁布实施，标志着我国长期以来实行的"城乡二元结构"的规划制度得到改变，进入了"城乡一体化"的规划管理时代。

3. 城乡规划的作用

城乡规划是城乡建设和城乡管理的基本依据，是保障城乡土地合理利用和开发的基础。

城乡规划具有公共政策的属性和作用。《城乡规划法》的立法宗旨是：为了加强城乡规划管理，协调城乡空间布局，改善人居环境，促进城乡经济社会全面、协调、可持续发展。从内容上看，重视节约资源、环境保护、文化与自然遗产保护；促进公共财政首先投到基础设施、公共设施项目；强调城乡规划制定、实施全过程的公众参与；保证公平，明确有关赔偿或补偿责任。城市规划重点落在面向中低收入家庭的住房建设、危旧房改造和城市生活污水、垃圾处理等必要的市政基础设施建设以及文化设施建设，改善人居环境，完善城市综合服务功能；乡和村庄规划要更好地为社会主义新农村建设服务。注意保护资源和生态环境，从满足乡村广大村民和居民需要出发，因地制宜，量力而行，实现农村和小城镇经济社会和生态环境的可持续发展。

城乡规划还具有综合调控的地位和作用。《城乡规划法》规定"任何单位和个人都应当遵守依法批准并公布的城乡规划，服从规划管理"。这就从法律上明确，城乡规划是政府引导和调控城乡建设和发展的一项重要公共政策，是具有法定地位的发展蓝图。

4.1.2 城乡规划的分类

城乡规划包括城镇体系规划、城市规划、镇规划、乡规划和村庄规划。

1. 城镇体系规划

城镇体系是指一定区域范围内在经济社会和空间发展上具有有机联系的城镇群体。城镇体系规划是指在一定范围内，以区域生产力合理分布和城镇职能分工为依据，确定不同人口规模等级和职能分工的城镇的分布和发展规划。按照《城乡规划法》的规定，城镇体系规划就是指全国城镇体系规划和省域城镇体系规划。城镇体系规划为政府引导区域城镇发展提供宏观调控的依据和手段，谋求整体性、层次性、关联性、动态性和开发性的协调发展。

2. 城市规划、镇规划

城市规划、镇规划分为总体规划和详细规划。

（1）城市总体规划、镇总体规划

城市总体规划、镇总体规划是从宏观上控制城市、镇土地利用和空间布局，引导城市、镇合理发展的总体部署。城市总体规划、镇总体规划的主要任务是：综合研究和确定城镇性质、规模和空间发展形态，统筹安排城镇各项建设用地，合理配置城市、镇各项基础设施，处理好远期发展与近期建设的关系，指导城市、镇合理发展。

（2）城市详细规划、镇详细规划

城市详细规划、镇详细规划是指以城市总体规划、镇总体规划或分区规划为依据，对一定时期内城市、镇局部地区的土地利用、空间环境和各项建设用地所做的具体安排。城市详细规划、镇详细规划是城市总体规划、镇总体规划或分区规划的深化和具体化，对城市、镇局部地区近期需要建设的房屋建筑、市政工程、公用事业设施、园林绿化、人防工程和其他公共设施做出的具体布置的规划。

3. 乡规划、村庄规划

乡规划、村庄规划是指为了实现一定时期内的乡、村庄的经济和社会发展目标，而对乡、村庄的性质、规模和发展方向，土地的合理利用，乡、村庄的合理布局所进行的总体设计和具体安排。村庄是指农村村民居住和从事各种生产的聚集点。乡则是指县以下的农村行政区域，地域是由村庄组成。对乡进行的规划为乡规划，对村庄进行的规划为村庄规划。

4.1.3 城乡规划的原则

1. 城乡统筹原则

《城乡规划法》要求各地在制定城乡规划的过程中应当统筹考虑城市、镇、乡和村庄的发展，根据各类规划的要求和特点，编制好相关规划。实施城乡规划时，要根据城乡特点，强化对乡村规划建设的管理，完善乡村规划许可制度，坚持便民利民和以人为本。

2. 节约资源、保护环境、坚持可持续发展原则

必须充分认识到我国人口众多、人均资源短缺和环境容量压力大的基本国情。在制定城乡规划时，认真分析城乡建设发展的资源环境条件，明确为保护环境、资源需要严格控制的区域，合理确定发展规模、建设步骤和建设标准，推进城乡建设发展方式从粗放型向集约型转变，增强可持续发展能力。

3. 关注民生原则

要按照《城乡规划法》的要求，在制定和实施城乡规划时进一步重视社会公正和改善民生。要有效配置公共资源，合理安排城市基础设施和公共服务设施，改善人居环境，方便群众生活。要关注中低收入阶层的住房问题，做好住房建设规划。要加强对公共安全的研究，要提高城乡居民点的综合防灾减灾能力。

4. 提高规划的科学性和规划实施的依法行政原则

要进一步改进规划编制方法、充实规划内容，落实"五线"（红线为按照国家规范和相关法规确定的道路规划控制线；黄线为基础设施用地的控制线；紫线为文物保护单位的保护范围界限；蓝线为自然湖泊水域控制范围线；绿线为规划城市各类绿地范围的控制线）等强制性内容。要坚持"政府组织、专家领衔、部门合作、公众参与、科学决策"的规划编制组织方式。严格执行规划编制、审批、修改、备案的程序性要求。要按照《城乡规划法》的规定和要求，建立完善规划公开和公众参与的程序与制度。要依法做好城乡规划实施效果的评估和总结。规划的实施要严格按法定程序要求进行，保证规划许可内容和程序的合法性。

5. 先规划后建设原则

要按照《城乡规划法》的要求，依法编制城乡规划，包括近期建设规划、控制性详细规划、乡和村庄规划。坚持以经依法批准的上位规划为依据，编制下位规划不得违背上位规划的要求，编制城乡规划不得违背国家有关的技术标准、规范。各地及城乡规划主管部门必须依据经法定程序批准的规划实施规划管理。县级以上人民政府及其城乡规划主管部门应当按照《城乡规划法》规定的事权进行监督检查，查处、纠正违法行为。

4.2 城乡规划的制定

4.2.1 城镇体系规划的编制

1. 城镇体系规划的分类和编制的组织与审批

（1）城镇体系规划的分类

城镇体系规划一般分为全国城镇体系规划，省域（或自治区区域）城镇体系规划两个基本层次。城镇体系规划区域范围一般按行政区域划定。根据国家和地方发展的需要，可以编制跨行政区域的城镇体系规划。

全国城镇体系规划涉及的城镇应包括设市城市和重要的县城。省域（或自治区区域）城镇体系规划涉及的城镇应包括市、县城和其他重要的建制镇、独立工矿矿区。

（2）城镇体系规划编制的组织与审批

国务院城乡规划主管部门会同国务院有关部门组织编制全国城镇体系规划，用于指导省域城镇体系规划、城镇总体规划的编制。全国城镇体系规划由国务院城乡规划主管部门报国务院审批。

省、自治区人民政府组织编写省域城镇体系规划，报国务院审批。省域城镇体系规划的内容应当包括城镇空间布局和规模控制，重大基础设施的布局，为保护生态环境、资源等需要严格控制的区域。

2. 城镇体系规划的任务、期限和条件

（1）城镇体系规划的任务

城镇体系规划的任务是，综合评价城镇发展条件；制定区域城镇发展战略；预测区域人口增长和城镇化水平；拟定各相关城镇的发展方向与规模；协调城镇发展与产业配置的时空关系；统筹安排区域基础设施和社会设施；引导和控制区域城镇的合理发展与布局；指导城镇总体规划的编制。

（2）城镇体系规划的期限

城镇体系规划的期限一般为20年。

（3）城镇体系规划的条件

编制城镇体系规划应具备区域城镇的历史、现状和经济社会发展基础资料及必要的勘察测量资料。资料由承担编制任务的单位负责收集，有关城镇和部门协助提供。

4.2.2 城市总体规划、镇总体规划的编制

1. 城市总体规划、镇总体规划编制的组织与审批

城市人民政府组织编制城市总体规划。直辖市的城市总体规划由直辖市人民政府报国务院审批。省、自治区人民政府所在地的城市以及由国务院确定的城市的总体规划，由省、自治区人民政府审查同意后，报国务院审批。其他城市的总体规划，由城市人民政府报省、自治区人民政府审批。

县人民政府组织编制县人民政府所在镇的总体规划，报上一级人民政府审批，其他镇的总体规划由镇人民政府组织编写，报上一级人民政府审批。

根据实际需要，在编制总体规划前可以编制城市总体规划、镇总体规划纲要；大、中城市可以在总体规划的基础上编制分区规划。

2. 城市总体规划、镇总体规划纲要的任务、内容和成果

（1）城市总体规划、镇总体规划纲要的任务

城市总体规划、镇总体规划纲要的主要任务是，研究确定城市总体规划、镇总体规划的重大原则，并作为编制城市总体规划、镇总体规划的依据。

（2）城市总体规划、镇总体规划纲要的内容

城市总体规划、镇总体规划纲要应当包括下列内容：①论证城镇国民经济和社会发展条件，原则确定规划期内城镇发展目标；②论证城镇在区域发展中的地位，原则确定规划期内城镇发展目标；③原则确定城镇性质、规模、总体布局，选择城镇发展用地，提出城镇规划区范围的初步意见；④研究确定城镇能源、交通、供水等城镇基础设施开发建设的重大原则问题，以及实施城镇规划的重要措施。

（3）城市总体规划、镇总体规划纲要的成果

城市总体规划、镇总体规划纲要的成果包括文字说明和必要的示意性图纸。

3. 城市总体规划、镇总体规划的任务和期限

（1）城市总体规划、镇总体规划的任务

城市总体规划、镇总体规划的主要任务是综合研究和确定城市、镇性质、规模和空间发展形态，统筹安排城市、镇各项建设用地，合理配置城市、镇各项基础设施，处理好远期与近期建设的关系，指导城市、镇合理发展。

（2）城市总体规划、镇总体规划的期限

城市总体规划、镇总体规划的规划期限一般为 20 年。城市总体规划还应当对城市更长远的发展做出预测性安排。近期建设规划是总体规划的一个组成部分，应当对城市近期的发展布局和主要建设项目做出安排。近期建设规划期限一般为 5 年。

4. 城市总体规划、镇总体规划的内容

城市总体规划、镇总体规划的内容应当包括：城市、镇的发展布局，功能分区，用地布局，综合交通体系，禁止、限制和适宜建设的地域范围，各类专项规划等。

5. 分区规划的编制

（1）编制分区规划的主要任务

编制分区规划的主要任务是，在总体规划的基础上，对城市土地利用、人口分布和公共设施、城市基础设施的配置做出进一步的安排，以便与详细规划更好地衔接。并不是所有的城镇都需要编制分区规划，大、中城市可以在总体规划的基础上编制分区规划。

（2）分区规划的内容

分区规划应当包括下列内容：①原则规定分区内的土地性质、居住人口分布、建筑及用地的容量控制指标；②确定市、区、居住区级公共设施的分布及其用地范围；③确定城市主、次干道的红线位置、断面、控制点坐标和标高，确定支路的走向、宽度及主要交叉口、

广场、停车场的位置和控制范围；④确定绿地系统、河湖水面、供电高压线走廊、对外交通设施、风景名胜的用地界线和文物古迹、传统街区的保护范围，提出空间形态的保护要求；⑤确定工程干管的位置、走向、管径、服务范围以及主要工程设施的位置和用地范围。

（3）分区规划的成果

分区规划的成果是分区规划文件及主要图纸。分区规划文件包括规划文本和附件，规划说明及基础资料收入附件；分区规划主要图纸包括规划分区位置图、分区现状图、分区土地利用及建筑容量规划图、各项专业规划图。图纸比例为1：5000。

4.2.3　城市详细规划、镇详细规划的编制

城市详细规划、镇详细规划分为控制性详细规划和修建性详细规划。根据城市规划的深化和管理的需要，一般应当编制控制性详细规划，以控制建设用地性质、使用强度和空间环境，作为城市规划管理的依据，并指导修建性详细规划而编制。对于当前要进行建设的地区，应当编制修建性详细规划，用以指导各项建筑和工程设施的设计和施工。

1. 城市详细规划、镇详细规划编制的组织与审批

城市人民政府城乡规划主管部门根据城市总体规划的要求，组织编制城市的控制性详细规划，经本级人民政府批准后，报本级人民代表大会常务委员会和上一级人民政府备案。镇人民政府根据镇总体规划的要求，组织编制镇的控制性详细规划，报上一级人民政府审批。县人民政府所在镇的控制性详细规划，由县人民政府城乡规划主管部门根据镇总体规划的要求组织编制，经县人民政府批准后，报本级人民代表大会常务委员会和上一级人民政府备案。

城市、县人民政府城乡规划主管部门和镇人民政府可以组织编写重要地块的修建性详细规划。修建性详细规划应当符合控制性详细规划。

2. 城市详细规划、镇详细规划的任务

城市详细规划的主要任务是以总体规划或者分区规划为依据，详细规定建设用地的各项控制指标和其他规划管理要求，或者直接对建设做出具体的安排和规划设计。

3. 城市详细规划、镇详细规划的内容

（1）控制性详细规划的内容

控制性详细规划应当包括下列基本内容：①土地使用性质及其兼容性等功能控制要求；②容积率、建筑高度、建筑密度、绿地率等用地指标；③基础设施、公共服务设施、公共安全设施的用地规模、范围及具体控制要求，地下管线控制要求；④道路规划的控制界线（红线）、基础设施用地的控制界线（黄线）、各类绿地范围的控制线（绿线）、历史文化街区和历史建筑的保护界线（紫线）、地表水体保护和控制的地域界线（蓝线）即"五线"及其控制要求。

（2）修建性详细规划的内容

修建性详细规划应当包括下列内容：①建设条件分析及综合技术经济论证；②做出建筑、道路和绿地等的空间布局和景观规划设计，布置总平面图；③道路交通规划设计；④绿地系统规划设计；⑤工程管线规划设计；⑥竖向规划设计；⑦估算工程量、拆迁量和总造价，分析投资效益。

4.2.4 乡规划、村庄规划的编制

1. 乡规划、村庄规划编制的组织、审批和内容

乡、镇人民政府组织编写乡规划、村庄规划，报上一级人民政府审批。村庄规划在报送审批前，应当经村民委员会或者村民代表会议讨论同意。

乡规划、村庄规划的内容应当包括规划区范围，住宅、道路、供水、排水、供电、垃圾收集、畜禽养殖场所等农村生产、生活服务设施、公益事业等各项建设的用地布局、建设要求，以及对耕地等自然资源和历史文化遗产保护、防灾减灾等的具体安排。乡规划还应当包括本行政区域内的村庄发展布局。

乡规划、村庄规划期限，由省、自治区、直辖市人民政府根据本地区实际情况规定。

2. 乡总体规划、村庄总体规划

乡总体规划、村庄总体规划是乡级行政区域内村庄和集镇布点规划及相应的各项建设的整体部署。乡总体规划、村庄总体规划的主要内容包括：乡级行政区域的村庄、集镇布点，村庄和集镇的位置、性质、规模和发展方向，村庄和集镇的交通、供水、供电、邮电、商业、绿化等生产和生活服务设施的配置。

3. 乡建设规划、村庄建设规划

乡建设规划、村庄建设规划应当在乡、村庄总体规划指导下，具体安排乡、村庄的各项建设。

乡建设规划的主要内容包括：住宅、乡村企业、乡公共设施、公益事业等各项建设的用地布局、用地规模，有关的技术经济指标，近期建设工程以及重点地段建设具体安排。

村庄建设规划的主要内容可以根据本地区经济发展水平，参照集镇建设规划的编制内容，主要对住宅和供水、供电、道路、绿化、环境卫生以及生产配套设施做出具体安排。

4.3 城乡规划的实施

4.3.1 城乡建设应当遵循的规划要求

1. 城镇建设应当优先安排基础设施

基础设施是实现国家或区域经济效益、社会效益、环境效益的重要条件，对区域经济的发展具有重要意义。因此，城市的建设和发展，应当优先安排基础设施以及公共服务设施的建设。镇的建设和发展，应当结合农村经济社会发展和产业结构调整，优先安排供水、排水、供电、供气、道路、通信、广播电视等基础设施和学校、卫生院、文化站、幼儿园、福利院等公共服务设施的建设，为周边农村提供服务。

2. 乡村建设应当因地制宜

乡、村庄的建设和发展应当因地制宜、节约用地，发挥村民自治组织的作用，引导村民合理进行建设，改善农村生产、生活条件。

我国的乡村长期依靠自然经济发展，且由于我国幅员辽阔，乡村之间的差异非常巨大，各地的乡村建设应当因地制宜。但是，节约用地是共同的要求，因为我国人均土地资源很

少，必须节约用地才能让乡村公民在有限的土地上进行合理建设，享受建设的成果。

3. 城市新区建设应当尽量利用现有条件

城市新区开发是指按照城市总体规划，在城市现有建成区以外一定地段，进行集中成片、综合配套的开发建设活动。新区开发是随着城市经济与社会发展、城市规模扩大，为了满足城市日益增长的生产、生活需要，逐步实现城市不同阶段发展目标而推进的城市开发活动，它是城市建设和发展的重要组成部分。

城市新区的开发和建设，应当合理确定建设规模和时序，充分利用现有市政基础设施和公共服务设施，严格保护自然资源和生态环境，体现地方特色。在城市总体规划、镇总体规划确定的建设用地范围以外，不得设立各类开发区和城市新区。

（1）普通的新区开发建设

普通的新区开发建设主要是为了解决城市建成区内由于历史原因或发展过快而形成的布局混乱、密度过高、负荷过重等弊端，或为了比较完整地保护古城的完整风貌，在建成区外围进行集中成片的开发建设，以达到疏散和降低旧区人口密度、调整缓解旧区压力、完善改造旧区环境的目的。

（2）经济技术开发区的建设

经济技术开发区是随着我国经济体制改革和对外开放政策的实施而出现的一种特定经济区，它建设在城市的特定地区，通过提供优惠政策，创造良好的投资环境，达到吸引外资、引进先进技术和进行横向经济协作的目的。

（3）卫星城镇的开发建设

卫星城镇的开发建设主要是为了有效地控制大城市市区的人口和用地规模，按照总体规划要求，将市区需要搬迁的项目或新建的大中型项目安排到周围的小城镇去，有计划、有重点地开发建设这些小城镇，逐步形成以大城市为中心的、比较完善的城镇体系。

（4）新工矿区的开发建设

新工矿区的开发建设是指国家和地方政府根据矿产资源开发和加工需要，在城市郊区或郊县建设大、中型工矿企业，并逐步形成相对独立的工矿区。

4. 旧城区改造应当保护历史文化遗产和传统风貌

旧城是城市在长期历史发展演变过程中逐步形成的进行政治、经济、文化、社会活动的居民集聚区。旧城区的改造，应当保护历史文化遗产和传统风貌，合理确定拆迁和建设规模，有计划地对危房集中、基础设施落后等地段进行改建。城市旧城改造的最终目标是要改善环境质量、交通运输和生活居住条件，加强城市基础设施和公共设施建设，提高城市综合功能。改造的重点是对危房集中、设施简陋、交通阻塞、污染严重的地区进行综合整治，通过成片拆除重建或局部调整改建的方法，使各项设施逐步配套完整，城市旧城，特别是历史文化名城和少数民族地区城市的旧城改造应当充分体现传统风貌、民族特点和地方特点。市、县人民政府应采取有效措施，切实保护具有重要历史意义、革命纪念意义、文化艺术和科学价值的文物古迹和风景名胜；有选择地保护一定数量代表城市传统风貌的街区、建筑物和构筑物，划定保护区和建设控制地区。

历史文化名城、名镇、名村的保护以及受保护建筑物的维护和使用，应当遵守有关法律、行政法规和国务院的规定。

4.3.2 城乡规划公布制度

《城乡规划法》第八条规定："城乡规划组织编制机关应当及时公布经依法批准的城乡规划。但是，法律、行政法规规定不得公开的内容除外。"第四十条规定："城市、县人民政府城乡规划主管部门或者省、自治区、直辖市人民政府确定的镇人民政府应当依法将经审定的修建性详细规划、建设工程设计方案的总平面图予以公布。"

规划公示包括城乡规划编制公示、城乡规划实施管理公示、城乡规划监察监督公示和城乡规划管理政务公开公示。规划公示可采用固定场所（电子显示屏、规划展览等）、新闻媒体（广播、电视台、报纸等）、网络（政府网站）和公告牌等方式，其中在建的建设项目必须设立建设项目工程规划许可公告牌。规划公示应建立意见采集和反馈机制，公布意见箱（包括网站意见箱）和联系、监督电话，及时收集反馈意见。在公示期满后，要根据公众意见提出处理方案，形成公示结果，作为行政上报和许可审批的参考依据。

城乡规划编制前后都要公示，城镇体系规划、城乡总体规划（含分区规划）、详细规划（包括控制性详细规划和修建性详细规划），以及单独编制的专项规划主要包括：历史文化名城、名镇、名村保护规划，历史街区保护规划，风景名胜区规划，园林绿化规划，环境卫生设施规划，环境保护规划，城乡水环境规划，防洪规划，商业网点布局规划，中小学布点规划，以及其他必须公示的专项规划，还有以上规划的重大变更，都应当进行批前公示和批后公告。

涉及选址和建设用地规划要公示。在进行下列建设项目时，规划部门在核发选址意见书或建设用地规划许可证前应当进行批前公示：对城乡环境和布局有较大影响的，重要的大型市政基础设施、公共设施，对相邻建筑周边关系或环境有较大影响的，风景名胜区范围内的，历史街区和文物保护单位控制地带内的。选址意见书或建设用地规划许可证、规划设计方案的批前公示应当设置意见箱，公布联系电话。公示期满后，应整理、汇总公众意见，形成公示结果，作为建设项目规划审批资料的附件。在符合有关强制性技术规定、规范的前提下，公众意见应当作为规划方案修改的重要参考依据。

建立完善城乡规划公示制度的目的是，便于公民了解城乡规划，便于公民参与城乡规划，便于公民监督城乡规划。无论是事关全局的城乡总体规划，还是一般性的建设项目，只要它对城乡风貌及周围环境有影响，其规划就必须得到社会公众的认可。

4.3.3 建设项目选址意见书制度

1. 建设项目选址意见书的概念和适用的建设项目

《建设项目选址意见书》是建设项目在城市规划区进行选址和布局的依据，建设项目在可行性研究阶段必须附有城乡规划行政主管部门签署的选址意见；在报批设计任务时必须附有城乡规划行政主管部门的选址意见书。

按照国家规定需要有关部门批准或者核准的建设项目（包括新建、扩建、改建工程项目），以划拨方式提供国有土地使用权的，建设单位在报送有关部门批准或者核准前，应当向城乡规划主管部门申请核发选址意见书。其他建设项目不需要申请选址意见书。

2. 建设项目选址意见书的内容

（1）建设项目的具体情况

建设项目的具体情况主要是建设项目名称、性质，用地与建设规模，供水与能源的需求量，采取的运输方式与运输量，以及废水、废气、废渣的排放方式和排放量。

（2）建设项目规划选址的主要依据

建设项目规划选址的主要依据包括：①经批准的项目建议书；②建设项目与城市规划布局的协调；③建设项目与城市交通、通信、能源、市政、防灾规划的衔接与协调；④建设项目配套的生活设施与城市生活居住及公共设施规划的衔接与协调；⑤建设项目对于城市环境可能造成的污染影响，以及与城市环境保护规划和风景名胜、文物古迹保护规划的协调。

（3）建设项目选址、用地范围和具体规划要求

建设项目选址意见书应当明确建设项目选址、用地范围和具体规划要求，这是建设项目选址意见书的结论。

3. 建设项目选址意见书的管理和审批

县级以上人民政府城乡规划行政主管部门负责本行政区城内建设项目选址和布局的规划管理工作。

城乡规划行政主管部门应当了解建设项目建议书阶段的选址工作。各级人民政府计划行政主管部门在审批项目建议书时，对拟安排在城市规划区内的建设项目，要征求同级人民政府城乡规划行政主管部门的意见。城乡规划行政主管部门应当参加建设项目设计任务书阶段的选址工作，对确定安排在城市规划区内的建设项目从城市规划方面提出选址意见书。设计任务书报请批准时，必须附有城乡规划行政主管部门的选址意见书。

建设项目选址意见书，按建设项目计划审批权限实行分级规划管理。县人民政府计划行政主管部门审批的建设项目，由县人民政府城乡规划行政主管部门核发选址意见书，地级、县级市人民政府计划行政主管部门审批的建设项目，由该市人民政府城乡规划行政主管部门核发选址意见书，直辖市、计划单列市人民政府计划行政主管部门审批的建设项目，由直辖市、计划单列市人民政府城乡规划行政主管部门核发选址意见书，省、自治区人民政府计划行政主管部门审批的建设项目，由项目所在地县、市人民政府城乡规划行政主管部门提出审查意见，报省、自治区人民政府城乡规划行政主管部门核发选址意见书；中央各部门、公司审批的小型和限额以下的建设项目，由项目所在地县、市人民政府城乡规划行政主管部门核发选址意见书，国家审批的大中型和限额以上的建设项目，由项目所在地县、市人民政府城乡规划行政主管部门提出审查意见，报省、自治区、直辖市、计划单列市人民政府城乡规划行政主管部门核发选址意见书，并报国务院城乡规划行政主管部门备案。

对符合手续的项目，各级人民政府城乡规划行政主管部门应在规定的审批期限内核发选址意见书，不得无故拖延。

4.3.4 建设用地规划许可证制度

1. 建设用地规划许可证的概念

建设用地规划许可证是由个人和单位提出建设用地申请，城乡规划行政主管部门根据规

划和建设项目的用地需要，确定建设用地位置、面积、界限的法定凭证。

2. 划拨建设用地规划许可证的管理

在城市、镇规划区内以划拨方式提供国有土地使用权的建设项目，经有关部门批准、核准、备案后，建设单位应当向城市、县人民政府城乡规划主管部门提出建设用地规划许可申请，由城市、县人民政府城乡规划主管部门依据控制性详细规划核定建设用地的位置、面积、允许建设的范围，核发建设用地规划许可证。

建设单位在取得建设用地规划许可证后，方可向县级以上地方人民政府土地主管部门申请用地，经县级以上人民政府审批后，由土地主管部门划拨土地。

3. 出让建设用地规划许可证的管理

（1）出让建设用地规划许可证的行政管理机关

国务院土地行政主管部门会同有关部门负责全国建设用地土地使用权出让、转让规划管理的指导工作。省、自治区、直辖市人民政府土地行政主管部门会同有关部门负责本省、自治区、直辖市行政区域内建设用地使用权出让、转让规划管理的指导工作。直辖市、市和县人民政府城镇规划行政主管部门负责城镇规划区内建设用地土地使用权出让、转让的规划管理工作。

（2）出让建设用地土地使用权的规划条件

建设用地土地使用权出让的投放量应当与城镇土地资源、经济社会发展和市场需求相适应。土地使用权出让、转让应当与建设项目相结合。城镇规划行政主管部门和有关部门要根据城镇规划实施的步骤和要求，编制建设用地土地使用权出让规划和计划，包括地块数量、用地面积、地块位置、出让步骤等，保证建设用地土地使用权的出让有规划、有步骤、有计划地进行。

在城市、镇规划区内以出让方式提供国有土地使用权的，在国有土地使用权出让前，城市、县人民政府城乡规划主管部门应当依据控制性详细规划，提出出让地块的位置、使用性质、开发强度等规划条件，作为国有土地使用权出让合同的组成部分。未确定规划条件的地块，不得出让国有土地使用权。

具体的要求为，出让的地块必须具有城镇规划行政主管部门提出的规划设计条件及附图。规划设计条件应当包括：地块面积，土地使用性质，容积率，建筑密度，建筑高度，停车泊位，主要出入口，绿地比例，须配置的公共设施、工程设施，建筑界线，开发期限以及其他要求。附图应当包括：地块区位和现状，地块坐标、标高，道路红线坐标、标高，出入口位置，建筑界线以及地块周围地区环境与基础设施条件。国有土地使用权出让、转让合同必须附具规划设计条件及附图。

城市用地分等定级应当根据城市各地段的现状和规划要求等因素确定。土地出让金的测算应当把出让地块的规划设计条件作为重要依据之一。在城市政府的统一组织下，城镇规划行政主管部门应当和有关部门进行城市用地分等定级和土地出让金的测算。

城市、县人民政府城乡规划主管部门不得在建设用地规划许可证中，擅自改变作为国有土地使用权出让合同组成部分的规划条件。

规划条件未纳入国有土地使用权出让合同的，该国有土地使用权出让合同无效；对未取得建设用地规划许可证的建设单位批准用地的，由县级以上人民政府撤销有关批准文件；占用土地的，应当及时退回，给当事人造成损失的，应当依法给予赔偿。

（3）建设用地规划许可证的领取

以出让方式取得国有土地使用权的建设项目，在签订国有土地使用权出让合同后，建设单位应当持建设项目的批准、核准、备案文件和国有土地使用权出让合同，向城市、县人民政府城乡规划主管部门领取建设用地规划许可证。

（4）转让建设用地的规划管理

通过出让获得的土地使用权再转让时，受让方应当遵守原出让合同附具的规划设计条件，并由受让方向城镇规划行政主管部门办理登记手续，受让方如需改变原规划设计条件，应当先经城镇规划行政主管部门批准。受让方在符合规划设计条件外为公众提供公共使用空间或设施的，经城镇规划行政主管部门批准后，可给予适当提高容积率的补偿。受让方经城镇规划行政主管部门批准变更规划设计条件而获得的收益，应当按规定比例上交地方政府。

4.3.5 建设工程规划许可证制度

1. 建设工程规划许可证的概念

建设工程规划许可证是指由城乡规划主管部门核发的、用于确认建设工程是否符合城乡规划要求的许可证。建设工程规划许可证可以分为城市、镇建设工程规划许可证和乡村建设规划许可证两类。

2. 城市、镇建设工程规划许可证的申请和核发

在城市、镇规划区内进行建筑物、构筑物、道路、管线和其他工程建设的建设单位或者个人应当向城市、县人民政府城乡规划主管部门或者省、自治区、直辖市人民政府确定的镇人民政府申请办理建设工程规划许可证。

申请办理建设工程规划许可证，应当提交使用土地的有关证明文件、建设工程设计方案等材料。需要建设单位编制修建性详细规划的建设项目，还应当提交修建性详细规划。对符合控制性详细规划和规划条件的，由城市、县人民政府城乡规划主管部门或者省、自治区、直辖市人民政府确定的镇人民政府核发建设工程规划许可证。

城市、县人民政府城乡规划主管部门或者省、自治区、直辖市人民政府确定的镇人民政府应当依法将经审定的修建性详细规划、建设工程设计方案的总平面图予以公布。

广义的城市、镇建设工程规划许可证包括三部分：本建设工程规划许可证（狭义的城镇建设工程规划许可证）、本建设工程规划许可证附件以及本工程设计图。狭义的建设工程规划许可证包括下列内容：①许可证编号；②发证机关名称和发证日期；③用地单位；④用地项目名称、位置、宗地号以及子项目名称、建筑性质、栋数、层数、结构类型；⑤计容积率面积及各分类面积；⑥附件，包括总平面图、各层建筑平面图、各向立面图和剖面图。

3. 乡村建设规划许可证的申请和核发

在乡规划区、村庄规划区内进行乡镇企业、乡村公共设施和公益事业建设的，建设单位或者个人应当向乡、镇人民政府提出申请，由乡、镇人民政府报城市、县人民政府城乡规划主管部门核发乡村建设规划许可证。在乡规划区、村庄规划区内使用原有宅基地进行农村村民住宅建设的规划管理办法，由省、自治区、直辖市制定。

在乡规划区、村庄规划区内进行乡镇企业、乡村公共设施和公益事业建设以及农村村民住宅建设的，不得占用农用地；确需占用农用地的，应当依照《土地管理法》的有关规定办理农用地转用审批手续后，由城市、县人民政府城乡规划主管部门核发乡村建设规划许可证。

建设单位或者个人在取得乡村建设规划许可证后，方可办理用地审批手续。

4. 规划条件的变更

建设单位应当按照规划条件进行建设；确需变更的，必须向城市、县人民政府城乡规划主管部门提出申请。变更内容不符合控制性详细规划的，城乡规划主管部门不得批准。城市、县人民政府城乡规划主管部门应当及时将依法变更后的规划条件通报同级土地主管部门并公示。

建设单位应当及时将依法变更后的规划条件报有关人民政府土地主管部门备案。

5. 临时建设的规划批准

在城市、镇规划区内进行临时建设的，应当经城市、县人民政府城乡规划主管部门批准。临时建设影响近期建设规划或者控制性详细规划的实施以及交通、市容、安全等的，不得批准。临时建设应当在批准的使用期限内自行拆除。

临时建设和临时用地规划管理的具体办法，由省、自治区、直辖市人民政府制定。

6. 对建设工程是否符合规划条件予以核实

县级以上地方人民政府城乡规划主管部门按照国务院规定对建设工程是否符合规划条件予以核实。未经核实或者经核实不符合规划条件的，建设单位不得组织竣工验收。

建设单位应当在竣工验收后 6 个月内向城乡规划主管部门报送有关竣工验收资料。

4.4 | 城乡规划的修改

4.4.1　省域城镇体系规划、城镇总体规划的修改

省域城镇体系规划、城市总体规划、镇总体规划的组织编制机关，应当组织有关部门和专家定期对规划实施情况进行评估，并采取论证会、听证会或者其他方式征求公众意见。组织编制机关应当向本级人民代表大会常务委员会、镇人民代表大会和原审批机关提出评估报告并附具征求意见的情况。

有下列情形之一的，组织编制机关方可按照规定的权限和程序修改省域城镇体系规划、城市总体规划、镇总体规划：①上级人民政府制定的城乡规划发生变更，提出修改规划要求的；②行政区划调整确需修改规划的；③因国务院批准重大建设工程确需修改规划的；④经评估确需修改规划的；⑤城乡规划的审批机关认为应当修改规划的其他情形。

修改省域城镇体系规划、城市总体规划、镇总体规划前，组织编制机关应当对原规划的实施情况进行总结，并向原审批机关报告；修改涉及城市总体规划、镇总体规划强制性内容的，应当先向原审批机关提出专题报告，经同意后，方可编制修改方案。

修改后的省域城镇体系规划、城市总体规划、镇总体规划，应当依照《城乡规划法》

规定的相应规划审批程序报批。

4.4.2　详细规划的修改

修改控制性详细规划的，组织编制机关应当对修改的必要性进行论证，征求规划地段内利害关系人的意见，并向原审批机关提出专题报告，经原审批机关同意后，方可编制修改方案。修改后的控制性详细规划，应当依照《城乡规划法》规定的控制性详细规划审批程序报批。控制性详细规划修改涉及城市总体规划、总体规划的强制性内容的，应当先修改总体规划。

修改乡规划、村庄规划的，应当依照《城乡规划法》规定的乡规划、村庄规划审批程序报批。

城市、县、镇人民政府修改近期建设规划的，应当将修改后的近期建设规划报总体规划审批机关备案。

在选址意见书、建设用地规划许可证、建设工程规划许可证或者乡村建设规划许可证发放后，因依法修改城乡规划给被许可人合法权益造成损失的，应当依法给予补偿。

经依法审定的修建性详细规划、建设工程设计方案的总平面图不得随意修改；确需修改的，城乡规划主管部门应当采取听证会等形式，听取利害关系人的意见；因修改给利害关系人合法权益造成损失的，应当依法给予补偿。

典型案例及分析

【案例1】某市城市规划局与肖某房屋规划纠纷案

1. 案例背景

上诉人（一审被告）：某市城市规划局

被上诉人（一审原告）：肖某

第三人：吕某，刘某

肖某与吕某、刘某是南北邻居关系，居住在某市团结路南侧金发小区，肖某于2000年左右建成两层楼房居住。2013年7月7日，某市城市规划局对吕某、刘某的联建私宅楼等建设项目规划进行了审批研究，向吕某、刘某下发了建设工程规划许可证，规划许可建筑面积为485.5m² 的2层6m高砖混结构的楼房，确定该建筑南侧最凸出部分距其南侧建筑（肖某家）为3.84m。吕某、刘某在建设过程中，将原规划批准的2层建成3层，超建面积为276.9m²。肖某认为吕某、刘某的建设行为影响自己房屋的通风、采光等，向规划部门进行过举报，规划部门也曾就吕某、刘某的超建行为进行制止并给予拆迁，可由于各种原因，吕某、刘某还是完成了规划建筑的3层建设行为。对此某市城市规划局于2014年4月23日依法对吕某、刘某做出了行政处罚决定书，决定处13840元罚款并要求整改至符合规划要求。吕某、刘某在接到处罚决定书后交纳了罚款，但未就违法建设部分进行整改。2014年12月，肖某又以某市城市规划局未履行拆除违反规划建筑物的法定职责为由，向某市人民政府申请复议，请求责令某市城市规划局依法履行法定职责。2015年2月21日，复议机关做出行政复议决定，责令某市城市规划局在收到本复议决定书后的2个月内纠正吕某、刘某的违反建设工程规划许可证的规定进行建设的违法行为，并于

2015 年 3 月 11 日送达给某市城市规划局；某市城市规划局接到复议决定书后至今未按复议决定要求对吕某、刘某的违法建设行为履行职责。

一审法院认为，某市城市规划局作为本行政区域内的城市建设规划管理部门，依照《城乡规划法》等规定，有职权对城市规划区内新建建筑物工程的规划建设进行审批和监督执行，并可对违反建筑规划的建设施工部分做出限期改正并罚款或者依法提请政府组织拆除。某市城市规划局核发了准许吕某、刘某 2 层建筑的规划许可证后，吕某、刘某却违反规划超建了第 3 层，某市城市规划局在规定期限内仍未纠正，之后也未有所作为。某市城市规划局确实有不及时履行或拖延履行职责的情形，致使影响肖某权益的障碍不能及时得以消除。某市城市规划局及吕某、刘某的辩称意见不能成立，不予采信。依照《行政诉讼法》第五十四条第（三）项等规定判决如下：某市城市规划局在接到判决书 2 个月内对吕某、刘某违反建设工程规划许可证的规定进行建设的行为依法履行职责。案件诉讼费由某市城市规划局承担。

某市城市规划局不服一审判决，上诉到某市中级人民法院。二审法院经审理认为，一审法院认定事实清楚，适用法律判决某市城市规划局对吕某、刘某违反建设工程规划许可证的规定进行建设的行为依法履行职责正确；判决驳回上诉，维持原判。

2. 案例分析

本案一审、二审法院认定的事实清楚，适用法律得当。

案件的起源是一审原告的民事权利受到其他民事主体（第三人）侵害，而这一侵权行为是由于第三人违反了城市规划局的行政许可。在这种情况下，一审原告为了维护自己的合法权益，可以有两个选择：第一，直接起诉第三人，这是一个民事诉讼；第二，要求城市规划局纠正第三人的违法行为。本案一审原告走的是第二个程序。这个程序中，起因是具体行政行为，按相关法律规定对行政行为不服的，可以申请行政复议，然后可以提起行政诉讼。

能够引发行政诉讼的行政行为，可能是积极的行政行为损害了民事主体的权益，也可能是消极不作为的行政行为损害了民事主体的权益。对于城乡规划行政主管部门而言，拆除违章建筑是其法定职责。《城乡规划法》第六十六条规定，建设单位或者个人有下列行为之一的，由所在地城市、县人民政府城乡规划主管部门责令限期拆除，可以并处临时建设工程造价一倍以下的罚款：①未经批准进行临时建设的；②未按照批准内容进行临时建设的；③临时建筑物、构筑物超过批准期限不拆除的。而本案一审被告确实有不及时履行或拖延履行职责的情形。

【案例 2】李某诉泰州市规划局规划行政许可案

1. 案例背景

原告：李某，江苏省泰州市某乡村民

被告：泰州市规划局

第三人：宗某，规划行政许可申请人

原告李某与第三人规划行政许可申请人宗某为东西邻居。2015 年 8 月，某乡镇村民宗某向规划部门提出建房申请,规划部门审查后认为个人住宅主房原地翻建2层的建设项目符合城乡规划要求,向其颁发了建设工程规划许可证。之后,邻居李某提出了意见,认为规划许可建房占用的土地曾被其祖上拥有使用过,且许可行为程序违法,于是向法院提起行政诉讼。在此同时,宗某也向法院提起民事诉讼,要求排除妨碍,判令李某不得阻止其建房。

法院经过审理认为,农村土地属于集体所有,持有土地使用权属证书的村民依法拥有土地使用权。规划部门颁发的建设工程规划许可证,许可建设的房屋在原告李某的房屋东侧,位于申请人宗某合法使用的集体土地上,宗某持有该地块合法的集体土地使用权证,在法庭上宗某也出示了土地使用权证原件,但是李某仍然以其祖上曾经拥有过该地块,现在不应当许可他人建房为由主张撤销规划许可。

法院认为依据不足,裁定驳回了李某的行政起诉。

2. 案例分析

根据法律规定,能够提起行政诉讼的原告,必须是与被诉具体行政行为具有行政诉讼上的法律利害关系,且认为自己的合法权益受到该具体行政行为的侵害。该案的核心在于,原告李某以其祖上曾经拥有过该地块为由,主张现在不应当许可他人建房,要求撤销规划许可,这是不能成立的。该案的原告也非因规划部门的发证行为侵犯其使用权而起诉。因此,规划部门许可宗某在其合法拥有使用权的集体土地上依照规划建房与原告无行政诉讼法律上的利害关系,且该许可不侵犯李某的相邻权。

复习思考题

1. 我国城乡规划的基本原则有哪些?
2. 我国城市总体规划、镇总体规划的内容有哪些?
3. 简述我国城乡规划公示制度及其意义。
4. 简述城乡建设应当遵循的规划要求。
5. 简述建设用地规划许可证制度与建设工程规划许可证制度。
6. 简述我国省域城镇体系规划修改的条件。

第5章

建筑法律制度

5.1 概述

建筑业是国民经济的支柱产业，在促进国民经济和社会发展的过程中具有不可替代的作用。建筑业的发展水平与质量在很大程度上直接影响着我国国民经济和社会的总体发展水平和质量。同时，建筑业的核心生产活动——建筑活动，具有显著区别于国民经济其他行业的特点，对社会公共利益、环境、生态、资源（特别是土地资源）、经济与社会可持续发展等具有广泛、深入、难以逆转甚至不可逆转的重大作用。为此，国家设立了专门法律制度对我国境内的建筑活动实施统一规范、调整、监督与管理，以确保建筑活动依法进行与实施。

5.1.1 建筑法的概念及其立法目的

1. 建筑法的概念

建筑法的概念有广义与狭义之分。

广义的建筑法是指调整广义建筑活动的法律规范的总称。此处的广义建筑活动是指各种土木工程的建造活动及其有关设施、设备的安装活动和建筑装修装饰活动的总体，既包括各类房屋建筑的建造活动及其有关设施、设备的安装活动及建筑装修装饰活动，也包括铁路、公路、桥梁、机场、港口、水电站（水库）、矿井、通信线路与设施、电力设施等专业工程的建造及其有关设施、设备安装活动及必要的建筑装修装饰活动。此处的法律规范则是指与调整广义建筑活动相关的法律、行政法规、部门规章、建筑工程技术标准与规范等的总体。

狭义的建筑法是指调整狭义建筑活动的法律，仅指《中华人民共和国建筑法》（简称《建筑法》，1997 年 11 月 1 日第八届全国人民代表大会常务委员会第二十八次会议通过，自1998 年 3 月 1 日起施行；2019 年 4 月 23 日第十三届全国人民代表大会常务委员会第十次会议对该法做出修改）。此处的狭义建筑活动是指各类房屋建筑及其附属设施的建造和与其配套的线路、管道、设备的安装活动。

我国现行的建筑法律制度，是以《建筑法》为核心并与其他相关法律、法规一起构成的法律制度体系，《建筑法》的效力范围和适用范围受到一定程度限制。

本章所谓建筑法律制度，是指以《建筑法》为核心，以及与《建筑法》的规定及内容密切相关的法律、行政法规、部门规章和规范性文件的相关规定及内容共同构成的法律制度体系总体。

2.《建筑法》的立法目的

《建筑法》从以下几个方面明确了其立法目的：

（1）加强对建筑活动的监督管理

一方面，建筑业是我国国民经济重要的物质生产部门。建筑业通过自身的生产活动，即对各类建筑物和构筑物的建造及与其配套的线路、管道、设备的安装等活动，为社会生产和人们的物质与精神生活提供住宅、厂房、办公楼、学校、医院、商店、体育场（馆）、艺术场（馆）、基础设施等各类建筑物与构筑物，为社会创造财富。与其他行业相比，建筑业对国民经济增长所做出的贡献是十分巨大的。鉴于建筑业在我国国民经济和社会发展中所具有的不可替代的重要地位和作用，规范并加强对建筑行业核心生产活动的建筑活动的监督管理以确保建筑业健康有序发展，是十分必要的。

另一方面，建筑活动本身具有其重要性、特殊性、复杂性。建筑活动（包括其过程及其工作成果）对人民生命财产安全、社会公共利益、环境、生态、资源（特别是土地资源）、经济与社会可持续发展等方面具有广泛、深入、难以逆转甚至不可逆转的重大影响作用、显著区别于国民经济其他行业，必须从国民经济和社会发展的宏观角度出发对建筑活动进行严格、有效的监督管理。同时，建筑活动是一种综合性的技术活动，具有其自身的规律性和特殊性，对于从事建筑活动的企业和个人在专业技术水平与能力、管理水平与能力上具有特殊要求，因而也有必要对从事建筑活动的企业的从业资质以及个人的从业资格等方面进行监督管理。再者，建筑活动作为一种高度复杂性、综合性、系统性的技术和生产活动，需要多方参与，并在技术、经济、组织、管理等有关方面密切协作与充分配合，才能有效完成，因而必然要求各参与方的参与行为必须规范、有序，这不仅要求各参与方的自觉行为，更迫切需要具有国家强制力保证的、有效的监督管理。

因此，加强对建筑活动的监督管理便成为《建筑法》立法的首要目的。

（2）维护建筑市场秩序

建筑市场是建筑活动中各种交易进行的具体场所（如有形建筑市场）构成的总体和建筑活动中产生的各种交易关系的总和。建立并完善开放、有序竞争、规范的建筑市场，是建筑业健康发展的客观需求。目前，随着我国国民经济与社会持续、高速、稳定发展和社会主义市场经济体制的不断发展与完善，我国建筑市场规模快速增长，开放程度与国际化程度不断加强，市场秩序日益规范，市场竞争环境明显改善，建筑活动相关交易过程的公开、公平、公正程度不断提高，有效解决建筑市场中部分突出问题（如工程款拖欠问题）的长效机制初步建立并日趋成熟。

但是，在建筑市场发展过程中，也存在一些不规范行为，如工程招标投标过程中长期存在的围标、串通投标、逃避招标、黑白合同现象，建筑施工企业非法转包工程、违法分包，没有资质的建筑设计、施工企业或者实际施工人（单位）借用有资质的其他建筑设计、施工企业的名义承包工程，建筑设计、施工企业未按规定取得资质等级或者超越自身资质等级承包工程，建设单位违反工程建设程序、不执行工程建设强制性标准、拖欠工程款和农民工工资，建筑市场主体信用意识淡薄、企业信用体系和建筑市场信用体系不健全，地区建筑市场和行业建筑市场互相封锁，等等。诸如此类的不规范行为和相关问题，严重地扰乱了建筑市场的正常秩序，破坏了建筑市场的竞争环境，阻碍了我国建筑业的健康、有序和可持续发展。

因此，制定建筑市场主体从事建筑活动中各种交易必须遵守的行为规范、基本规则，对建筑市场主体从事建筑活动中各种相关交易过程进行具有国家强制力保证的、有效的监督管理，建立针对违反这些规范、规则的交易行为的具有国家强制力保证的责任追究制度，从而有效规范、维护建筑市场秩序，促进建筑市场的健康、有序发展，成为《建筑法》的主要立法目的。

（3）保证建筑工程的质量和安全

建筑工程是建筑活动的产品，具有空间固定、形式多样、结构复杂、使用期长、不可重复、体型庞大、造价高昂等显著区别于其他行业产品的特点。因此，建筑工程质量极其重要。建筑工程若发生质量问题，特别是其建筑物和构筑物的主体结构工程或隐蔽工程发生质量问题，通常难以修复、加固，有可能造成巨大的经济利益损失、人身伤亡、财产损失，对社会公共利益、环境、生态、资源（特别是土地资源）、经济与社会可持续发展等方面会产生广泛、深入、难以逆转甚至不可逆转的重大影响。"百年大计、质量第一"，成为建筑活动必须始终坚持的基本理念和基本准则。

建筑工程的特点决定了建筑工程生产的特点与一般工业产品生产的特点相比较具有自身的特殊性，包括生产流动性与差异性、单件性、生产周期长、资金占用量大、露天作业多与高处作业多、生产组织关系与协作关系复杂而综合等，而这些特殊性，决定了建筑工程生产过程所面临的不安全因素（包括人的不安全行为和物的不安全状态）远远超过其他行业产品的生产过程，导致建筑工程生产过程中安全事故频发。建筑业在我国成为仅次于矿山采掘业的第二大生产安全事故高发行业。

因此，《建筑法》将保证建筑工程质量和建筑工程生产安全（建筑活动过程中的生产安全）作为其立法的关键目的，在其总则与分则中均做了若干重要规定，对确保建筑工程的质量和建筑活动过程中的生产安全，进而促进建筑业的健康发展具有十分重要的意义。

（4）促进建筑业健康发展

建筑业作为我国国民经济重要的物质生产部门，与其他行业相比，对国民经济增长所做出的贡献是十分巨大的。建筑活动业已成为国民经济增长与社会发展过程中重要的经济活动和具有显著社会、公共影响的活动之一，建筑活动的管理水平与质量直接影响到建筑业的发展水平与质量，进而影响到我国国民经济增长与社会发展的水平与质量。

因此，《建筑法》将促进建筑业健康发展作为其立法的核心目的，旨在从法律这一上层建筑层面，确立从事建筑活动必须遵守的基本规范和基本行为准则，制定对建筑活动进行监督管理和规范建筑市场秩序的基本规则，建立保证建筑工程质量和安全的基本制度与基本责任体系，以有效解决建筑业发展过程中存在的各种相关问题，从发展速度、发展的经济与社会效益、发展水平与发展质量等方面全面有效地促进建筑业的健康发展。

5.1.2 《建筑法》的调整对象与适用范围

1.《建筑法》的调整对象

《建筑法》调整的是在我国境内实施的狭义建筑活动中的行政管理关系、市场交易关系、经济与技术协作关系和其他相关民事关系。此处的狭义建筑活动是指各类房屋建筑及其附属设施的建造和与其配套的线路、管道、设备的安装活动,其内涵与边界是被严格界定的。其中,各类房屋建筑是指具有顶盖、梁、柱、墙,供人们生产、生活使用的建筑物,包括民用房屋建筑、工业房屋建筑、公共房屋建筑,具体包括民用住宅、工业生产用厂房、仓库、动力站、水塔、烟囱等工业建筑,酒(旅)店、银行、公路客运站、学校、医院、影剧院、体育场馆、展览馆、办公楼、会议厅、火车站等公共建筑;而各类房屋建筑的附属设施和与其配套的线路、管道、设备则是指进入上述各类房屋建筑或者与其紧密联系在一起的,并且能够表明是以上述各类房屋建筑为主体的,与其配套建造的诸如围墙、水塔等附属设施和电气、通信、燃气、给水、排水、空气调节、电梯、消防等线路、管道和设备。省、自治区、直辖市人民政府确定的小型房屋建筑工程的建筑活动中的行政管理关系、市场交易关系、经济与技术协作关系和其他相关民事关系,不完全属于《建筑法》的调整对象范围,可由省、自治区、直辖市人民政府根据其建筑活动的特殊性参照《建筑法》执行;依法核定作为文物保护的纪念建筑物和古建筑等修缮的建筑活动中的行政管理关系、市场交易关系、经济与技术协作关系和其他相关民事关系,不属于《建筑法》的调整对象;抢险救灾及其他临时性房屋建筑和农民自建低层住宅的建筑活动中的行政管理关系、市场交易关系、经济与技术协作关系和其他相关民事关系,由于抢险救灾及其他临时性房屋建筑的时效性、临时性、简易性等特点和农民自建低层住宅由于量大面广、相关情况差异巨大等特点,不作为《建筑法》的调整对象;军用房屋建筑工程的建筑活动与《建筑法》中的狭义建筑活动具有共性,但同时也有其自身的特殊性,因此,军用房屋建筑工程建筑活动中的行政管理关系、市场交易关系、经济与技术协作关系和其他相关民事关系,由国务院、中央军事委员会依据《建筑法》制定相应具体的管理办法予以调整。

同时,应当特别注意的是,铁路、公路、桥梁、机场、港口、水电站(水库)、矿井、通信线路与设施、电力设施等专业建筑工程的建筑活动,由于其技术、自身特点、质量标准与要求等方面的特殊性以及国内现行行政管理体制所造成的对上述专业建筑工程的建筑活动监督管理权限的分割,难以完全适用《建筑法》。但上述专业建筑工程的建筑活动与《建筑法》中规定的各类房屋建筑工程的建筑活动也具有共性,例如,对从事上述专业建筑工程的建筑活动的企业的从业资质和个人的从业资格均有要求,专业建筑工程的建筑活动均是通过各专业建筑市场中的各种相关交易的实施才得以完成,等等。因此,《建筑法》中关于上述狭义建筑活动的施工许可,建筑施工企业资质审查,建筑工程发包、承包、禁止转包,以及建筑工程监理、建筑工程安全和质量管理的规定,同样适用于其他专业建筑工程的建筑活动。也就是说,其他专业建筑工程的建筑活动中的行政管理关系、市场交易关系、经济与技术协作关系和其他相关民事关系,除受制于专业建筑工程的建筑活动的技术、自身特点、质量标准与要求等方面的特殊性和行政监督管理权限限制的部分外，均属于《建筑法》的调整对象。这是我国建筑法律制度的特殊性。

2.《建筑法》的适用范围

根据《建筑法》的相关规定，《建筑法》的适用范围包括空间效力范围、适用主体的范围。

（1）《建筑法》的空间效力范围

《建筑法》作为我国最高权力机关的常设机构全国人民代表大会常务委员会制定的法律，其空间效力范围（或称适用的地域范围）是中华人民共和国境内，即中华人民共和国主权所及的全部地域范围内。按照我国香港、澳门两个特别行政区基本法的规定，只有列入这两个特别行政区基本法附件三的全国性法律，才能在这两个特别行政区全部地域内适用。而《建筑法》没有列入这两个特别行政区基本法附件三中，因此，《建筑法》不适用于我国已恢复行使主权的香港特别行政区和澳门特别行政区。香港和澳门这两个特别行政区的建筑立法，应由这两个特别行政区的立法机关自行制定。另外，由于历史原因，我国台湾地区的建筑立法，目前由台湾地区立法机关自行制定。

（2）《建筑法》适用主体的范围

法律适用的主体范围是指其行为受该法律规范、约束、调整的法律关系主体的范围。

《建筑法》适用的主体范围包括一切在中华人民共和国境内从事建筑活动的主体和各级依法负有对建筑活动实施监督管理责任的国家行政机关。

1）一切从事建筑活动的主体，包括从事建筑工程的勘察、设计、施工、监理、咨询服务等活动的国有企业事业单位、集体所有制的企业事业单位、中外合资经营企业、中外合作经营企业、外资企业、合伙企业、私营企业以及依法可以从事建筑活动的个人，例如，具有国家注册执业资格的注册建筑师、注册城市规划师、注册结构工程师、勘察设计注册工程师、注册建造师、注册监理工程师、注册造价工程师等，不论其经济性质如何、规模大小，只要从事《建筑法》规定的建筑活动，都应当遵守《建筑法》的各项规定，依法享有规定的权利、履行规定的义务、承担规定的法律责任。

2）各级依法负有对建筑活动实施监督管理责任的国家行政机关，包括各级建设主管部门和其他有关主管部门，都应当依照《建筑法》的规定，对建筑活动实施监督管理。监督管理的内容包括依照《建筑法》的规定，对从事建筑活动的施工企业、勘察单位、设计单位和工程监理单位进行资质审查，依法颁发资质等级证书；对建筑工程的招标投标活动是否符合公开、公正、公平的原则以及是否遵守法定程序进行监督；对建筑工程的质量和建筑工程安全生产依法进行监督管理以及对违反《建筑法》的行为实施行政处罚等。对建筑活动负有监督管理职责的政府行政机关及其工作人员不依法履行职责，玩忽职守或者滥用职权的，必须承担相应的法律责任。

5.1.3 《建筑法》的基本原则

《建筑法》的基本原则即制定和实施《建筑法》的基本出发点，是在《建筑法》的空间效力范围内从事建筑活动的合法主体必须遵循的基础性核心原则。

1. 基本技术原则

确保建筑工程质量和安全，符合国家的建筑工程安全标准，是《建筑法》规定的建筑活动必须遵循的基本技术原则。

如前所述，建筑工程具有显著区别于其他行业产品的特点，建筑工程生产的特点与一般工业产品生产的特点相比较也具有自身的特殊性。

根据《中华人民共和国标准化法》（简称《标准化法》）的规定，国家标准分为强制性标准、推荐性标准，行业标准、地方标准是推荐性标准。对保障人身健康和生命财产安全、国家安全、生态环境安全以及满足经济社会管理基本需要的技术要求，应当制定强制性国家标准。根据《建筑法》和《标准化法》的规定并结合建筑工程和建筑活动的特殊性，凡是国家依法制定的建筑工程安全标准（包括国家标准和行业标准），包括列入国家标准和行业标准的有关建筑工程安全的涉及建筑工程勘察、设计、施工、验收的技术规范、技术标准、技术要求、技术规程与方法、作业规程与方法等，无疑是涉及保障人体健康和人身、财产安全的标准，属于强制性标准，因而必须严格执行。

建筑活动作为一项特殊的社会性生产活动，其产品质量和活动过程安全具有极端重要性。《建筑法》将确保建筑工程质量和安全，符合国家的建筑工程安全标准作为建筑活动必须遵循的基本原则，实属必要与当然。

2. 发展导向性原则

国家扶持建筑业的发展，支持建筑科学技术研究，提高房屋建筑设计水平，鼓励节约能源和保护环境，提倡采用先进技术、先进设备、先进工艺、新型建筑材料和现代管理方式，是《建筑法》规定的建筑活动必须遵循的发展导向性原则。

建筑业作为我国国民经济重要的物质生产部门，对国民经济增长所做出的贡献十分巨大，建筑业的发展水平与发展质量，直接影响我国国民经济增长与社会发展水平与质量。《建筑法》以法律的形式确定了国家支持建筑业发展的行业发展导向性原则，为建筑业的持续、健康和快速发展提供了法律保障。国家和地方各级人民政府及有关部门应当按照法律的规定，综合运用财政、信贷、税收、价格等方面的政策和措施，扶持、促进建筑业的持续、健康和快速发展。

1）国家支持建筑科学技术研究。建筑业作为传统产业，其持续、健康、快速发展，迫切需要依靠现代科学技术，因此，《建筑法》以法律的形式确定了国家支持建筑科学技术研究的技术发展导向性原则，为建筑业依靠现代科学与技术改造自身，创造建筑业可持续发展的基础条件奠定了法律基础。

2）国家支持提高房屋建筑设计水平。房屋建筑的设计水平与质量，决定了建筑工程的水平与质量，直接影响经济发展与社会生活的基本物质基础水平与质量。《建筑法》以法律的形式确定了国家支持提高房屋建筑设计水平的专业发展导向性原则，为持续提高我国房屋建筑水平与质量，进而提高我国经济发展与社会生活的基本物质基础水平与质量奠定了法律基础。

3）国家鼓励在建筑活动中节约能源、保护环境。能源是国民经济和社会发展不可或缺的物质基础，节约能源是国家发展、改善民生、文明社会的一项长远战略方针。我国是能源短缺国家，但同时也是能源消耗型国家，建筑能耗成为我国社会终端能耗的重要组成部分。在建筑活动中，节约能源对于我国国民经济和社会的可持续发展具有极其重要的意义。保护环境是我国的基本国策，建筑活动的过程及其工作成果对环境、生态造成的影响是难以逆转甚至不可逆转的。《建筑法》以法律的形式确定了国家鼓励在建筑活动中节约能源、保护环境的可持续发展导向性原则，为我国建筑业的可持续发展奠定了法律基础，为实施建筑活动确立了符合经济、社会可持续发展原则的基本行为准则。

4）国家提倡在建筑活动中采用先进技术、先进设备、先进工艺、新型建筑材料和现代管理方式。建筑业是传统的劳动密集型产业，其生产方式、技术水平、管理方式等相对比较落后，劳动强度大、劳动效率低，运用先进技术、先进设备、先进工艺、新型建筑材料和现代管理方式进行现代化改造是建筑业实现发展方式转变最为有效的途径。因此，《建筑法》以法律的形式确立了国家提倡在建筑活动中采用先进技术、先进设备、先进工艺、新型建筑材料和现代管理方式的综合发展导向性原则，为我国建筑业发展过程中有效实现发展方式的转变同时，也为前述发展导向性原则的有效贯彻与实施奠定了坚实的法律基础。

3. 基本行为规范性原则

合法性是《建筑法》确立的建筑活动必须遵守的基本行为规范性原则。建筑活动作为一种法律行为，合法性是其基本行为规范性原则。

1）从事建筑活动应当遵守法律、法规。"依法治国"是执政党和政府治理国家的基本方略，"有法可依、有法必依、执法必严、违法必究"是这一基本方略的具体体现，全体社会成员进行各项活动，都应当遵守法律的有关规定，从事建筑活动当然也不例外。建筑活动涉及多方面的法律关系，除了必须遵守专门适用于建筑活动的特别法，即《建筑法》的规定外，还应遵守其他有关的法律、法规。例如，在建设用地方面，应遵守《土地管理法》和《城市房地产管理法》及相关行政法规的规定；在城市规划区内进行建筑活动的，应遵守《城乡规划法》及相关行政法规的规定；在环境保护方面，应遵守《环境保护法》《大气污染防治法》《水污染防治法》《固体废弃物污染环境防治法》和《噪声污染防治法》等法律及相关行政法规的规定；建筑活动中，发现古文物、古墓葬等应当予以保护的文物的，应遵守《文物保护法》及相关行政法规的规定；在建筑工程招标投标活动中，应遵守《招标投标法》《反不正当竞争法》及相关行政法规的规定；在建筑工程发包与承包活动中订立合同，应遵守《合同法》及相关行政法规的规定；在建筑生产安全方面，必须遵守《安全生产法》及相关行政法规的规定，等等。

2）从事建筑活动，不得损害社会公共利益和他人的合法权益。社会公共利益是指全体社会成员的共同利益，法律保护社会公共利益不受损害。一般来说，损害社会公共利益的行为，是法律明文规定禁止的行为。他人的合法权益，此处主要是指因建筑活动受到损害的他人的民事权益，包括他人的财产权利和人身权利。他人的合法权益受法律保护，从事建筑活动不得损害他人的合法权益，给他人合法权益造成损害的，应当依法承担排除妨碍、恢复原状、赔偿损失等民事责任；损害他人合法权益情节严重，构成犯罪的，还要依法追究其刑事责任。

3）任何单位和个人不得妨碍和阻挠依法进行的建筑活动。依法进行的建筑活动受法律保护，不受任何单位或个人的妨碍和阻挠，这是法律赋予从事建筑活动的合法主体依法从事建筑活动时的基本权利。

《建筑法》以法律的形式确定了建筑活动必须遵循的基本行为规范性原则，为从事建筑活动的合法主体制定了基本行为规范，并赋予了从事建筑活动的合法主体依法从事建筑活动时的基本权利。

5.1.4 《建筑法》确定的基本建筑法律制度

《建筑法》作为我国建筑法律制度的核心，与其他相关法律、法规共同确立了我国建筑法律制度体系中的五种基本建筑法律制度：建设工程行政许可法律制度、建筑工程发包与承包法律制度、建筑工程监理法律制度、建筑工程安全生产管理法律制度和建筑工程质量管理法律制度。本章着重阐述除建设工程行政许可法律制度外的其他四种基本法律制度，建设工程行政许可法律制度另设专章阐述。

5.2 建筑工程发包与承包

5.2.1 建筑工程发包

1. 建筑工程发包的概念

建筑工程发包是指建筑工程的建设单位（或总承包单位）将建筑工程任务（勘察、设计、施工等）的全部或一部分通过招标或其他方式，交付给具有从事建筑活动的法定从业资格的单位完成，并按建设工程合同约定支付报酬的行为。

建筑工程发包单位通常为建筑工程的建设单位，即投资建设该项建筑工程的单位（即业主）。按照国家有关规定，国有单位投资的经营性基本建设大中型建设项目，在建设阶段必须组建项目法人。项目法人可按《中华人民共和国公司法》的规定设立有限责任公司（包括国有独资公司）和股份有限公司，由项目法人对项目的策划、资金筹措、建设实施、生产经营、债务偿还和资产保值增值，实行全过程负责。据此规定，由国有单位投资建设的经营性的房屋建筑工程（如用作生产经营设施的工商业用房、作为房地产开发项目的商品房等），由依法设立的项目法人作为建设单位，负责建筑工程的发包。国有单位投资建设的非经营性的房屋建筑工程，应由建设单位作为发包方负责建筑工程的发包。

建筑工程实行总承包的，总承包单位经建设单位同意，在法律规定的范围内对部分建设工程项目进行分包的，建筑工程的总承包单位即成为分包建筑工程的发包单位。

2. 建筑工程发包方式

《建筑法》规定："建筑工程依法实行招标发包，对不适于招标发包的可以直接发包。"因此，建筑工程发包方式主要有两种：招标发包和直接发包。建设工程的招标发包，主要根据《招标投标法》以及《工程建设项目施工招标投标办法》《工程建设项目勘察设计招标投标办法》《工程建设项目招标范围和规模标准规定》《房屋建筑和市政基础设施工程施工招标投标管理办法》等法律和部门规章的有关规定进行。《招标投标法》规定了必须进行招标的工程建设项目范围，在该范围内的工程建设项目的勘察、设计、施工、监理以及与工程建设有关的重要设备、材料等的采购，必须依法进行招标。

实行招标发包的建筑工程，发包单位应当将建筑工程发包给依法中标的承包单位。对于不适于招标发包的建筑工程可以直接发包，例如保密工程、特殊专业工程、特殊性质工程等。对于这些不适于招标发包的建筑工程，发包单位应当将其发包给具有相应资质条件的承包单位。

5.2.2 建筑工程承包

1. 建筑工程承包的概念

建筑工程承包是指具有从事建筑活动的法定从业资格的单位，通过投标或其他承揽方式，承揽建筑工程任务，并按建设工程合同约定取得报酬的行为。

建筑工程承包单位即承揽建筑工程的勘察、设计、施工等业务的单位，包括对建筑工程实行总承包的单位和承包分包建筑工程的单位。

根据我国现行的从事建筑活动的企业的资质等级许可制度的规定，承包单位必须依法取得从事建筑活动的资质等级许可，并必须严格在本单位资质等级许可的业务范围内从事承揽工程的建筑活动，禁止建筑企业超越本企业资质等级许可的业务范围承揽工程。

目前，我国建筑市场上，无资质或者低资质的建筑施工企业、包工队通过"挂靠"较高资质等级的建筑施工企业，或者采取与资质等级较高的建筑施工企业搞假"联营"等形式，以较高资质等级的建筑施工企业的名义承揽工程的现象还比较普遍；而有些建筑施工企业为谋取不正当利益（如收取挂靠管理费、资质证书和营业执照的有偿使用费等），允许其他企业、单位甚至个人使用本企业的名义承揽建筑工程。上述现象的存在，对建立正常的建筑市场秩序、保证工程质量危害极大，必须予以禁止。为此，《建筑法》明确规定，禁止建筑施工企业以任何形式用其他建筑施工企业的名义承揽工程；禁止建筑施工企业以任何形式允许其他单位或者个人使用本企业的资质证书、营业执照，以本企业的名义承揽工程。

2. 建筑工程联合共同承包（联营承包）、分包与转包

（1）建筑工程联合共同承包（联营承包）

建筑工程联合共同承包（也称联营承包）是指由两个以上的承包单位共同组成非法人的联合体，以该联合体的名义承包某项建筑工程的承包模式。在建筑工程联合共同承包形式中，由参加联合的各承包单位共同组成的联合体作为一个单位的承包主体，与发包单位签订承包合同（建设工程合同），共同履行合同的全部义务，承担合同的全部责任。在联合体内部，则由参加联合体的各方以协议方式约定各自在联合共同承包建筑工程中的权利、义务，包括联合体的管理方式及共同管理机构的产生办法、各方负责承担的建筑工程任务的范围、利益分享与风险分担的办法等。建筑工程联合共同承包是国际建筑工程市场上广泛采用的一种承包模式。

大中型建筑工程和结构复杂的建筑工程，工程任务量大、技术要求复杂、建设周期较长，需要承包单位具有较强的经济、技术实力和抵御风险的能力。由多家单位组成联合体共同承包这类建筑工程，可以集中联合体各方的经济、技术力量，发挥各自的优势，大大增强

投标竞争的实力；对发包单位而言，也有利于提高投资收益，保证建筑工程质量。因此，《建筑法》规定："大型建筑工程或者结构复杂的建筑工程，可以由两个以上的承包单位联合共同承包。"

在建筑工程联合共同承包中，参加联合共同承包的各方应就承包合同（建设工程合同）的约定义务与责任履行向发包单位承担连带责任。《民法典总则编》第一百七十八条规定："二人以上依法承担连带责任的，权利人有权请求部分或者全部连带责任人承担责任。"依此规定，发包单位可要求参加建筑工程联合共同承包的任何一方履行承包合同（建设工程合同）的全部义务，联合共同承包的各方不得拒绝。《建筑法》对此做出了明确规定："共同承包的各方对承包合同的履行承担连带责任。"

建筑工程联合共同承包是由两个以上的承包单位共同组成非法人的联合体，以该联合体的名义承包某项建筑工程的承包行为。当参加联合体的具有相同专业的各承包单位资质等级不同时，联合体只能按资质等级较低的承包单位的从业许可业务范围承揽建筑工程。

（2）建筑工程分包与转包

1）建筑工程分包。建筑工程分包是指建筑工程的承包单位经过发包单位的同意或根据建设工程合同的规定，将其承包的建筑工程范围内的非主要部分及专业性较强的工程内容另行发包给其他取得相应资质等级许可的承包单位承包的行为。

对一些大中型建筑工程和结构复杂的建筑工程而言，实行建筑工程总承包与建筑工程分包相结合的建筑工程承包模式，允许总承包单位在遵守一定条件的前提下，将自己总承包的建筑工程中的部分劳务或者自身不擅长的专业工程分包给其他承包单位，以便总承包单位和分包单位扬长避短，发挥各自的优势，这对于降低建设工程合同风险、降低建筑工程造价、保证建筑工程质量及缩短工期，均有益处。

但是，为有效保护建筑工程发包单位的合法利益，制止违法建筑工程分包行为，建筑工程分包必须遵守一定的限制条件。《建筑法》对此做出了明确规定："建筑工程总承包单位可以将承包工程中的部分工程发包给具有相应资质条件的分包单位；但是，除总包合同中约定的分包外，必须经建设单位认可。施工总承包的，建筑工程主体结构的施工必须由总承包单位自行完成。"

在实行建筑工程总承包与建筑工程分包相结合的建筑工程承包模式中，存在总承包合同与分包合同两个不同的合同关系。总承包合同是建设单位与总承包单位之间订立的合同，总承包单位有义务就总承包合同的约定内容向建设单位承担全部责任，即使总承包单位根据总承包合同的约定或经建设单位认可，将总承包合同范围内的部分建筑工程内容分包给其他承包单位，总承包单位仍有义务对分包的建筑工程向建设单位负责。分包合同是总承包合同的承包单位（分包合同中的发包单位）与分包单位之间订立的合同，分包单位与建设单位（总承包合同的发包单位）之间并不存在直接的合同关系，分包单位仅就分包合同的约定内容向总承包单位负责，并不直接向建设单位承担合同责任。因此，《建筑法》明确规定："建筑工程总承包单位按照总承包合同的约定对建设单位负责；分包单位按照分包合同的约定对总承包单位负责。"

为有效保护建筑工程发包单位的合法利益，《建筑法》适当加重了分包单位的责任：

"总承包单位与分包单位就分包工程对建设单位承担连带责任。"也就是若分包工程出现问题，建设单位既可要求总承包单位承担责任，也可以直接要求分包单位承担责任。

《建筑法》对两种违法建筑工程分包行为做出了禁止性规定："禁止总承包单位将工程分包给不具有相应资质条件的单位。禁止分包单位将其承包的工程再分包。"

《建设工程质量管理条例》对建筑（建设）工程的违法分包行为进行了界定：①总承包单位将建设工程分包给不具备相应资质条件的单位的；②建设工程总承包合同中未有约定，又未经建设单位同意，承包单位将其承包的部分建设工程交由其他单位完成的；③施工总承包单位将建设工程主体结构的施工分包给其他单位的；④分包单位将其承包的建设工程再分包的。

2014 年 8 月住房和城乡建设部发布的《建筑工程施工转包违法分包等违法行为认定查处管理办法（试行）》规定，存在下列情形之一的，属于违法分包：①施工单位将工程分包给个人的；②施工单位将工程分包给不具备相应资质或安全生产许可单位的；③施工合同中没有约定，又未经建设单位认可，施工单位将其承包的部分工程交由其他单位施工的；④施工总承包单位将房屋建筑工程的主体结构的施工分包给其他单位的，钢结构工程除外；⑤专业分包单位将其承包的专业工程中非劳务作业部分再分包的；⑥劳务分包单位将其承包的劳务再分包的；⑦劳务分包单位除计取劳务作业费用外，还计取主要建筑材料款、周转材料和大中型施工机械设备费用的；⑧法律、法规规定的其他违法分包行为。

2）建筑工程转包。建筑工程转包是指建筑工程的承包单位与发包单位订立建设工程合同后，不履行合同约定的义务与责任，未获得发包单位的同意，以营利为目的，将与其承包范围、内容相一致的建筑工程倒手转让给其他承包单位（该承包单位成为实际承包该建筑工程的新承包单位），并且不对根据建设工程合同所承包的建筑工程承担技术、管理和经济责任的行为。

承包单位擅自将其承包的建筑工程转包，违反了合同法律制度的规定，破坏了合同关系应有的稳定性和严肃性。从合同法律关系上说，转包行为属于合同主体变更的行为，转包后，建筑工程承包合同的承包单位由原承包单位变更为接受转包的新承包单位，原承包单位名义上与建筑工程发包单位存在合同关系，但其实际上对合同的约定内容将不会再承担责任。根据合同法的基本原则，合同一经依法成立并生效后，即具有法律约束力，任何一方不得擅自变更合同，包括变更合同的内容和变更合同的主体。建筑工程承包合同的订立是承、发包双方的共同法律行为。承包单位将其承包的建筑工程转包给其他承包单位，属于擅自变更合同主体的行为，违背了发包单位的意志，损害了发包单位的合同利益，是法律所不允许的。《建筑法》对此做出了明确的禁止性规定："禁止承包单位将其承包的全部建筑工程转包给他人。"禁止建筑工程的承包单位将其承包的建筑工程转包，也是国际建设工程市场的通行惯例。

目前，国内建筑市场上存在承包单位利用法律允许建筑工程分包的规定，将其承包的全部工程分解为若干部分，再将各部分以分包的名义分别转包给其他承包单位，以从这种名为建筑工程分包实为建筑工程转包的行为中获利，而并不承担承包合同约定的义务与责任。对此，《建筑法》也做出了禁止性规定："禁止承包单位将其承包的全部工程肢解以后以分包的名义分别转包给他人。"

《建筑工程施工转包违法分包等违法行为认定查处管理办法（试行）》规定，存在下列情形之一的，属于转包：①施工单位将其承包的全部工程转给其他单位或个人施工的；②施工总承包企业或专业承包单位将其承包的全部工程肢解以后，以分包的名义分别转给其他单位或个人施工的；③施工总承包企业或专业承包单位未在施工现场设立项目管理机构或未派驻项目负责人、技术负责人、质量管理负责人、安全管理负责人等主要管理人员，不履行管理义务，未对该工程的施工活动进行组织管理的；④施工总承包单位或专业承包单位不履行管理义务，只向实际施工单位收取费用，主要建筑材料、构配件及工程设备的采购由其他单位或个人实施的；⑤劳务分包单位承包的范围是施工总承包企业或专业承包单位承包的全部工程，劳务分包单位计取的是除上缴给施工总承包单位或专业承包单位"管理费"之外的全部工程价款的；⑥施工总承包单位或专业承包单位通过采取合作、联营、个人承包等形式或名义，直接或变相地将其承包的全部工程转给其他单位或个人的；⑦法律、法规规定的其他转包行为。

5.3 建筑工程监理

5.3.1 建筑工程监理的概念

建筑工程监理是指由依法取得法定资质等级许可的工程监理单位，根据建设单位的委托，依照法律、行政法规及有关的技术标准、设计文件和建筑工程承包合同，对建筑工程承包单位在建筑工程的施工质量、建设工期和建设资金使用等方面，代表建设单位实施监督管理的技术性、专业性服务行为。

建筑工程监理制度在国外有较长的发展历史，西方发达国家已经形成了一套完整的建筑工程监理制度。我国从1988年开始推行建筑工程监理制度，《建筑法》颁布实施后，正式确立了我国建筑工程监理制度的法律地位。

5.3.2 建筑工程监理的适用范围

建筑工程监理是建筑工程的建设单位为保证建筑工程质量，控制建筑工程造价和工期，确保建筑生产安全，维护自身相关合法权益而实施的有效措施。对建筑工程是否实施监理，原则上应由建筑工程的建设单位自行决定。但是，对于使用国家财政资金或者其他公共建设资金建设的建筑工程以及大型公共建筑工程项目，为有效保证投资效益，维护国家利益和纳税人利益，保证公共利益和公众安全，有必要对其实施强制监理。

我国《建筑法》规定，国务院有权对实施强制监理的建筑工程的范围做出明确规定。对属于国务院规定实行强制监理制度的建筑工程，建设单位必须依法委托具有相应资质条件的工程监理单位实施监理。

根据《建设工程监理范围和规模标准规定》《国家重点建设项目管理办法》的相关规定，国务院规定的实施强制监理的建设工程项目的范围包括如下几类：

1. 国家重点建设工程

国家重点建设工程是指依据《国家重点建设项目管理办法》所确定的对国民经济和社会发展有重大影响的骨干项目。具体包括：基础设施、基础产业和支柱产业中的大型项目；高科技并能带动行业技术进步的项目；跨地区并对全国经济发展或者区域经济发展有重大影响的项目；对社会发展有重大影响的项目；其他骨干项目。

2. 大中型公用事业工程

大中型公用事业工程是指项目总投资额在 3000 万元以上的下列工程项目：供水、供电、供气、供热等市政工程项目，科技、教育、文化等项目；体育、旅游、商业等项目；卫生、社会福利等项目；其他公用事业项目。

3. 成片开发建设的住宅小区工程

成片开发建设的住宅小区工程，建筑面积在 5 万 m^2 以上的住宅建设工程必须实行监理；5 万 m^2 以下的住宅建设工程，可以实行监理，具体范围和规模标准，由省、自治区、直辖市人民政府建设行政主管部门规定。

4. 利用外国政府或者国际组织贷款、援助资金的工程

利用外国政府或者国际组织贷款、援助资金的工程具体包括使用世界银行、亚洲开发银行等国际组织贷款资金的项目；使用国外政府及其机构贷款资金的项目；使用国际组织或者国外政府援助资金的项目。

5. 国家规定必须实行监理的其他工程

国家规定必须实行监理的其他工程具体包括：

1）项目总投资额在 3000 万元以上，关系社会公共利益、公众安全的下列基础设施项目：煤炭、石油、化工、天然气、电力、新能源等项目，铁路、公路、管道、水运、民航以及其他交通运输业等项目，邮政、电信枢纽、通信、信息网络等项目，防洪、灌溉、排涝、引（供）水、滩涂治理、水资源保护、水土保持等水利建设项目，道路、桥梁、地铁和轻轨交通、污水排放及处理、垃圾处理、地下管道、公共停车场等城市基础设施项目，生态环境保护项目，其他基础设施项目。

2）学校、影剧院、体育场馆项目。

5.3.3 建设工程委托监理合同

建筑工程监理属于专业性很强的技术与管理服务，要求从事建筑工程监理的企业（单位）必须具备相应的条件、专业技术与管理服务水平、技术与管理服务能力和相关实践经验。因此，国家对从事建筑工程监理的企业（单位）实行资质等级许可制度，对从事建筑工程监理的专业（技术）人员个人实行注册执业许可制度。《建筑法》对此明确规定："实行监理的建筑工程，由建设单位委托具有相应资质条件的工程监理单位监理。"

建筑工程监理作为一种典型的、有偿的专业性技术与管理服务，需要建设单位在建筑市场上通过市场交易才能获得，建设工程委托监理合同成为有效完成这种交易的受国家法律保护的最基本形式和最普遍形式。因此，《建筑法》明确规定："建设单位与其委托的工程监理单位应当订立书面委托监理合同。"

《合同法》对建设工程委托监理合同的内容做出了原则性的基本规定。建设部、国家工商行政管理局联合颁布的《建设工程委托监理合同（示范文本）》对建设工程委托监理合同的内容做出了详细、具体的示范性规定。该示范文本主要内容包括词语定义、适用范围和法规，监理人义务，委托人义务，监理人权利，委托人权利，监理人责任，委托人责任，合同生效、变更与终止，监理报酬，其他，争议的解决共 11 个方面的条款，涉及建筑工程监理活动中合同当事人双方的相关权利、义务、责任及相关问题的合同管理程序等具体内容。

5.3.4　工程监理的地位、主要任务和实施依据

工程监理具有代表建设单位进行监督管理的地位。工程监理单位接受建设单位的委托，按照建设工程委托监理合同的约定和授予的权利、权限，对承包单位在建筑工程的施工质量、建设工期和建设资金使用、建筑工程安全生产等方面，代表建设单位实施监督，对建设单位负责。

工程监理的主要任务是对承包单位在建筑工程的施工质量、建设工期、建设资金使用以及建筑工程安全生产等方面实施监督管理。

工程监理的实施依据包括：

1）相关法律、行政法规。

2）与建筑工程有关的国家标准、行业标准以及设计图、工程说明书等设计文件。

3）建设单位与承包单位签订的建筑工程承包合同。

5.3.5　工程监理人员的基本权利

工程监理人员即注册监理工程师。工程监理人员在对建筑工程实施监理的过程中，应当严格按照法律、行政法规及有关的技术标准、设计文件、建筑工程承包合同及建设工程监理委托合同中授予建筑工程监理单位的权利、权限和建筑工程监理单位授予工程监理人员的权利、权限，对承包单位在建筑工程的施工质量、建设工期、建设资金使用和建筑工程安全生产等方面代表建设单位实施监督。为了保证工程监理人员能够独立、公正地对建筑工程实施有效监理，《建筑法》赋予工程监理人员在工程监理活动中的基本权利是"工程监理人员认为工程施工不符合工程设计要求、施工技术标准和合同约定的，有权要求建筑施工企业改正；工程监理人员发现工程设计不符合建筑工程质量标准或者合同约定的质量要求的，应当报告建设单位要求设计单位改正"。其中的"合同"是指建设单位与工程承包单位依法订立的建筑工程承包合同。

5.3.6　工程监理单位的基本职业准则

工程监理单位是为建筑工程的建设单位提供建筑工程监理服务的独立的社会中介性企业，应当按照其与建设单位订立的建设工程委托监理合同授予的权利、权限，代表建设单位对建筑工程承包单位进行的建筑工程施工进行监督管理。工程监理单位作为独立经营的社会中介性企业（相对于建设工程的建设单位和承包单位而言为第三方），应当具有一定的独立

性、自主性，在对建设单位负责的同时，还必须依照建筑法律、行政法规和依法制定的有关建筑工程质量、建筑工程安全的强制性国家标准和行业标准，对建筑工程承包单位进行的建筑工程施工进行监督管理。为此，《建筑法》对工程监理单位在建筑工程监理活动中应当遵循的基本执业准则做了规定，具体包括：

1）工程监理单位应当在其资质等级许可的监理范围内，承担工程监理业务。建筑工程监理属于专业性很强的技术与管理服务，要求从事建筑工程监理的企业（单位）必须具备相应的条件、专业技术与管理服务水平、技术与管理服务能力和相关实践经验。因此，国家对从事建筑工程监理的企业（单位）实行资质等级许可制度。根据《工程监理企业资质管理规定》和《工程监理企业资质标准》的有关规定，取得建筑工程监理资质等级许可的建筑工程监理企业根据其资质等级的不同，可以承担与其资质等级许可范围相应的建筑工程监理业务，不得超越其资质等级许可范围承担建筑工程监理业务。《工程监理企业资质管理规定》和《工程监理企业资质标准》对我国建筑工程监理企业的资质等级分级标准、划分结果及各资质等级的建筑工程监理企业被许可承担的建筑工程监理业务承包范围做出了明确规定。

2）工程监理单位应当依据建设单位的委托，客观、公正地执行监理任务。工程监理单位是为建筑工程的建设单位提供建筑工程监理服务的独立的社会中介性企业，工程监理单位及其工程监理人员在对工程实施监理的过程中，必须做到客观和公正。客观和公正是法律对工程监理单位进行的工程监理活动最基本的要求，是工程监理单位及其工程监理人员应当遵循的最基本的执业准则。

3）工程监理单位与被监理工程的承包单位以及建筑材料、建筑构配件和设备供应单位不得有隶属关系或者其他利害关系。隶属关系是指工程监理单位与被监理工程的承包单位或者建筑材料、建筑构配件和设备供应单位属于行政的上下级的关系；其他利害关系是指工程监理单位与被监理工程的承包单位或者建筑材料、建筑构配件和设备供应单位存在某种利益关系。工程监理单位及其工程监理人员在对工程实施监理的过程中如果存在上述关系，必然影响其客观、公正地执行监理任务。

4）工程监理单位不得转让工程监理业务。转让工程监理业务是指工程监理单位将其承揽的工程监理业务的全部或部分转让给其他单位的行为。建筑工程监理是由具有相应资质等级的工程监理企业通过与建设单位订立建设工程委托监理合同，接受建设单位的委托并在建设工程委托监理合同授予的权利、权限范围内，对建筑工程的施工实施的监督管理活动。建设工程委托监理合同一经订立，就具有法律约束力，任何一方不得擅自变更合同，更不得擅自变更合同的主体。工程监理单位将建设工程委托监理合同约定的工程监理业务转让他人，违背了建设单位的意志，损害了建设单位的利益，而且有可能因其将工程监理业务转让给不具备相适应资质条件的单位，从而不能按照建设单位的要求对建筑工程质量、建设工期和建设资金使用、建筑工程安全生产进行控制、监督与管理。

5.3.7 工程监理单位的民事赔偿责任

《建筑法》明确规定了工程监理单位履行建设工程委托监理合同约定的监理义务的过程

中，因存在严重违约行为或者违法行为而给建设单位造成损失时应承担的民事赔偿责任。

1）工程监理单位不按照建设工程委托监理合同的约定履行监理义务，对应当监督检查的项目不检查或不按规定检查，给建设单位造成损失的，工程监督单位应当承担相应的民事赔偿责任。工程监理单位不按照建设工程委托监理合同的约定履行监理义务，对应当监督检查的项目不检查或不按规定检查，属于严重的建设工程委托监理合同违约行为。根据《合同法》确立的违约责任承担原则，工程监理单位应当对上述违约行为给建设单位造成的损失（包括因建筑工程质量不合格给建设单位造成的损失、因建设工期延误给建设单位造成的损失、因多支付工程费用给建设单位造成的损失、因发生建筑生产安全事故给建设单位造成的损失等）承担相应的民事赔偿责任。

2）工程监理单位与承包单位串通，为承包单位谋取非法利益，给建设单位造成损失的，工程监理单位应与承包单位承担连带赔偿责任。工程监理单位与承包单位串通为承包单位谋取非法利益，属于违法行为。因这种违法行为给建设单位造成损失的（包括因建筑工程质量不合格给建设单位造成的损失、因建设工期延误给建设单位造成的损失、因多支付工程费用给建设单位造成的损失、因发生建筑生产安全事故给建设单位造成的损失等），实施这种违法行为的责任方工程监理单位和承包单位对由此给建设单位造成的全部损失均负有民事赔偿责任，建设单位可以向其中任何一方要求全部或部分赔偿；一方承担民事赔偿责任后仍不能完全弥补建设单位损失的，另一方应对建设单位的剩余部分损失承担连带民事赔偿责任。

5.4 建筑工程安全生产管理

5.4.1 建筑工程安全生产管理的概念

建筑工程安全生产管理是建设行政主管部门、监督管理机构、从事建筑活动的主体及有关单位为保证建筑生产安全，对建筑工程生产过程中的安全工作所进行的计划、组织、指挥、协调、控制和监督等一系列管理活动的总称，其旨在保护从事建筑活动的人员在建筑工程生产过程中的人身安全、财产安全与人身健康，保证建设单位的建筑工程财产不受损失，保证建筑工程产品生产任务的顺利完成。建筑工程安全生产管理包括：建设行政主管部门对于建筑活动过程中安全生产的全行业性建筑工程安全生产管理；从事建筑活动的主体（包括施工企业、工程勘察企业、工程设计企业和工程监理企业）为保证其从事相关专业建筑活动过程中的生产安全所进行的自我管理。

如前所述，建筑工程生产的特点与一般工业产品生产的特点相比较具有自身的特殊性，建筑工程生产过程所面临的不安全因素（包括人的不安全行为和物的不安全状态）远远超过其他行业产品的生产过程，导致建筑工程生产过程中安全事故频发，对人民健康及生命、财产安全造成无法弥补的损失，严重损害社会公共利益。因此，为有效保证建筑生产安全，我国目前已经建立了以《建筑法》为核心，并由《安全生产法》《安全生产许可证条例》《建设工程安全生产管理条例》《建筑施工企业安全生产许可证管理规定》等相关法律、法规、部门规章、相关标准与规范以及相关规范性文件确立的制度、程序、规则等组成的较为完整的建筑工程安全生产管理法律制度体系。其中,《建筑法》对建筑工程安全生产管理涉及的重要问题做出了明确规定。

5.4.2 建筑工程安全生产管理的基本方针和基本制度

1. 建筑工程安全生产管理的基本方针

在建筑工程生产过程中,建筑工程安全生产管理必须坚持安全第一、预防为主的方针。具体必须做到:

1) 从事建筑活动的单位的各级管理人员和全体员工,尤其是单位负责人,一定要牢固树立安全第一的意识,正确处理安全生产与建筑工程进度、质量、成本、效益等方面的关系,将生产安全放在首位。

2) 加强建筑工程安全生产工作的组织领导和计划性,在建筑活动中加强对安全生产的统筹规划和各方面的通力协作。

3) 建立健全安全生产的责任制度和群防群治制度。

4) 对有关管理人员及员工进行安全生产教育培训,未经安全生产教育培训的,不得从事安全管理工作或者上岗作业。

5) 建筑施工企业必须为员工发放保障建筑工程生产安全的劳动保护用品。

6) 使用的设备、器材、仪器和建筑材料必须符合保证建筑工程生产安全的国家标准和行业标准。

2. 建筑工程安全生产管理的基本制度

(1) 安全生产责任制度

安全生产责任制度是指企业将各项保障生产安全的责任具体落实到各有关管理人员和不同岗位人员个人的制度,是由企业内部各不同层次的安全生产责任制度所构成的保障建筑工程生产安全的责任体系。主要包括:

1) 建筑施工企业主要负责人的安全生产责任制。

建筑施工企业的法定代表人应对本企业的安全生产负全面责任。根据《建筑法》和《安全生产法》的相关规定,建筑施工企业主要负责人的安全生产责任包括:

① 建立、健全本单位安全生产责任制。

② 组织制定本单位安全生产规章制度和操作规程。

③ 保证本单位安全生产投入的有效实施。

④ 检查本单位的安全生产工作,及时消除生产安全事故隐患。

⑤ 制定并实施本单位的生产安全事故应急救援预案。

⑥ 及时、如实报告生产安全事故。

建筑施工企业应当具备的安全生产条件所必需的资金投入,由建筑施工企业的决策机构、主要负责人或者个人经营的投资人予以保证,并对由于安全生产所必需的资金投入不足导致的后果承担责任。

2) 建筑施工企业各职能机构的负责人及其工作人员的安全生产责任制。

建筑施工企业中的生产、技术、材料供应、设备管理、财务、教育培训、劳资、卫生和安全生产管理等各职能机构和其工作人员及建筑施工企业专职的安全生产管理人员，都应在各自业务范围内对建筑工程安全生产负责。

3）具体岗位人员的安全生产责任制。

具体岗位人员必须在其岗位职责范围内对建筑工程安全生产负责。从事特种作业的人员必须按照国家有关规定经过专门的安全作业培训，考试合格并取得特种作业操作资格证书后，方可上岗作业。

（2）群防群治制度

群防群治制度是指由全体员工群众共同参与的预防生产安全事故的发生、治理各种生产安全事故隐患的制度，是企业民主管理的重要内容。建筑工程安全生产管理的群防群治制度主要包括以下内容及相关要求：

1）建筑施工企业制定的有关安全生产管理的重要制度和制度的有关重大技术组织措施计划应提交职工代表大会讨论，在充分听取职工代表大会意见的基础上做出决策，发挥全体员工群众在建筑工程安全生产方面的民主管理作用。

2）将专业性的建筑工程安全生产管理同全体员工群众参与的全员性建筑工程安全生产管理结合起来。

3）有效发挥工会在建筑工程安全生产管理中的作用，利用工会发动全体员工群众，教育全体员工群众，动员全体员工群众的力量预防建筑生产安全事故的发生。

4）加强对新员工的建筑工程安全生产教育。

5）发动全体员工群众开展技术革新、技术改造，采用有利于保证建筑工程安全生产的新技术、新工艺，积极改善劳动和作业条件，努力将不安全的、有害健康的作业变为无害作业。

6）组织开展遵守建筑工程安全生产管理制度和预防建筑生产安全事故的群众性监督检查，员工对于违反有关建筑安全生产的法律、法规和建筑行业安全规范、规章、规程的行为有权提出批评、检举和控告。

3. 建筑工程安全生产管理的主要相关制度

（1）建筑工程安全生产教育培训制度

建筑工程安全生产教育培训工作是建筑施工企业实现安全生产的一项基础性工作。安全生产教育培训制度是建筑工程安全管理的一项重要内容，是保证建筑工程生产安全的重要手段。通过建筑工程安全生产教育培训，企业各级管理人员能够严格贯彻执行安全操作规程，有效掌握岗位的安全操作技能，为确保建筑生产安全创造条件。建筑施工企业对企业各级管理人员和全体员工进行建筑工程安全生产教育培训的主要内容包括：

1）有关建筑工程安全生产的法律、法规的教育培训。

2）有关安全科学技术知识的教育培训。

3）岗位安全操作技能培训。

（2）建筑工程安全生产检查制度

建筑工程安全生产检查制度是上级管理部门或建筑施工企业自身对其安全生产状况进行

定期或不定期检查的制度。通过检查发现安全问题和安全隐患，从而采取有效措施，堵塞安全漏洞，将建筑工程生产安全事故消灭在发生之前，做到防患于未然。

(3) 建筑工程生产安全事故报告制度

根据《安全生产法》和《建筑法》的规定，建筑施工企业发生建筑生产安全事故后，事故现场有关人员应当立即报告本单位负责人。单位负责人接到事故报告后，应当迅速采取有效措施，组织抢救，防止事故扩大，减少人员伤亡和财产损失，并按照国家有关规定立即如实报告当地负有安全生产监督管理职责的部门，不得隐瞒不报、谎报或者拖延不报，不得故意破坏事故现场、毁灭有关证据。有关地方人民政府和负有安全生产监督管理职责的部门的负责人接到重大建筑工程生产安全事故报告后，应当立即赶到事故现场，组织事故抢救。

《建设工程安全生产管理条例》具体规定："施工单位发生生产安全事故，应当按照国家有关伤亡事故报告和调查处理的规定，及时、如实地向负责安全生产监督管理的部门、建设行政主管部门或者其他有关部门报告；特种设备发生事故的，还应当同时向特种设备安全监督管理部门报告。接到报告的部门应当按照国家有关规定，如实上报。实行施工总承包的建设工程，由总承包单位负责上报事故。"

国务院颁布的《生产安全事故报告和调查处理条例》对生产安全事故报告的程序、内容及相关事宜做出了明确具体的规定，有关建筑工程生产安全事故的报告应遵照其具体规定执行。

(4) 建筑工程安全法律责任追究制度

建设单位、勘察设计单位（企业）、施工单位（企业）、工程监理单位（企业），由于没有履行相应的建筑工程安全生产管理职责造成人员伤亡和财产损失事故的，视具体情节给予相应处罚；情节严重的，责令停业整顿、降低资质等级或吊销资质证书；构成犯罪的，依法追究刑事责任。

5.4.3 从事建筑活动的主要主体的建筑工程安全生产责任

1. 勘察、设计单位（企业）**的建筑工程安全生产责任**

根据《建设工程安全生产管理条例》的规定，建筑工程勘察、设计单位（企业）负有以下建筑工程安全生产责任：

1）勘察单位应当按照法律、法规和工程建设强制性标准进行勘察，提供的勘察文件应当真实、准确，满足建筑工程安全生产的需要。

2）勘察单位在勘察作业时，应当严格执行操作规程，采取措施保证各类管线、设施和周边建筑物、构筑物的安全。

3）设计单位应当按照法律、法规和工程建设强制性标准进行设计，防止因设计不合理导致生产安全事故的发生。

4）设计单位应当考虑施工安全操作和防护的需要，对涉及施工安全的重点部位和环节在设计文件中注明，并对防范生产安全事故提出指导意见。

5）采用新结构、新材料、新工艺的建设工程和特殊结构的建设工程，设计单位应当在设计中提出保障施工作业人员安全和预防生产安全事故的措施建议。

6）设计单位和注册建筑师等注册执业人员应当对其设计负责。

2. 工程监理单位（企业）的建筑工程安全生产责任

根据《建设工程安全生产管理条例》的规定，工程监理单位（企业）负有下列建筑工程安全生产责任：

1）工程监理单位应当审查施工组织设计中的安全技术措施或者专项施工方案是否符合工程建设强制性标准。

2）工程监理单位在实施监理过程中，发现存在安全事故隐患的，应当要求施工单位整改；情况严重的，应当要求施工单位暂时停止施工，并及时报告建设单位。施工单位拒不整改或者不停止施工的，工程监理单位应当及时向有关主管部门报告。

3）工程监理单位和监理工程师应当按照法律、法规和工程建设强制性标准实施监理，并对建设工程安全生产承担监理责任。

3. 施工单位（企业）的建筑工程安全生产责任

根据《建设工程安全生产管理条例》的规定，施工单位（企业）负有以下建筑工程安全生产责任：

1）施工单位从事建设工程的新建、扩建、改建和拆除等活动，应当具备国家规定的注册资本、专业技术人员、技术装备和安全生产等条件，依法取得相应等级的资质证书，并在其资质等级许可的范围内承揽工程。

2）施工单位主要负责人依法对本单位的安全生产工作全面负责。施工单位应当建立健全安全生产责任制度和安全生产教育培训制度，制定安全生产规章制度和操作规程，保证本单位安全生产条件所需资金的投入，对所承担的建设工程进行定期和专项安全检查，并做好安全检查记录。

3）施工单位的项目负责人应当由取得相应职业资格的人员担任，对建设工程项目的安全施工负责，落实安全生产责任制度、安全生产规章制度和操作规程，确保安全生产费用的有效使用，并根据工程的特点组织制定安全施工措施，消除安全事故隐患，及时、如实报告生产安全事故。

4）施工单位对列入建设工程概算的安全作业环境及安全施工措施所需费用，应当用于施工安全防护用具及设施的采购和更新、安全施工措施的落实、安全生产条件的改善，不得挪作他用。

5）施工单位应当设立安全生产管理机构，配备专职安全生产管理人员。

6）专职安全生产管理人员负责对安全生产进行现场监督检查。发现安全事故隐患，应当及时向项目负责人和安全生产管理机构报告；对违章指挥、违章操作的，应当立即制止。

7）建设工程实行施工总承包的，由总承包单位对施工现场的安全生产负总责。

8）总承包单位应当自行完成建设工程主体结构的施工。

9）总承包单位依法将建设工程分包给其他单位的，分包合同中应当明确各自的安全生产方面的权利、义务。总承包单位和分包单位对分包工程的安全生产承担连带责任。

10）分包单位应当服从总承包单位的安全生产管理，分包单位不服从管理导致生产安全事故的，由分包单位承担主要责任。

11）垂直运输机械作业人员、安装拆卸工、爆破作业人员、起重信号工、登高架设作业人员等特种作业人员，必须按照国家有关规定经过专门的安全作业培训，并取得特种作业操作资格证书后，方可上岗作业。

12）施工单位应当在施工组织设计中编制安全技术措施和施工现场临时用电方案，对下列达到一定规模的危险性较大的分部分项工程编制专项施工方案，并附具安全验算结果，经施工单位技术负责人、总监理工程师签字后实施，由专职安全生产管理人员进行现场监督：①基坑支护与降水工程；②土方开挖工程；③模板工程；④起重吊装工程；⑤脚手架工程；⑥拆除、爆破工程；⑦国务院建设行政主管部门或者其他有关部门规定的其他危险性较大的工程。上述工程中涉及深基坑、地下暗挖工程、高大模板工程的专项施工方案，施工单位还应当组织专家进行论证、审查。

13）建设工程施工前，施工单位负责项目管理的技术人员应当对有关安全施工的技术要求向施工作业班组、作业人员做出详细说明，并由双方签字确认。

14）施工单位应当在施工现场入口处、施工起重机械、临时用电设施、脚手架、出入通道口、楼梯口、电梯井口、孔洞口、桥梁口、隧道口、基坑边沿、爆破物及有害危险气体和液体存放处等危险部位，设置明显的安全警示标志。安全警示必须符合国家标准。

15）施工单位应当根据不同施工阶段和周围环境及季节、气候的变化，在施工现场采取相应的安全施工措施。施工现场暂时停止施工的，施工单位应当做好现场防护，所需费用由责任方承担，或者按照合同约定执行。

16）施工单位应当将施工现场的办公、生活区与作业区分开设置，并保持安全距离；办公、生活区的选址应当符合安全性要求。职工的膳食、饮水、休息场所等应当符合卫生标准。施工单位不得在尚未竣工的建筑物内设置员工集体宿舍。

17）施工现场临时搭建的建筑物应当符合安全使用要求。施工现场使用的装配式活动房屋应当具有产品合格证。

18）施工单位对因建设工程施工可能造成损害的毗邻建筑物、构筑物和地下管线等，应当采取专项防护措施。

19）施工单位应当遵守有关环境保护法律、法规的规定，在施工现场采取措施，防止或者减少粉尘、废气、废水、固体废物、噪声、振动和施工照明对人和环境的危害和污染。

20）在城市市区内的建设工程，施工单位应当对施工现场实行封闭围挡。

21）施工单位应当在施工现场建立消防安全责任制度，确定消防安全责任人，制定用火、用电、使用易燃易爆材料等各项消防安全管理制度和操作规程，设置消防通道、消防水源，配备消防设施和灭火器材，并在施工现场入口处设置明显标志。

22）施工单位应当向作业人员提供安全防护用具和安全防护服装，并书面告知危险岗位的操作流程和违章操作的危害。

23）作业人员有权对施工现场的作业条件、作业程序和作业方式中存在的安全问题提出批评、检举和控告，有权拒绝违章指挥和强令冒险作业。

24）在施工中发生危及人身安全的紧急情况时，作业人员有权立即停止作业或者在采取必要的应急措施后撤离危险区域。

25）作业人员应当遵守安全施工的强制性标准、规章制度和操作规程，正确使用安全防护用具、机械设备等。

26）施工单位采购、租赁的安全防护用具、机械设备、施工机具及配件，应当具有生产（制造）许可证、产品合格证，并在进入施工现场前进行查验。

27）施工现场的安全防护用具、机械设备、施工机具及配件必须由专人管理，定期进行检查、维修和保养，建立相应的资料档案，并按照国家有关规定及时报废。

28）施工单位在使用施工起重机械和整体提升脚手架、模板等自升式架设设施前，应当组织有关单位进行验收，也可以委托具有相应资质的检验检测机构进行验收；使用承租的机械设备和施工机具及配件的，应由施工总承包单位、分包单位、出租单位和安装单位共同进行验收，验收合格的方可使用。

29）《特种设备安全监察条例》规定的施工起重机械，在验收前应当经有相应资质的检验检测机构监督检验合格。

30）施工单位应当自施工起重机械和整体提升脚手架、模板等自升式架设设施验收合格之日起30日内，向建设行政主管部门或者其他有关部门登记。登记标志应当置于或者附着于该设备的显著位置。

31）施工单位的主要负责人、项目负责人、专职安全生产管理人员应当经建设行政主管部门或者其他有关部门考核合格后方可任职。

32）施工单位应当对管理人员和作业人员每年至少进行一次安全生产教育培训，其教育培训情况记入个人工作档案。安全生产教育培训考核不合格的人员不得上岗。

33）作业人员进入新的岗位或者新的施工现场前，应当接受安全生产教育培训。未经教育培训或者教育培训考核不合格的人员，不得上岗作业。

34）施工单位在采用新技术、新工艺、新设备、新材料时，应当对作业人员进行相应的安全生产教育培训。

35）施工单位应当为施工现场从事危险作业的人员办理意外伤害保险。

36）意外伤害保险费由施工单位支付。实行施工总承包的，由总承包单位支付意外伤害保险费。意外伤害保险期限自建设工程开工之日起至竣工验收合格止。

4. 建设单位的建筑工程安全生产责任

根据《建设工程安全生产管理条例》的规定，建设单位负有以下建筑工程安全生产责任：

1）建设单位应当向施工单位提供现场及毗邻区域内供水、排水、供电、供气、通信、广播电视等地下管线资料，气象和水文观测资料，相邻建筑物和构筑物、地下工程的有关资料，并保证资料的真实、准确、完整。

2）建设单位因建设工程需要，向有关部门或者单位查询相关规定的资料时，有关部门或者单位应当及时提供。

3）建设单位不得对勘察、设计、施工、工程监理等单位提出不符合建设工程安全生产法律、法规和强制性标准规定的要求，不得压缩合同约定的工期。

4）建设单位在编制工程概算时，应当确定建设工程安全作业环境及安全施工措施所需费用。

5）建设单位不得明示或者暗示施工单位购买、租赁、使用不符合安全施工要求的安全防护用具、机械设备、施工机具及配件、消防设施和器材。

6）建设单位在申请领取施工许可证时，应当提供建设工程有关安全施工措施的资料。

7）依法批准开工报告的建设工程，建设单位应当自开工报告批准之日起15日内，将保证安全施工的措施报送建设工程所在地的县级以上地方人民政府建设行政主管部门或者其他有关部门备案。

8）建设单位应当将拆除工程发包给具有相应资质等级的施工单位。

9）建设单位应当在拆除工程开始施工15日前，将下列资料报送建设工程所在地的县级以上地方人民政府建设行政主管部门或者其他有关部门备案：①施工单位资质等级证明；②拟拆除建筑物、构筑物及可能危及毗邻建筑的说明；③拆除施工组织方案；④堆放、清除废弃物的措施。

10）实施爆破作业的，应当遵守国家有关民用爆炸物品管理的规定。

《建筑法》对涉及建设单位建筑工程安全生产责任的事项设立了审批制度，有下列情形之一的，建设单位应当按照国家有关规定办理申请批准手续：①需要临时占用规划批准范围以外场地的；②可能损坏道路、管线、电力、邮电通信等公共设施的；③需要临时停水、停电、中断道路交通的；④需要进行爆破作业的；⑤法律、法规规定需要办理报批手续的其他情形。

5.4.4 从事建筑活动的其他相关主体的建筑工程安全生产责任

根据《建设工程安全生产管理条例》的规定，为建设工程提供机械设备和配件的单位（建筑工程机械设备租赁企业）负有下列建筑工程安全生产责任：

1）为建设工程提供机械设备和配件的单位，应当按照安全施工的要求配备齐全有效的保险、限位等安全设施和装置。

2）出租的机械设备和施工机具及配件，应当具有生产（制造）许可证、产品合格证。

3）出租单位应当对出租的机械设备和施工机具及配件的安全性能进行检测，在签订租赁协议时，应当出具检测合格证明。

4）禁止出租检测不合格的机械设备和施工机具及配件。

5）在施工现场安装、拆卸施工起重机械和整体提升脚手架、模板等自升式架设设施，必须由具有相应资质的单位承担。

6）安装、拆卸施工起重机械和整体提升脚手架、模板等自升式架设设施，应当编制拆装方案、制定安全施工措施，并由专业技术人员现场监督。

7）施工起重机械和整体提升脚手架、模板等自升式架设设施安装完毕后，安装单位应当自检，出具自检合格证明，并向施工单位进行安全使用说明，办理验收手续并签字。

8）施工起重机械和整体提升脚手架、模板等自升式架设设施的使用达到国家规定的检验检测期限的，必须经具有专业资质的检验检测机构检测。经检测不合格的，不得继续使用。

9）检验检测机构对检测合格的施工起重机械和整体提升脚手架、模板等自升式架设设施，应当出具安全合格证明文件，并对检测结果负责。

5.4.5 建筑施工企业安全生产许可制度

目前，我国对建筑施工企业实行安全生产许可制度。建筑施工企业安全生产许可制度既是我国建设工程行政许可法律制度体系的组成部分，也是建筑工程安全生产管理法律制度体系的组成部分。建筑施工企业安全生产许可制度的具体内容见第6章建设工程行政许可法律制度。

5.5 建筑工程质量管理

5.5.1 建筑工程质量的概念

建筑工程质量是指建筑工程满足建设单位需要的，符合国家法律、法规、技术规范标准、设计文件及合同规定的特性综合。这一概念强调的是建筑工程的实体质量。广义的建筑工程质量不仅包括建筑工程的实体质量，还包括形成建筑工程实体的工作质量。工作质量是指工程建设的参与者，为了保证建筑工程实体所从事工作的水平和完善程度，包括社会工作质量，如社会调查、市场预测、质量回访和保修服务等；生产过程工作质量，如管理工作质量、技术工作质量和后勤工作质量等。工作质量直接决定了产品实体质量，建筑工程实体质量的好坏是工程项目决策及勘察、设计、施工等单位各方面、各环节工作质量的综合反映。

建筑工程质量是建筑工程最重要的内在属性。建筑工程若发生质量问题，通常难以修复甚至不能修复、弥补，并有可能造成巨大的经济利益损失、人身伤亡、财产损失，对社会公共利益、环境、生态、资源（特别是土地资源）、经济与社会可持续发展等方面具有广泛、深入、难以逆转甚至不可逆转的重大影响作用。因此，涉及建筑工程质量管理的法律制度成为目前建筑法律制度体系的核心内容之一。

我国目前已经建立了以《建筑法》为核心，并由《建设工程质量管理条例》《房屋建筑和市政基础设施工程质量监督管理规定》《房屋建筑工程质量保修办法》《建设工程质量检测管理办法》《建设工程勘察质量管理办法》等相关法律、法规、部门规章、相关标准与规范、相关规范性文件的确定的制度、程序、规则等组成的较为完整的建筑工程质量管理法律制度体系。其中，《建筑法》对建筑工程质量管理涉及的主要问题做出了明确规定。

5.5.2 建筑工程质量管理的基本原则

《建筑法》确立了建筑工程质量管理的基本原则：建筑工程勘察、设计、施工的质量必须符合国家有关建筑工程安全标准的要求。

在建筑工程的各项质量属性中，能够保证建筑工程安全的质量属性无疑是最重要的质量属性。建筑工程的质量如果不符合保证建筑工程安全的要求，将会留下严重的质量隐患，危及建筑工程使用安全。确保建筑工程的质量符合建筑工程使用安全的要求，是从事勘察、设计、施工等专业建筑活动必须始终遵循的最重要的基本原则，也是建筑工程质量管理中最重要的内容。因此，《建筑法》对此做出了强制性规定。

5.5.3　建筑企业质量体系认证制度

《建筑法》规定："国家对从事建筑活动的单位推行质量体系认证制度。"

质量体系是指组织为实施质量管理、保证其产品质量的组织结构、程序、过程和资源所构成的有机整体。质量体系又称质量管理体系，是在产品质量方面指挥和控制组织的管理体系。它是组织的管理体系的一部分，致力于实现与组织的质量目标有关的结果。

质量体系认证是指依据国际通用的质量管理和质量保证系列标准，经过国家认可的质量体系认证机构对组织的质量体系进行审核，对于符合规定条件和要求的，通过颁发组织质量体系认证的形式，证明组织的质量保证能力符合相应要求的活动。质量体系认证的对象是组织，通常是企业。企业质量体系认证的目的是使企业向用户提供可靠的质量信誉和质量担保。在合同环境下，质量体系认证是为了满足需求方质量保证的要求；在非合同环境下，质量体系认证是为了增强企业的市场竞争能力，提高质量管理素质，落实质量方针，实现质量目标。

建筑工程是一种特殊的产品，对从事建筑活动的单位推行质量体系认证制度，对保证并提高建筑工程的质量具有重要意义。

5.5.4　从事建筑活动的主要主体的建筑工程质量义务和责任

1. 建设单位的建筑工程质量义务和责任

《建筑法》规定了建设单位的建筑工程质量基本义务和责任："建设单位不得以任何理由，要求建筑设计单位或者建筑施工企业在工程设计或者施工作业中，违反法律、行政法规和建筑工程质量、安全标准，降低工程质量。"该法还规定，建筑设计单位和建筑施工企业对建设单位违反规定提出的降低工程质量的要求，应当予以拒绝。

《建设工程质量管理条例》明确规定了建设单位的建筑工程质量具体义务和责任：

1）建设单位应当将工程发包给具有相应资质等级的单位。

2）建设单位不得将建设工程肢解发包。

3）建设单位应当依法对工程建设项目的勘察、设计、施工、监理以及与工程建设有关的重要设备、材料等的采购进行招标。

4）建设单位必须向有关的勘察、设计、施工、工程监理等单位提供与建设工程有关的原始资料。原始资料必须真实、准确、齐全。

5）建设工程发包单位不得迫使承包方以低于成本的价格竞标，不得任意压缩合理工期。

6）建设单位不得明示或者暗示设计单位或者施工单位违反工程建设强制性标准，降低建设工程质量。

7）建设单位应当将施工图设计文件报县级以上人民政府建设行政主管部门或者其他有关部门审查。施工图设计文件审查的具体办法，由国务院建设行政主管部门会同国务院其他有关部门制定。施工图设计文件未经审查批准的，不得使用。

8）实行监理的建设工程，建设单位应当委托具有相应资质等级的工程监理单位进行监理，也可以委托具有工程监理相应资质等级并与被监理工程的施工承包单位没有隶属关系或者其他利害关系的该工程的设计单位进行监理。

9）建设单位在领取施工许可证或者开工报告前，应当按照国家有关规定办理工程质量监督手续。

10）按照合同约定，由建设单位采购建筑材料、建筑构配件和设备的，建设单位应当保证建筑材料、建筑构配件和设备符合设计文件和合同要求。建设单位不得明示或者暗示施工单位使用不合格的建筑材料、建筑构配件和设备。

11）涉及建筑主体和承重结构变动的装修工程，建设单位应当在施工前委托原设计单位或者具有相应资质等级的设计单位提出设计方案；没有设计方案的，不得施工。房屋建筑使用者在装修过程中，不得擅自变动房屋建筑主体和承重结构。

12）建设单位收到建设工程竣工报告后，应当组织设计、施工、工程监理等有关单位进行竣工验收。建设工程竣工验收应当具备下列条件：①完成建设工程设计和合同约定的各项内容；②有完整的技术档案和施工管理资料；③有工程使用的主要建筑材料、建筑构配件和设备的进场试验报告；④有勘察、设计、施工、工程监理等单位分别签署的质量合格文件；⑤有施工单位签署的工程保修书。

建设工程经验收合格的，方可交付使用。

13）建设单位应当严格按照国家有关档案管理的规定，及时收集、整理建设项目各环节的文件资料，建立健全建设项目档案，并在建设工程竣工验收后，及时向建设行政主管部门或者其他有关部门移交建设项目档案。

2. 勘察、设计单位（企业）的建筑工程质量义务和责任

《建筑法》规定了建筑工程勘察、设计单位（企业）的建筑工程质量基本义务和责任："建筑工程的勘察、设计单位必须对其勘察、设计的质量负责。勘察、设计文件应当符合有关法律、行政法规的规定和建筑工程质量、安全标准、建筑工程勘察、设计技术规范以及合同的约定。设计文件选用的建筑材料、建筑构配件和设备，应当注明其规格、型号、性能等技术指标，其质量要求必须符合国家规定的标准。"

《建设工程质量管理条例》明确规定了勘察、设计单位（企业）的建筑工程质量具体义务和责任：

1）从事建设工程勘察、设计的单位应当依法取得相应等级的资质证书，并在其资质等级许可的范围内承揽工程。

2）禁止勘察、设计单位超越其资质等级许可的范围或者以其他勘察、设计单位的名义承揽工程。禁止勘察、设计单位允许其他单位或者个人以本单位的名义承揽工程。

3）勘察、设计单位不得转包或者违法分包所承揽的工程。

4）勘察、设计单位必须按照工程建设强制性标准进行勘察、设计，并对其勘察、设计的质量负责。

5）注册建筑师、注册结构工程师等注册执业人员应当在设计文件上签字，对设计文件负责。

6）勘察单位提供的地质、测量、水文等勘察成果必须真实、准确。

7）设计单位应当根据勘察成果文件进行建设工程设计。

8）设计文件应当符合国家规定的设计深度要求，注明工程合理使用年限。

9）设计单位在设计文件中选用的建筑材料、建筑构配件和设备，应当注明规格、型号、性能等技术指标，其质量要求必须符合国家规定的标准。

10）除有特殊要求的建筑材料、专用设备、工艺生产线等外，设计单位不得指定生产厂、供应商。

11）设计单位应当就审查合格的施工图设计文件向施工单位做出详细说明。

12）设计单位应当参与建设工程质量事故分析，并对因设计造成的质量事故，提出相应的技术处理方案。

3. 施工单位（企业）的建筑工程质量义务和责任

《建筑法》规定了建筑工程施工单位（企业）的建筑工程质量基本义务和责任，建筑施工企业对工程的施工质量负责。建筑施工企业必须按照工程设计图和施工技术标准施工，不得偷工减料。工程设计的修改由原设计单位负责，建筑施工企业不得擅自修改工程设计。建筑施工企业必须按照工程设计要求、施工技术标准和合同的约定，对建筑材料、建筑构配件和设备进行检验，不合格的不得使用。

《建设工程质量管理条例》明确规定了建筑工程施工单位（企业）的建筑工程质量具体义务和责任：

1）施工单位应当依法取得相应等级的资质证书，并在其资质等级许可的范围内承揽工程。

2）禁止施工单位超越本单位资质等级许可的业务范围或者以其他施工单位的名义承揽工程。禁止施工单位允许其他单位或者个人以本单位的名义承揽工程。

3）施工单位不得转包或者违法分包工程。

4）施工单位对建设工程的施工质量负责。

5）施工单位应当建立质量责任制，确定工程项目的项目经理、技术负责人和施工管理负责人。

6）建设工程实行总承包的，总承包单位应当对全部建设工程质量负责；建设工程勘察、设计、施工、设备采购的一项或者多项实行总承包的，总承包单位应当对其承包的建设工程或者采购的设备的质量负责。

7）总承包单位依法将建设工程分包给其他单位的，分包单位应当按照分包合同的约定对其分包工程的质量向总承包单位负责，总承包单位与分包单位对分包工程的质量承担连带责任。

8）施工单位必须按照工程设计图和施工技术标准施工，不得擅自修改工程设计，不得偷工减料。

9）施工单位在施工过程中发现设计文件和工程设计图有差错的，应当及时提出意见和建议。

10）施工单位必须按照工程设计要求、施工技术标准和合同约定，对建筑材料、建筑构配件、设备和商品混凝土进行检验，检验应当有书面记录和专人签字；未经检验或者检验不合格的，不得使用。

11）施工单位必须建立健全施工质量的检验制度，严格工序管理，做好隐蔽工程的质量检查和记录。隐蔽工程在隐蔽前，施工单位应当通知建设单位和建设工程质量监督机构。

12）施工人员对涉及结构安全的试块、试件以及有关材料，应当在建设单位或者工程监理单位监督下现场取样，并送具有相应资质等级的质量检测单位进行检测。

13）施工单位对施工中出现质量问题的建设工程或者竣工验收不合格的建设工程，应当负责返修。

14）施工单位应当建立健全教育培训制度，加强对职工的教育培训；未经教育培训或者考核不合格的人员，不得上岗作业。

4. 工程监理单位（企业）的建筑工程质量义务和责任

《建设工程质量管理条例》明确规定了工程监理单位（企业）的建筑工程质量具体义务和责任：

1）工程监理单位应当依法取得相应等级的资质证书，并在其资质等级许可的范围内承担工程监理业务。

2）禁止工程监理单位超越本单位资质等级许可的范围或者以其他工程监理单位的名义承担工程监理业务。禁止工程监理单位允许其他单位或者个人以本单位的名义承担工程监理业务。

3）工程监理单位不得转让工程监理业务。

4）工程监理单位与被监理工程的施工承包单位以及建筑材料、建筑构配件和设备供应单位有隶属关系或者其他利害关系的，不得承担该项建设工程的监理业务。

5）工程监理单位应当依照法律、法规以及有关技术标准、设计文件和建设工程承包合同，代表建设单位对施工质量实施监理，并对施工质量承担监理责任。

6）工程监理单位应当选派具备相应资格的总监理工程师和监理工程师进驻施工现场。

7）未经监理工程师签字，建筑材料、建筑构配件和设备不得在工程上使用或者安装，施工单位不得进行下一道工序的施工。未经总监理工程师签字，建设单位不拨付工程款，不进行竣工验收。

8）监理工程师应当按照工程监理规范的要求，采取旁站、巡视和平行检验等形式，对建设工程实施监理。

5.5.5 建筑工程竣工验收制度

1. 建筑工程竣工验收的概念

建筑工程竣工验收是指在建筑工程已按照设计要求完成全部施工任务，准备交付给建设单位投入使用时，由建设单位或者有关主管部门依照国家关于建筑工程竣工验收制度的规定，对该项工程是否合乎设计要求和工程质量标准所进行的检查、考核工作。

2. 建筑工程竣工验收应具备的条件

交付竣工验收的建筑工程，必须具备以下条件：

（1）必须符合规定的建筑工程质量标准

规定的建筑工程质量标准包括：依照法律、行政法规的有关规定制定的保证建筑工程质量和安全的强制性国家标准和行业标准，建设工程施工合同约定的对该项建筑工程特殊的质量要求，以及为体现法律、行政法规规定的质量标准和建设工程施工合同约定的质量要求而在工程设计文件中提出的有关工程质量的具体指标和技术要求。

（2）有完整的工程技术经济资料

工程技术经济资料一般应包括建设工程施工合同、建筑工程用地的批准文件，工程的设计图及其他有关设计文件，工程所用主要建筑材料、建筑构配件和设备的出场检验合格证明和进场检验报告，申请竣工验收的报告书及有关工程建设的技术档案等。

（3）有经过签署的建筑工程质量保修书

工程竣工交付使用后，建筑施工企业应对其施工的建筑工程质量在一定期限内承担保修责任，以维护使用者的合法权益。为此，建筑施工企业应当按规定提供建筑工程质量保修证书，作为其向建筑工程的建设单位和用户承诺承担质量保修责任的书面凭证。

（4）具备国家规定的其他竣工条件

国务院建设主管部门和其他行业主管部门，对各类房屋建筑工程和其他专业建筑工程交付竣工验收还必须具备的具体条件做出了明确规定。因此，各类房屋建筑工程和其他专业建筑工程还必须在具备上述条件的前提下同时具备这些具体条件，方可交付竣工验收。

建筑工程必须经竣工验收合格后，方可交付使用；没有经过竣工验收或者经过竣工验收确定为不合格的建筑工程，不得交付使用。

5.5.6　建筑工程质量保修制度

1. 建筑工程质量保修制度的概念

建筑工程质量保修制度是指对建筑工程在交付使用后的一定期限内发现的工程质量缺陷，由建筑施工企业承担修复责任的制度。建筑工程作为一种特殊的耐用消费品，一旦建成后将长期使用。建筑工程在建设中存在的质量问题，在工程竣工验收时被发现的，必须经修复完好后，才能作为合格工程交付使用；有些质量问题在竣工验收时未被发现，而是在一定期限内的使用过程中逐渐暴露出来的，施工企业则应当负责无偿修复，以维护用户的利益。

2. 建筑工程质量保修的范围

1）地基基础工程和主体结构工程。建筑物的地基基础工程和主体结构质量直接关系建筑物的安危，不允许存在质量隐患；而一旦发现建筑物的地基基础工程和主体结构存在质量问题，也很难通过修复解决。《建筑法》规定，对地基基础工程和主体结构工程实行保修制度，实际上是要求施工企业必须确保建筑物地基基础工程和主体结构的质量。对使用中发现的建筑物地基基础工程或主体结构工程的质量问题，如果能够通过确保建筑物安全的技术措施予以修复的，建筑施工企业应当负责修复；不能修复造成建筑物无法继续使用的，有关责任者应当依法承担赔偿责任。

2）屋面防水工程。对屋顶、墙壁出现漏水现象的，建筑施工企业应当负责保修。

3）其他土建工程。其他土建工程是指除屋面防水工程以外的其他土建工程，包括地面与楼面工程、门窗工程等。这些工程的质量问题应属建筑工程的质量保修范围，由建筑施工企业负责修复。

4) 电气管线、上下水管线的安装工程，包括电气线路、开关、电表的安装，电气照明器具的安装，给水管道、排水管道的安装等。建筑物在正常使用过程中如出现这些管线安装工程的质量问题的，建筑施工企业应当承担保修责任。

5) 供热、供冷系统工程，包括暖气设备、中央空调设备等的安装工程等，建筑施工企业也应对其质量承担保修责任。

6) 其他应当保修的项目范围。凡属国务院规定和建设工程施工合同约定应由建筑施工企业承担保修责任的项目，建筑施工企业都应当负责保修。

3. 建筑工程质量保修期限

考虑到各类建筑工程的不同情况，《建筑法》对建筑工程的保修期限问题未做具体规定，而是授权国务院对建筑工程保修期限的制定原则做了明确规定。国务院颁布的《建设工程质量管理条例》中对建筑（建设）工程的最低保修期限做出了规定。在正常使用条件下，建设工程的最低保修期限为：

1) 基础设施工程、房屋建筑的地基基础工程和主体结构工程，为设计文件规定的该工程的合理使用年限。

2) 屋面防水工程、有防水要求的卫生间、房间和外墙面的防渗漏，为5年。

3) 供热与供冷系统，为2个采暖期、供冷期。

4) 电气管线、给水排水管道、设备安装和装修工程，为2年。

其他项目的保修期限由发包方与承包方约定。建设工程的保修期自竣工验收合格之日起计算。

《建设工程质量管理条例》规定的保修期限，属于最低保修期限，施工企业对其施工的建筑工程的质量保修期不能低于这一期限。国家鼓励施工企业提高其施工的建筑工程的质量保修期限。

4. 涉及建筑工程质量保修制度的其他规定

1) 建设工程承包单位在向建设单位提交工程竣工验收报告时，应当向建设单位出具质量保修书。质量保修书中应当明确建设工程的保修范围、保修期限和保修责任等。

2) 建设工程在保修范围和保修期限内发生质量问题的，施工单位应当履行保修义务，并对造成的损失承担赔偿责任。

3) 建设工程在超过合理使用年限后需要继续使用的，产权所有人应当委托具有相应资质等级的勘察、设计单位鉴定，并根据鉴定结果采取加固、维修等措施，重新界定使用期。

5.5.7 建设工程质量监督管理制度

《建设工程质量管理条例》规定了建设工程质量监督管理制度的具体要求：

1) 国家实行建设工程质量监督管理制度。

2) 国务院建设行政主管部门对全国的建设工程质量实施统一监督管理。国务院铁路、交通、水利等有关部门按照国务院规定的职责分工，负责对全国的有关专业建设工程质量的监督管理。

3）县级以上地方人民政府建设行政主管部门对本行政区域内的建设工程质量实施监督管理。县级以上地方人民政府交通、水利等有关部门在各自的职责范围内，负责对本行政区域内的专业建设工程质量的监督管理。

4）国务院建设行政主管部门和国务院铁路、交通、水利等有关部门应当加强对有关建设工程质量的法律、法规和强制性标准执行情况的监督检查。

5）国务院发展计划部门按照国务院规定的职责，组织稽查特派员，对国家出资的重大建设项目实施监督检查。

6）国务院经济贸易主管部门按照国务院规定的职责，对国家重大技术改造项目实施监督检查。

7）建设工程质量监督管理，可以由建设行政主管部门或者其他有关部门委托的建设工程质量监督机构具体实施。

8）从事房屋建筑工程和市政基础设施工程质量监督的机构，必须按照国家有关规定经国务院建设行政主管部门或者省、自治区、直辖市人民政府建设行政主管部门考核；从事专业建设工程质量监督的机构，必须按照国家有关规定经国务院有关部门或者省、自治区、直辖市人民政府有关部门考核。经考核合格后，方可实施质量监督。

9）县级以上地方人民政府建设行政主管部门和其他有关部门应当加强对有关建设工程质量的法律、法规和强制性标准执行情况的监督检查。

10）县级以上人民政府建设行政主管部门和其他有关部门履行监督检查职责时，有权采取下列措施：①要求被检查的单位提供有关工程质量的文件和资料；②进入被检查单位的施工现场进行检查；③发现有影响工程质量的问题时，责令改正。

11）建设单位应当自建设工程竣工验收合格之日起 15 日内，将建设工程竣工验收报告和规划、公安消防、环保等部门出具的认可文件或者准许使用文件报建设行政主管部门或者其他有关部门备案。

12）建设行政主管部门或者其他有关部门发现建设单位在竣工验收过程中有违反国家有关建设工程质量管理规定行为的，责令停止使用，重新组织竣工验收。

13）有关单位和个人对县级以上人民政府建设行政主管部门和其他有关部门进行的监督检查应当支持与配合，不得拒绝或者阻碍建设工程质量监督检查人员依法执行职务。

14）供水、供电、供气、公安消防等部门或者单位不得明示或者暗示建设单位、施工单位购买其指定的生产供应单位的建筑材料、建筑构配件和设备。

15）建设工程发生质量事故，有关单位应当在 24 小时内向当地建设行政主管部门和其他有关部门报告。对重大质量事故，事故发生地的建设行政主管部门和其他有关部门应当按照事故类别和等级向当地人民政府和上级建设行政主管部门及其他有关部门报告。

16）特别重大质量事故的调查程序按照国务院有关规定办理。

17）任何单位和个人对建设工程的质量事故、质量缺陷都有权检举、控告、投诉。

【案例1】　王某与北京市某物资公司关于拆迁安置居民回迁购房纠纷案

1. 案例背景

2013年10月17日，王某与北京市某物资公司签订了拆迁安置居民回迁购房合同书，合同约定：王某属于拆迁安置对象。某物资公司回迁楼建设完毕以后，分给王某一套三居室楼房。2015年10月，物资公司如约将回迁楼建设完毕并交付使用。

王某在没有办理回迁入住手续的情况下，私自进入该房，在向物业公司交纳了装修押金3000元后，于2016年3月对该房开始进行装修。装修过程中，王某雇用没有装修资质的装修人员对房屋内部结构进行拆改，将多处钢筋混凝土结构承重墙砸毁，并将结构柱主钢筋大量截断。

其间，物资公司多次向王某发出停工通知，并委托房屋安全鉴定站对此房屋进行了鉴定，鉴定结论为：房屋墙体被拆改、移位，已对房屋承重结构造成破坏。王某对此均未理睬。

2016年4月，某物资公司向区人民法院提起诉讼，要求王某立即搬出强占的房屋，停止毁坏住宅楼主体结构的行为，消除危险，承担对所破坏房屋由专业施工单位进行修复的费用774311.04元以及鉴定费240元、加固设计费1000元。

2. 案件审理

一审法院经审理认为，凡涉及拆改主体结构和明显加大荷载的，房屋所有人、使用人必须向房屋所在地的房地产行政主管部门提出申请，并由房屋安全鉴定单位对装饰装修方案的使用进行审定。经批准后建设主管部门办理报建手续，领取施工许可证。

原有房屋装饰装修需要拆改结构的，装饰装修设计必须保证房屋的整体性、抗震性和结构安全性，并由有资质的装饰装修单位进行施工。

本案中王某在没有办理房屋入住手续的情况下，私自进入房屋；未经有关部门批准，在装修过程中对房屋的主体结构及其他设施进行拆改；物资公司多次制止后仍不停止，给整幢房屋造成严重安全隐患，应承担民事责任。

判决如下：

1）自判决生效后3日内，被告王某将住房腾空，交原告物资公司。

2）自判决生效后3日内，被告王某给付原告物资公司对住房的鉴定费640元、加固设计费4000元、加固费63746元，并由原告物资公司负责加固施工。

3）自加固工程完成后30日内，由被告王某负责将拆改的住房门厅隔断墙恢复原状。

3. 案例评析

《建筑法》第四十九条规定："涉及建筑主体和承重结构变动的装修工程，建设单位应当在施工前委托原设计单位或者具有相应资质条件的设计单位提出设计方案；没有设计方案的，不得施工。"

第七十条规定："违反本法规定，涉及建筑主体或者承重结构变动的装修工程擅自施工的，责令改正，处以罚款；造成损失的，承担赔偿责任；构成犯罪的，依法追究刑事责任。"

《建设工程质量管理条例》规定，违反该条例规定，涉及建筑主体或者承重结构变动的装修工程，没有设计方案擅自施工的，责令改正，处50万元以上100万元以下的罚款；房屋建筑使用者在装修过程中擅自变动房屋建筑主体和承重结构的，责令改正，处5万元以上10万元以下的罚款。有上述行为，造成损失的，依法承担赔偿责任。

根据上述法律、法规，在房屋建筑装饰装修过程中，不论是建设单位还是房屋建筑使用者，都必须严格遵守法律强制性规定。本案中，王某作为房屋建筑使用人，擅自变动建筑主体和承重结构是严重的违法行为，不仅要依法承担赔偿责任，还应当受到建设行政主管部门的行政处罚。

【案例2】 南京电视台演播中心裙楼工地重大伤亡事故案

1. 案情介绍

(1) 基本背景

2000年10月25日，南京三建集团有限公司（简称南京三建）承建的南京电视台演播中心在建工地发生一起重大伤亡事故。大演播厅舞台在浇筑顶部混凝土施工中，因模板支撑系统失稳，大演播厅舞台屋盖坍塌，造成正在现场施工的工人和电视台工作人员6人死亡，35人受伤（其中重伤11人），直接经济损失70余万元。

(2) 事故经过

南京电视台演播中心工程由南京电视台投资兴建，东南大学建筑设计院设计，南京工苑建设监理公司监理（总监韩某）。该工程在南京市招标办进行公开招标投标，南京三建中标，于2000年3月31日签订了施工合同，并组建了项目经理部，由史某任项目部经理，成某任项目部副经理。

该工程地下2层、地面18层，建筑面积34000m²，采用现浇框架剪力墙结构体系。2000年4月1日开工，大演播厅总高38m，面积为624m²。

南京三建编制了"上部结构施工组织设计"，并经项目部副经理成某批准实施。在开始搭设模板支撑系统支架前，项目部采用搭设顶部模板支撑系统的施工方法，完成了3个演播厅、门厅和观众厅的施工（都没有施工方案）。

7月22日开始搭设大演播厅舞台顶部模板支撑系统。搭设时没有施工方案，没有施工图，也没有进行技术交底。项目部副经理成某决定支架三维尺寸按常规（即之前完成的5个厅的支架尺寸）进行搭设，由项目部施工员丁某在现场指挥搭设。搭设开始约15天后，副主任工程师将模板工程施工方案交给丁某。丁某看到施工方案后，向成某做了汇报，成某答复还按以前的规格搭架子，到最后再加固。

模板支撑系统支架由南京三建劳务公司组织进场的朱某工程队进行搭设（朱某是南京标牌厂职工，以个人名义挂靠在三建承揽工程项目。事故发生时，朱某工程队共17名农民工，其中5人无特种作业人员操作证）。该工程队6月进入施工工地，10月15日完成脚手架的搭设。搭设支架的整个过程中，没有办理自检、互检、交接检、专职检手续，搭设完毕后未按规定进行整体验收。

10月17日开始进行支撑系统模板安装，10月24日完成。23日，木工工长向项目部副经理成某反映水平杆加固没有到位，成某即安排架子工加固支架，25日浇筑混凝土时仍有6名架子工在加固支架。

10月25日6点开始浇筑混凝土，项目部质量员8点多才补填混凝土浇捣令，并送监理公司总监韩某签字，韩某将日期签为24日。10点10分，大厅内模板支架系统整体倒塌。模板上正在浇筑混凝土的工人纷纷随坍落的支架和模板坠落，部分工人被坍落的支架、模板和混凝土浆掩埋。

事故发生后，南京三建项目部向有关部门紧急报告事故情况。闻讯赶到的领导，指挥公安民警、武警战士和现场工人实施了紧急抢险工作。

（3）事故分析

1）事故的直接原因。具体如下：

① 支架搭设不合理，引起立杆局部失稳。

② 梁底模的木方放置方向不妥，加剧了局部失稳。

③ 屋盖下模板支架与周围结构固定不牢，加大了顶部晃动。

2）事故的间接原因。具体如下：

① 施工组织管理混乱，模板支架搭设无施工图，无技术交底；施工中无自检、互检；搭设完成后没有组织验收；搭设开始时无施工方案，有施工方案后未按要求进行搭设，支架搭设严重偏离原设计方案要求。

② 驻工地总监理工程师韩某无监理资质，工程监理组没有对支架搭设过程严格把关，在没有对模板支撑系统的施工方案审查认可的情况下即同意施工，没有监督对模板支撑系统的验收就签发了浇捣令，工作严重失职，导致工人在存在重大事故隐患的模板支撑系统上进行混凝土浇筑施工。

③ 在上部浇筑屋盖混凝土的情况下，工人在模板支撑下部进行支架加固。

④ 三建公司的领导安全生产意识淡薄，监督管理不力，对重点部位的施工技术管理不严，有法有规不依。施工现场用工管理混乱，部分特种作业人员无证上岗作业。

⑤ 施工现场支架钢管和扣件在采购、租赁过程中质量管理把关不严，部分钢管和扣件不符合质量标准。

⑥ 建筑行政管理部门对该建筑工程执法监督和检查指导不力；对监理公司的监督管理不到位。

（4）处理意见

重大事故调查组经调查，在对事故责任进行分析的基础上对责任者提出如下处理意见：

1）南京三建项目部副经理成某具体负责大演播厅舞台工程，在未见到施工方案的情况下，决定按常规搭设顶部模板支架，在知道支架三维尺寸与施工方案不符时，不与工程技术人员商量，擅自决定继续按原尺寸施工，对事故的发生应负主要责任，建议司法机关追究其刑事责任。

2）监理公司总监韩某，违反项目监理实施程序的规定，没有对施工方案进行审查认可，没有监督对模板支撑系统的验收，对施工方的违规行为没有下达停工令，无监理工程师资格证书上岗，对事故的发生应负重要责任，建议司法机关追究其刑事责任。

3）南京三建项目部施工员丁某，在未见到施工方案的情况下，违章指挥工人搭设支架，对事故的发生应负重要责任，建议司法机关追究其刑事责任。

4）朱某违反国家关于特种作业人员必须持证上岗的规定，私招乱雇部分无上岗证的农民工搭设支架，对事故的发生应负直接责任，建议司法机关追究其刑事责任。

5）南京三建项目部经理史某负责电视台演播中心工程的全面工作，对该工程项目的安全生产负总责，对工程的模板支撑系统重视不够，未组织有关工程技术人员对施工方案进行认真的审查，对施工现场用工混乱等管理不力，对这起事故的发生应负直接领导责任，建议给予史某行政撤职处分。

6）监理公司总经理张某违反住房和城乡建设部《监理工程师资格考试和注册试行办法》的规定，严重不负责任，委派没有监理工程师资格证书的韩某担任该工程项目的总监理工程师；对驻工地监理组监管不力，工作严重失职，应负有监理方的领导责任。建议有关部门按行业管理的规定对监理公司给予在南京地区停止承接任务一年的处罚和相应的经济处罚。

2．案例分析

本案中，施工单位严重违反了安全生产责任制度的有关规定，酿成了重大生产事故，这个教训十分深刻。

安全生产责任制度是工程建设中最基本的安全管理制度，是所有安全规章制度的核心。《安全生产法》和《建筑法》均把安全生产责任制度作为重点内容予以明文规定。

安全生产责任制的主要内容包括：

1）从事建筑活动主体的负责人的责任制。

2）从事建筑活动主体的职能机构或职能处室负责人及其工作人员的安全生产责任制。

3）岗位人员的安全生产责任制。从事特种作业的安全人员必须进行培训，经过考试合格后方能上岗作业。

本案中，调查组建议司法机关追究监理公司总监韩某的刑事责任，这一处理意见曾引起巨大的社会反应。我国《刑法》第一百三十七条规定："建设单位、设计单位、施工单位、工程监理单位违反国家规定，降低工程质量标准，造成重大安全事故的，对直接责任人员，处五年以下有期徒刑或者拘役，并处罚金；后果特别严重的，处五年以上十年以下有期徒刑，并处罚金。"

尽管韩某的行为是否构成重大安全事故罪还存在争议，但在整个事件中，韩某在主观方面存在一定的过失，应当承担相应的法律责任。这起重大生产事故也为整个监理行业敲响了警钟，监理企业及监理人员作为工程质量责任主体之一，必须严格依法履行监理职责，否则很可能承担严重的法律后果。

复习思考题

1. 《建筑法》的立法目的、调整对象、适用主体范围是什么？

2. 建设工程合同在建筑工程发包、承包活动中的作用是什么？

3. 国务院实行强制监理制度的建筑（建设）工程项目的范围是什么？为什么必须对这些工程实施强制监理？

4. 勘察、设计单位的建筑工程安全生产责任包括哪些？

5. 勘察、设计单位的建筑工程质量义务和责任包括哪些？

6. 简述建筑工程质量与建筑工程安全生产之间的关系。

第 6 章

建设工程行政许可法律制度

6.1 概述

6.1.1 建设工程行政许可的概念

行政许可是指国家行政机关根据公民个人、法人或其他组织的申请，经依法审查，准予公民个人、法人或其他组织从事某种特定活动的行为，通常是通过书面证书形式赋予公民个人、法人或其他组织从事某种特定活动的权利或者确认其具备从事某种特定活动的资格。行政许可是国家行政机关依法进行的行政行为，其基本性质是对特定活动进行事前控制的一种管理手段。

建设行政许可是指国家建设行政主管机关（部门）或者其他行业行政主管机关（部门）根据公民个人、法人或其他组织的申请，经依法审查，准予公民个人、法人或其他组织从事特定建筑活动的行为。建设行政许可法律制度是调整、规范建设行政许可行为的法律规范的总称。建设行政许可的种类很多，既包括在建筑活动中的行政许可，也包括城乡规划、房地产开发等领域的行政许可。本章只介绍建筑活动中的行政许可。

建筑活动（包括《建筑法》所称的建筑活动和其他专业建筑工程的建筑活动）作为一种综合性技术活动，具有其自身的规律性和特殊性，对从事建筑活动的企业和个人在专业技术水平与能力、管理水平与能力方面具有特殊要求，建立并实施建设行政许可法律制度，是国家对从事建筑活动的从业企业和从业人员个人进行监督管理的客观需要，有利于依法规范从事建筑活动的企业和个人的从业行为，有利于对建筑活动的依法监督与指导，有利于保证建筑工程质量和建筑生产安全，有利于依法规范建筑市场秩序，有利于国家从总体上对建筑活动规模、建筑工程数量和从事建筑活动的企业和从业人员数量与规模等方面进行宏观管理与调控，有利于依法保护建设单位、从事建筑活动的企业和个人的相关合法权益。建筑活动中的行政许可种类也较多，本章只对部分行政许可进行介绍。

6.1.2 建设工程行政许可法律制度的构成

目前，由《建筑法》《中华人民共和国行政许可法》（简称《行政许可法》）与其他相关法律、行政法规、部门规章共同确立的我国建设行政许可法律制度主要包括建筑工程施工许可法律制度、建筑活动从业资格许可法律制度（包括对从事建筑活动的单位（企业）实行的单位（企业）资格等级许可制度，对从事建筑活动的个人实行的专业（技术）人员注册执业资格许可制度）和对建筑施工企业实行的安全生产许可法律制度。

6.2 建筑工程施工许可法律制度

6.2.1 建筑工程施工许可法律制度的概念

建筑工程施工许可法律制度是指由国家授权国家建设主管机关（部门），在建筑工程施工开始以前，对该项建筑工程是否符合法定的开工必备条件进行审查，对符合条件的建筑工程颁发施工许可证，准予该项建筑工程开工建设的法律制度。建筑工程施工许可证是建筑工程开始施工前，该建筑工程的建设单位向国家建设主管机关（部门）申请领取的准予该建筑工程施工的证明，是该建筑工程被依法准予开工建设的法定依据性、证明性文件。

对建筑工程实行施工许可法律制度，是许多国家的行政机关对建设活动实施监督管理所采用的通常做法。目前，建筑工程施工许可法律制度是我国建设行政许可法律制度的重要组成部分。

6.2.2 建筑工程施工许可证和开工报告的适用范围

我国目前对建筑工程开工条件的审批，存在颁发"施工许可证"和批准"开工报告"两种形式。多数工程是颁发施工许可证，少数工程则为批准开工报告。

1. 施工许可证的适用范围

（1）需要办理施工许可证的建筑工程

2014 年 6 月，住房和城乡建设部发布修改后的《建筑工程施工许可管理办法》，该办法规定，在中华人民共和国境内从事各类房屋建筑及其附属设施的建造、装修装饰和其配套的线路、管道、设备的安装，以及城镇市政基础设施的施工，建设单位应当在开工前依照本办法的规定，向工程所在地的县级以上地方人民政府住房和城乡建设主管部门申请领取施工许可证。

2017 年 7 月颁布的《住房城乡建设部办公厅关于工程总承包项目和政府采购工程建设项目办理施工许可手续有关事项的通知》中规定，各级住房城乡建设主管部门可以根据工程项目总承包合同及分包合同确定设计、施工单位，依法办理施工许可证。对在工程总承包项目中承担分包工作，且已与工程总承包单位签订分包合同的设计单位或施工单位，各级住房城乡建设主管部门不得要求其与建设单位签订设计合同或施工合同，也不得将上述要求作为申请领取施工许可证的前置条件。

对依法通过竞争性谈判或单一来源方式确定供应商的政府采购工程建设项目，应严格执行《建筑法》和《建筑工程施工许可管理办法》等的规定，对符合申请条件的，应当颁发施工许可证。

（2）不需要办理施工许可证的建筑工程

1）限额以下的小型工程。按照《建筑法》的规定，国务院建设行政主管部门确定的限额以下的小型工程，可以不申请办理施工许可证。据此，《建筑工程施工许可管理办法》规定，工程投资额在 30 万元以下或者建筑面积在 300m² 以下的建筑工程，可以不申请办理施工许可证。省、自治区、直辖市人民政府住房和城乡建设主管部门可以根据当地的实际情况，对限额进行调整，并报国务院住房和城乡建设主管部门备案。

2）抢险救灾工程。《建筑法》规定，抢险救灾及其他临时性房屋建筑和农民自建低层住宅的建筑活动，不适用《建筑法》。

（3）不重复办理施工许可证的建设工程

为避免同一建设工程的开工由不同行政主管部门重复审批的现象，《建筑法》规定，按照国务院规定的权限和程序批准开工报告的建筑工程，不再领取施工许可证。这有两层含义：一是实行开工报告批准制度的建设工程，必须符合国务院的规定，其他任何部门的规定无效；二是开工报告与施工许可证不要重复办理。

（4）另行规定的建筑工程

《建筑法》规定，军用房屋建筑工程建筑活动的具体管理办法，由国务院、中央军事委员会依据本法制定。据此，军用房屋建筑工程是否实行施工许可，由国务院、中央军事委员会另行规定。

2. 实行开工报告制度的建筑工程

开工报告制度是我国沿用已久的一种建设项目开工管理制度。1979 年，国家计划委员会、国家基本建设委员会设立了该项制度；1984 年将其简化，1988 年以后又恢复了开工报告制度。开工报告制度审查的内容主要包括：①资金到位情况；②投资项目市场预测；③设计图是否满足施工要求；④现场条件是否具备"三通一平"等的要求。

6.2.3　建筑工程施工许可证的申请主体和法定批准条件

1. 施工许可证的申请主体

《建筑法》规定，建设单位应当按照国家有关规定向工程所在地县级以上人民政府建设行政主管部门申请领取施工许可证。

建设单位（又称业主或项目法人）是建设项目的投资者，如果建设项目是政府投资，则建设单位为该建设项目的管理单位或使用单位。为施工单位进场和开工做好各项前期准备工作，是建设单位应尽的义务。因此，施工许可证的申请领取，应该是由建设单位负责而不是施工单位或其他单位负责。

2. 施工许可证的法定批准条件

《建筑法》规定，申请领取施工许可证，应当具备下列条件：①已经办理该建筑工程用地批准手续；②依法应当办理建设工程规划许可证的，已经取得建设工程规划许可证；③需要拆迁的，其拆迁进度符合施工要求；④已经确定建筑施工企业；⑤有满足施工需要的资金安排、施工图及技术资料；⑥有保证工程质量和安全的具体措施。

《建筑工程施工许可管理办法》进一步规定，建设单位申请领取施工许可证，应当具备下列条件，并提交相应的证明文件：①依法应当办理用地批准手续的，已经办理该建设用地批准手续；②依法应当办理建设工程规划许可证的，已经取得建设工程规划许可证；③施工场地已经基本具备施工条件，需要征收房屋的，其进度符合施工要求；④已经确定施工企业；⑤有满足施工需要的资金安排、施工图及技术资料，建设单位应当提供建设资金已经落实承诺书，施工图设计文件已按规定审查合格；⑥有保证工程质量和安全的具体措施。

1）依法应当办理用地批准手续的，已经办理该建设用地批准手续。

2019年8月，经修改后公布的《土地管理法》规定，经批准的建设项目需要使用国有建设用地的，建设单位应当持法律、行政法规规定的有关文件，向有批准权的县级以上人民政府自然资源主管部门提出建设用地申请，经自然资源主管部门审查，报本级人民政府批准。

2）依法应当办理建设工程规划许可证的，已经取得建设工程规划许可证。

在城市、镇规划区，规划许可证包括建设用地规划许可证和建设工程规划类许可证。在乡、村庄规划区内进行乡镇企业、乡村公共设施和公益事业建设的，须核发乡村建设规划许可证。

根据《国务院关于印发清理规范投资项目报建审批事项实施方案的通知》（国发〔2016〕29号）要求，将原"建设工程规划许可证核发""历史建筑实施原址保护审批"等四项合并为"建设工程规划类许可证核发"。

① 建设用地规划许可证。2019年4月，经修改后公布的《城乡规划法》规定，在城市、镇规划区内以划拨方式提供国有土地使用权的建设项目，经有关部门批准、核准、备案后，建设单位应当向城市、县人民政府城乡规划主管部门提出建设用地规划许可申请，由城市、县人民政府城乡规划主管部门依据控制性详细规划核定建设用地的位置、面积、允许建设的范围，核发建设用地规划许可证。建设单位在取得建设用地规划许可证后，方可向县级以上地方人民政府土地主管部门申请用地，经县级以上人民政府审批后，由土地主管部门划拨土地。

以出让方式取得国有土地使用权的建设项目，建设单位在取得建设项目的批准、核准、备案文件和签订国有土地使用权出让合同后，向城市、县人民政府城乡规划主管部门领取建设用地规划许可证。

② 建设工程规划许可证。在城市、镇规划区内进行建筑物、构筑物、道路、管线和其他工程建设的，建设单位或者个人应当向城市、县人民政府城乡规划主管部门或者省、自治区、直辖市人民政府确定的镇人民政府申请办理建设工程规划许可证。

在乡、村庄规划区内进行乡镇企业、乡村公共设施和公益事业建设的，建设单位或者个人应当向乡、镇人民政府提出申请，由乡、镇人民政府报城市、县人民政府城乡规划主管部门核发乡村建设规划许可证。建设单位或者个人在取得乡村建设规划许可证后，方可办理用地审批手续。

上述两个规划许可证，分别是申请用地和确认有关建设工程符合城乡规划要求的法律凭证。

3）施工场地已经基本具备施工条件，需要征收房屋的，其进度符合施工要求。

施工场地应该具备的基本施工条件，通常要根据建设工程项目的具体情况决定。例如，已进行场区的施工测量，设置永久性经纬坐标桩、水准基桩和工程测量控制网；搞好"三通一平"或"七通一平"；在施工现场要设安全纪律牌、施工公告牌、安全标志牌等。实行监理的建设工程，一般要由监理单位查看后填写"施工场地已具备施工条件的证明"，并加盖单位公章确认。

2021 年 1 月 1 日起施行的《民法典》规定，为了公共利益的需要，依照法律规定的权限和程序可以征收集体所有的土地和组织、个人的房屋以及其他不动产。但是，征收进度必须能满足建设工程开始施工和连续施工的要求。

4）已经确定施工企业。

建设工程的施工必须由具备相应资质的施工企业来承担。因此，在建设工程开工前，建设单位必须依法通过招标或直接发包的方式确定承包该建设工程的施工企业，并签订建设工程承包合同，明确双方的责任、权利和义务。

按照规定应当招标的工程没有招标，应当公开招标的工程没有公开招标，或者肢解发包工程，以及将工程发包给不具备相应资质条件的企业的，所确定的施工企业无效。

5）有满足施工需要的资金安排、施工图及技术资料，建设单位应当提供建设资金已经落实承诺书，施工图设计文件已按规定审查合格。

我国有严格的施工图设计文件审查制度。2017 年 10 月，经修改后公布的《建设工程勘察设计管理条例》规定，编制施工图设计文件，应当满足设备材料采购、非标准设备制作和施工的需要，并注明建设工程合理使用年限。施工图设计文件审查机构应当对房屋建筑工程、市政基础设施工程施工图设计文件中涉及公共利益、公众安全、工程建设强制性标准的内容进行审查。县级以上人民政府交通运输等有关部门应当按照职责对施工图设计文件中涉及公共利益、公众安全、工程建设强制性标准的内容进行审查。2019 年 4 月经修改后公布的《建设工程质量管理条例》规定，施工图设计文件未经审查批准的，不得使用。

技术资料一般包括地形、地质、水文、气象等自然条件资料和主要原材料、燃料来源，水电供应和运输条件等技术经济条件资料。

6）有保证工程质量和安全的具体措施。

《建设工程质量管理条例》规定，建设单位在开工前，应当按照国家有关规定办理工程质量监督手续，工程质量监督手续可以与施工许可证或者开工报告合并办理。

2003 年 11 月公布的《建设工程安全生产管理条例》规定，建设单位在申请领取施工许可证时，应当提供建设工程有关安全施工措施的资料。建设行政主管部门在审核发放施工许可证时，应当对建设工程是否有安全施工措施进行审查，对没有安全施工措施的，不得颁发施工许可证。

《建筑工程施工许可管理办法》中进一步规定，施工企业编制的施工组织设计中有根据建筑工程特点制定的相应质量、安全技术措施。建立工程质量安全责任制并落实到人。专业性较强的工程项目编制了专项质量、安全施工组织设计，并按照规定办理了工程质量、安全监督手续。

上述各项法定条件必须同时具备，缺一不可。发证机关应当自收到申请之日起7日内，对符合条件的申请颁发施工许可证。对于证明文件不齐全或者失效的，应当当场或者5日内一次告知建设单位需要补正的全部内容，审批时间可以自证明文件补正齐全后做相应顺延；对于不符合条件的，应当自收到申请之日起7日内书面通知建设单位，并说明理由。

《建筑工程施工许可管理办法》还规定，应当申请领取施工许可证的建筑工程未取得施工许可证的，一律不得开工。任何单位和个人不得将应当申请领取施工许可证的工程项目分解为若干限额以下的工程项目，规避申请领取施工许可证。

6.2.4 延期开工、核验和重新办理批准手续的规定

1. 申请延期的规定

《建筑法》规定，建设单位应当自领取施工许可证之日起3个月内开工。因故不能按期开工的，应当向发证机关申请延期；延期以两次为限，每次不超过3个月。既不开工又不申请延期或者超过延期时限的，施工许可证自行废止。

2. 核验施工许可证的规定

《建筑法》规定，在建的建筑工程因故中止施工的，建设单位应当自中止施工之日起1个月内，向发证机关报告，并按照规定做好建筑工程的维护管理工作。建筑工程恢复施工时，应当向发证机关报告；中止施工满1年的工程恢复施工前，建设单位应当报发证机关核验施工许可证。

中止施工是指建筑工程开工后，在施工过程中因特殊情况的发生而中途停止施工的一种行为。中止施工的原因很复杂，如地震、洪水等不可抗力，以及宏观调控压缩基建规模、停建缓建建设工程等。对于因故终止施工的，建设单位应当按照规定的时限向发证机关报告，并按照规定做好建设工程的维护管理工作，以防止建设工程在中止施工期间遭受不必要的损失，保证在恢复施工时可以尽快启动。

恢复施工时，建设单位应当向发证机关报告恢复施工的有关情况。中止施工满1年的，在建工程恢复施工前，建设单位还应当报发证机关核验施工许可证，核验是否具备组织施工的条件。经核验符合条件的，应允许恢复施工，施工许可证继续有效；经核验不符合条件的，应当收回其施工许可证，不允许施工，待条件具备后，由建设单位重新申领施工许可证。

3. 重新办理批准手续的规定

对于实行开工报告制度的建筑工程，《建筑法》规定，按照国务院有关规定批准开工报告的建筑工程，因故不能按期开工或者终止施工的，应当及时向批准机关报告情况；因故不能按期开工超过6个月的，应当重新办理开工报告的批准手续。

6.2.5 违法行为应承担的法律责任

1. 未经许可擅自开工应承担的法律责任

《建筑法》规定，违反本法规定，未取得施工许可证或者开工报告未经批准擅自施工的，责令改正，对不符合开工条件的责令停止施工，可以处以罚款。

《建设工程质量管理条例》规定，建设单位未取得施工许可证或者开工报告未经批准，

擅自施工的，责令停止施工，限期整改，处工程合同价款1%以上2%以下的罚款。

2. 规避办理施工许可证应承担的法律责任

《建筑工程施工许可管理办法》规定，对于未取得施工许可证或者为规避办理施工许可证将工程项目分解后擅自施工的，由有权管辖的发证机关责令停止施工，限期整改，对建设单位处工程合同价款1%以上2%以下罚款；对施工单位处3万元以下罚款。

3. 骗取和伪造施工许可证应承担的法律责任

《建筑工程施工许可管理办法》规定，建设单位采用欺骗、贿赂等不正当手段取得施工许可证的，由原发证机关撤销施工许可证，责令停止施工，并处1万元以上3万元以下罚款；构成犯罪的，依法追究刑事责任。

建设单位隐瞒有关情况或者提供虚假材料申请施工许可证的，发证机关不予受理或者不予许可，并处1万元以上3万元以下罚款；构成犯罪的，依法追究刑事责任。

建设单位伪造或者涂改施工许可证的，由发证机关责令停止施工，并处1万元以上3万元以下罚款；构成犯罪的，依法追究刑事责任。

4. 对单位主管人员等处罚的规定

《建筑工程施工许可管理办法》规定，依照该办法规定给予单位罚款处罚的，对单位直接负责的主管人员和其他直接责任人员处单位罚款数额5%以上10%以下罚款。单位及相关责任人受到处罚的，作为不良行为记录予以通报。

6.3　建筑活动从业资格许可法律制度

6.3.1　建筑活动从业资格许可法律制度的概念

建筑活动从业资格许可法律制度是指由国家授权国家建设主管机关（部门），对从事建筑活动的单位（企业）和个人在进行建筑活动以前，对单位（企业）和个人从事建筑活动的能力、水平是否达到法定必备条件的要求与相关资格进行审查，对符合条件的单位（企业）颁发资质等级许可证书，对符合条件的个人颁发执业许可证书，准予其在该证书许可的范围内从事建筑活动的法律制度。

建筑活动作为一种综合性技术活动，具有其自身的规律性和特殊性，对于从事建筑活动的企业和个人在专业技术水平与能力、管理水平与能力方面具有特殊要求。建立并实施建筑活动从业资格许可法律制度，是国家对从事建筑活动的从业企业和从业人员个人进行监督管理的客观需要，同时也建立和确立了企业和个人进入我国建筑市场从事建筑活动的准入制度与规则。

目前，我国建筑活动从业资格许可制度法律，主要包括对从事建筑活动的单位（企业）实行单位（企业）资质等级许可制度，对从事建筑活动的个人实行专业（技术）人员注册执业许可制度。

6.3.2　从事建筑活动的单位（企业）的资质等级许可制度

从事建筑活动的单位（企业）是我国建筑业从事建筑活动的重要主体。目前，我国建筑市场上从事建筑活动的单位（企业）主要包括建筑施工企业、建筑（建设）工程勘察单位（企业）、建筑（建设）工程设计单位（企业）、建筑（建设）工程监理单位（企业）等类型。我国现行《建筑法》和相关法律、法规、部门规章和相关规范性文件共同建立的从事建筑活动的单位（企业）的资质等级许可制度主要包括从事建筑活动的单位（企业）应具备的基本条件、从事建筑活动的单位（企业）的资质等级许可标准制度、从事建筑活动的单位（企业）的资质的申请制度与许可或审查审批制度和监督管理制度及相关法律责任等内容。下面以建筑施工企业为例，详细说明资质登记许可制度的有关内容。

1. 从事建筑活动的单位（企业）应具备的基本条件

根据《建筑法》的规定，在我国建筑市场上从事建筑活动的建筑施工单位（企业）、建筑（建设）工程勘察单位（企业）、建筑（建设）工程设计单位（企业）、建筑（建设）工程监理单位（企业），应当具备以下四个方面的基本条件：

1）有符合国家规定的注册资本。

2）有与其从事的建筑活动相适应的具有法定执业资格的专业技术人员。

3）有从事相应建筑活动所应有的技术装备。

4）法律、行政法规规定的其他条件。

2. 施工企业资质的法定条件

工程建设活动不同于一般的经济活动，其从业单位所具备条件的完备程度直接影响建设工程质量和安全生产。因此，从事工程建设活动的单位必须符合相应的资质条件。

根据《建筑法》《行政许可法》《建设工程质量管理条例》《建设工程安全生产管理条例》等法律、行政法规，《建筑业企业资质管理规定》中规定，企业应当按照其拥有的资产、主要人员、已完成的工程业绩和技术装备等条件申请建筑业企业资质，经审查合格，取得建筑业企业资质证书后，方可在资质许可的范围内从事建筑施工活动。

1）有符合规定的净资产。企业资产是指企业拥有或控制的能以货币计量的经济资源，包括各种财产、债权和其他权利。企业净资产是指企业的资产总额减去负债以后的净额。净资产是属于企业所有并可以自由支配的资产，即所有者权益。相对于注册资本而言，它能够更准确地体现企业的经济实力。所有建筑业企业都必须具备基本的责任承担能力。这是法律上权利与义务相一致、利益与风险相一致原则的体现，是维护债权人利益的需要。显然，对净资产要求的全面提高意味着对企业资信要求的提高。

2）有符合规定的主要人员。工程建设施工活动专业性、技术性较强，因此，建筑业企业应当拥有注册建造师及其他注册人员、工程技术人员、施工现场管理人员和技术工人。但为了简化企业资质考核指标，住房和城乡建设部《关于简化建筑业企业资质标准部分指标的通知》（建市〔2016〕226号）要求，除各类别最低等级资质外，取消关于注册建造师、中级以上职称人员、持有岗位证书的现场管理人员、技术工人的指标考核。

3）有符合规定的已完成工程业绩。

4）有符合规定的技术装备。

3. 施工企业的资质序列、类别和等级

（1）施工企业的资质序列

按照住房和城乡建设部《建设工程企业资质管理制度改革方案》（建市〔2020〕94号）的规定，施工资质分为综合资质、施工总承包资质、专业承包资质和专业作业资质。

（2）施工企业的资质类别和等级

上述文件将10类施工总承包企业特级资质调整为施工综合资质，可承担各行业、各等级施工总承包业务；保留12类施工总承包资质，将民航工程的专业承包资质整合为施工总承包资质；将36类专业承包资质整合为18类；将施工劳务企业资质改为专业作业资质，由审批制改为备案制。综合资质和专业作业资质不分等级；施工总承包资质、专业承包资质等级原则上压减为甲、乙两级（部分专业承包资质不分等级），其中，施工总承包甲级资质在本行业内承揽业务规模不受限制。

改革后，施工总承包资质分为13个类型，分别是：建筑工程施工总承包、公路工程施工总承包、铁路工程施工总承包、港口与航道工程施工总承包、水利水电工程施工总承包、电力工程施工总承包、矿山工程施工总承包、冶金工程施工总承包、石油化工工程施工总承包、市政公用工程施工总承包、通信工程施工总承包、机电工程施工总承包、民航工程施工总承包。

专业承包资质分为18个类型，分别是：地基基础工程专业承包、起重设备安装工程专业承包、预拌混凝土专业承包、模板脚手架专业承包、桥梁工程专业承包、隧道工程专业承包、通用工程专业承包、建筑装修装饰工程专业承包、防水防腐保温工程专业承包、建筑机电工程专业承包、消防设施工程专业承包、古建筑工程专业承包、公路工程类专业承包或公路工程施工总承包、铁路电务电气化工程专业承包、港口与航道工程类专业承包、水利水电工程类专业承包、输变电工程专业承包、核工程专业承包。

4. 施工企业的资质许可

我国对建筑业企业的资质管理，实行分级实施与有关部门相配合的管理模式。

（1）施工企业资质管理体制

《建筑业企业资质管理规定》中规定，国务院住房和城乡建设主管部门负责全国建筑业企业资质的统一监督管理。国务院交通运输、水利、工业信息化等有关部门配合国务院住房和城乡建设主管部门实施相关资质类别建筑业企业资质的管理工作。

省、自治区、直辖市人民政府住房和城乡建设主管部门负责本行政区域内建筑业企业资质的统一监督管理。省、自治区、直辖市人民政府交通运输、水利、通信等有关部门配合同级住房和城乡建设主管部门实施本行政区域内相关资质类别建筑业企业资质的管理工作。

企业违法从事建筑活动的，违法行为发生地的县级以上地方人民政府住房和城乡建设主管部门或者其他有关部门应当依法查处，并将违法事实、处理结果或者处理建议及时告知该建筑业企业资质的许可机关。

（2）施工企业资质的许可权限

《建设工程企业资质管理制度改革方案》规定，进一步加大放权力度，选择工作基础较好的地方和部分资质类别，开展企业资质审批权下放试点，将除综合资质外的其他等级资质，下放至省级及以下有关主管部门审批（其中，涉及公路、水运、水利、通信、铁路、民航等资质的审批权限由国务院住房和城乡建设主管部门会同国务院有关部门根据实际情况决定），方便企业就近办理。

（3）施工企业资质的适用范围

企业资质全国通用，严禁各行业、各地区设置限制性措施，严厉查处变相设置市场准入壁垒，违规限制企业跨地区、跨行业承揽业务等行为，维护统一规范的建筑市场。

5. 施工企业资质的告知承诺制和企业资质的申请

《优化营商环境条例》规定，国家推进"证照分离"改革，持续精简涉企经营许可事项，依法采取直接取消审批、审批改为备案、实行告知承诺、优化审批服务等方式，对所有涉企经营许可事项进行分类管理，为企业取得营业执照后开展相关经营活动提供便利。除法律、行政法规规定的特定领域外，涉企经营许可事项不得作为企业登记的前置条件。

《建设工程企业资质管理制度改革方案》规定，深化"互联网+政务服务"，加快推动企业资质审批事项线上办理，实行全程网上申报和审批，逐步推行电子资质证书，实现企业资质审批"一网通办"，并在全国建筑市场监管公共服务平台公开发布企业资质信息。简化各类证明事项，凡是通过政府部门间信息共享可以获取的证明材料，一律不再要求企业提供。

（1）施工企业资质的告知承诺制

国务院办公厅《关于开展工程建设项目审批制度改革试点的通知》（国办发〔2018〕33号）规定，对通过事中事后监管能够纠正不符合审批条件的行为且不会产生严重后果的审批事项，实行告知承诺制。公布实行告知承诺制的审批事项清单及具体要求，申请人按照要求做出书面承诺的，审批部门可以直接做出审批决定。

住房和城乡建设部办公厅《关于进一步做好建设工程企业资质告知承诺制审批有关工作的通知》（建办市〔2020〕59号）规定，自2021年1月1日起，建筑工程、市政公用工程施工总承包一级资质继续实行告知承诺制审批，涉及上述资质的重新核定事项不实行告知承诺制审批。实施建设工程企业资质审批权限下放试点的地区，上述企业资质审批方式由相关省级住房和城乡建设主管部门自行确定。通过告知承诺方式申请上述资质的企业，须保证填报的包括业绩项目及项目技术指标在内的所有信息真实有效，项目符合法定基本建设程序，相关工程建设资料齐全，并由企业法定代表人签署书面承诺书。

告知承诺制的审批流程：

1）申请。企业通过建设工程企业资质申报软件或本地区省级住房和城乡建设主管部门资质申报系统，按要求填报企业资质申请信息生成电子数据包（须包含企业法定代表人承诺书），由省级住房和城乡建设主管部门上传至住房和城乡建设部企业资质审批系统。

2）受理。住房和城乡建设部行政审批集中受理办公室通过资质审批系统在线受理企业告知承诺申请事项，并出具受理凭证。

3）公示。企业告知承诺申请事项及填报的人员、业绩项目等信息在住房和城乡建设部门户网站公示，接受社会监督，公示期为10个工作日。

4）审批。住房和城乡建设部依据企业填报的资质申请信息和全国建筑市场监管公共服务平台人员、项目信息进行审批。

5）公告。对企业填报信息符合资质标准要求且在公示期内未被投诉举报的企业，住房和城乡建设部按规定办理资质核准公告。

6）核查。对企业申报业绩项目通过遥感卫星照片比对、组织实地核查、委托省级住房和城乡建设主管部门抽查等方式进行核查。

（2）企业资质的申请

《建筑业企业资质管理规定》中规定，企业可以申请一项或多项建筑业企业资质。企业首次申请或增项申请资质，应当申请最低等级资质。

企业申请建筑业企业资质，在资质许可机关的网站或审批平台提出申请事项，提交资金、专业技术人员、技术装备和已完成业绩等电子材料。

6. 我国从事建筑活动企业资质管理制度的改革

为贯彻落实 2019 年全国深化"放管服"改革优化营商环境电视电话会议精神，按照《国务院办公厅关于印发全国深化"放管服"改革优化营商环境电视电话会议重点任务分工方案的通知》（国发办〔2019〕39 号）要求，深化建筑业"放管服"改革，做好建设工程企业资质（包括工程勘察、设计、施工、监理企业资质，以下统称企业资质）认定事项减压工作，我国住房和城乡建设部于 2020 年 11 月 30 日发布了《住房和城乡建设部关于印发建设工程企业资质管理制度改革方案的通知》，对我国建设工程企业的资质管理做出了具体的安排和部署。

（1）指导思想

充分发挥市场在资源配置中的决定性作用，坚持以推进建筑业供给侧结构性改革为主线，按照国务院深化"放管服"改革部署要求，持续优化营商化境，大力精简企业资质类别，归并等级设置，简化资质标准，优化审批方式，进一步放宽建筑市场准入限制，降低制度性交易成本，破除制约企业发展的不合理束缚，持续激发市场主体活力，促进就业创业，加快推动建筑业转型升级，实现高质量发展。

（2）主要内容

1）精简资质类别，归并等级设置。为进一步优化建筑市场营商环境，确保新旧资质平稳过渡，保障工程质量安全，按照稳中求进的原则，积极稳妥推进建设工程企业资质管理制度改革。对部分专业划分过细、业务范围相近、市场需求较小的企业资质类别予以合并，对层级过多的资质等级进行归并。改革后，工程勘查资质分为综合资质和专业资质，工程设计资质分为综合资质、行业资质和事务所资质，施工资质分为综合资质、施工总承包资质、专业承包资质和专业作业资质，工程监理资质分为综合资质和专业资质。资质等级原则上压减为甲、乙两级（部分资质只设甲级或不分等级），资质压减后，中小企业承揽业务范围将进一步放宽，有利于促进中小企业发展。具体压减情况如下：

① 工程勘察资质。保留综合资质，将 4 类专业资质及劳务资质整合为岩土工程、工程测量、勘探测试 3 个专业资质。综合资质不分等级，专业资质登记压减为甲、乙两级。

② 工程设计资质。保留综合资质，将 21 类行业资质整合为 14 类行业资质；将 151 类专业资质、8 项专项资质、3 类事务所资质整合为 70 类专业和事务所资质。综合资质、事务所资质等级不分等级；行业资质、专业资质原则上压减为甲、乙两级（部分资质只设甲级）。

③ 施工资质。将 10 类施工总承包企业特级资质调整为施工综合资质，可承担各行业、

各等级施工总承包业务；保留 12 类施工总承包资质，将民航工程的专业承包资质整合为施工总承包资质；将 36 类专业承包资质整合为 18 类；将施工劳务企业资质改革为专业作业资质，由审批制改为备案制。综合资质和专业作业资质不分等级；施工总承包资质、专业承包资质等级原则上压减为甲、乙两级（部分专业承包资质不分等级），其中，施工总承包甲级资质在本行业内承揽业务不受限制。

④ 工程监理资质。保留综合资质；取消专业资质中的水利水电工程、公路工程、港口与航道工程、农林工程资质，保留其余 10 类专业资质；取消事务所资质。综合资质不分等级，专业资质压减为甲、乙两级。

改革后，与现有资质等级及标准相比，建筑业各类建设工程企业资质等级改革措施与压减情况见表 6-1。

表 6-1　各类建设工程企业资质等级改革措施与压减情况

企业类别	现有资质	改革措施	压减幅度
工程勘察资质	综合资质	保留，不分等级	由 26 项压减为 7 项，压减幅度达 73%
	岩土工程等 4 类专业资质	整合为 3 类专业资质，设甲、乙两级	
	工程钻探等 2 类劳务资质		
工程设计资质	综合资质	保留，不分等级	由 395 项压减为 156 项，压减幅度达 61%
	建筑行业等 21 类行业资质	整合为 14 类行业资质，原则上压减为甲、乙两级（公路行业只设甲级）	
	建筑工程等 151 类专业资质	整合为 70 类专业和事务所资质，事务所资质不分等级，专业资质原则上压减为甲、乙两级（部分资质只设甲级）	
	建筑装饰工程设计等 8 类专项资质		
	建筑设计等 3 类事务所资质		
工程施工资质	房屋建筑工程等 10 类施工总承包特级资质	调整为施工综合资质，不分行业，不分等级	由 138 项压减为 61 项，压减幅度达 56%
	建筑工程等 12 类施工总承包资质	保留，压减为甲、乙两级，甲级资质在本类别内承揽业务规模不受限制	
	机场场道工程等 3 类专业承包资质	整合为民航工程施工总承包资质，设甲、乙两级，甲级资质在本类别内承揽业务规模不受限制	
	地基基础工程等 33 类专业承包资质	整合为 18 类专业承包资质，原则上压减为甲、乙两级（部分资质只设甲级）	
	施工劳务企业资质	调整为专业作业资质，由审批制改为备案制，不分等级	
工程监理资质	综合资质	保留，不分等级	由 34 项压减为 21 项，压减幅度达 38%
	房屋建筑工程等 10 类专业资质	保留，压减为甲、乙两级	
	水利水电工程等 4 类专业资质	取消，已取得资质企业可换发同等级市政公用工程或电力/机电工程专业资质	
	事务所资质（不分专业、等级）	取消	

2) 放宽准入限制，激发企业活力。住房和城乡建设部会同国务院有关主管部门制定统一的企业资质标准，大幅精简审批条件，放宽对企业资金、主要人员、工程业绩和技术装备等的考核要求。适当放宽部分资质承揽业务规模上限，多个资质合并的，新资质承揽业务范围相应扩大至整合前各资质许可范围内的业务，尽量减少政府对建筑市场微观活动的直接干预，充分发挥市场在资源配置中的决定作用。

3) 下放审批权限，方便企业办事。进一步加大放权力度，选择工作基础较好的地方和部分资质类别，开展企业资质审批权下放试点，除将综合资质外的其他等级资质，下放至省级及以下有关主管部门审批（其中，涉及公路、水运、水利、通信、铁路、民航等资质的审批权限由国务院有关部门根据实际情况决定），方便企业就近办理。试点地方要明确专门机构、专业人员负责企业资质审批工作，并制定企业资质审批相关管理规定，确保资质审批权下放后地方能够接得住、管得好。企业资质全国通用，严禁各行业、各地区设置限制性措施，严厉查处变相设置市场准入壁垒，违规限制企业跨地区、跨行业承揽业务等行为，维护统一规范的建筑市场。

4) 优化审批服务，推行告知承诺制。深化"互联网+政务服务"，加快推动企业资质审批事项线上办理，实行全程网上申报和审批，逐步推行电子资质证书，实行企业资质审批"一网通"，并在全国建筑市场监管公共服务平台公开发布企业资质信息。简化各类证明事项，凡是通过政府部门间信息共享可以获取的证明材料，一律不再要求企业提供。加快推行企业资质审批告知承诺制，进一步扩大告知承诺适用范围，明确审批标准，逐步提升企业资质审批的规范化和便利化水平。

5) 加强事中事后监管，保障工程质量安全。坚持放管结合，加大资质审批后的动态监管力度，创新监管方式和手段，全面推行"双随机、一公开"监管方式和"互联网+监管"模式，强化工程建设各方主体责任落实，加大对转包、违法分包、资质挂靠等违法违规行为查处力度，强化事后责任追究，对负有工程质量安全事故责任的企业、人员依法严厉追究法律责任。

（3）保障措施

1) 完善工程招标投标制度，引导建设单位合理选择企业。持续深化工程招标投标制度改革，完善工程招标资格审查制度，优化调整工程项目招标条件设置，引导建设单位更多从企业实力、技术力量、管理经验等方面进行综合考察，自主选择符合工程建设要求的企业。积极培育全过程工程咨询服务机构，为业主选择合格企业提供专业化服务。大力推行工程总承包，引导企业依法自主分包。

2) 加强监督指导，确保改革措施落地。制定建设工程企业资质标准说明，进一步细化审批标准和要求，加强对地方审批人员的培训，提升资质审批服务能力和水平。不定期对地方资质审批工作进行抽查，对违规审批行为进行严肃处理。

3) 健全信用体系，发挥市场机制作用。进一步完善建筑市场信用体系，强化信用信息在工程建设各环节的应用，完善"黑名单"制度，加大对失信行为的惩戒力度。加快推行工程担保和保险制度，进一步发挥市场机制作用，规范工程建设各方主体行为，有效控制工程风险。

4）做好资质标准修订和换证工作，确保平稳过渡。开展建设工程企业资质管理规定、标准等修订工作，合理调整企业资质考核指标。设置 1 年过渡期，到期后实行简单换证，即按照新旧资质对应关系直接换发新资质证书，不再重新核定资质。

5）加强政策宣传解读，合理引导公众预期。加大改革政策宣传解读力度，及时释疑解惑，让市场主体全面了解压减资质类别和等级的各项改革措施，提高政策透明度。加强舆论引导，主动回应市场主体反映的热点问题，营造良好舆论环境。

6.3.3 从事建筑活动的专业（技术）人员的注册执业许可制度

1. 从事建筑活动的专业（技术）**人员的注册执业许可制度概述**

从事建筑活动的专业（技术）人员的注册执业许可制度是指从事建筑活动的专业（技术）人员个人在具备相关条件的前提下，通过国家考核认定或参加国家组织的相关专业（注册）执业资格全国统一考试合格，获得从事建筑活动的相关专业（注册）执业资格证书，并按照相关规定注册，取得中华人民共和国相关专业注册执业证书和执业印章（即取得相关专业注册执业许可），在相关专业（注册）执业资格证书和注册执业证书许可的范围从事相关专业性建筑活动的制度。它是一种国家注册执业许可制度。

执业资格是指国家对某些责任较大、社会通用性强、关系国家和公众利益的专业（工种）实行的准入控制，规定了专业技术人员从事某一特定专业（工种）的学识、技术和能力的必备标准。

如前所述，建筑活动作为一种综合性技术活动，具有其自身的规律性和特殊性，对于从事建筑活动的专业（技术）人员个人在专业技术水平与能力、管理水平与能力方面具有特殊要求。从事建筑活动的专业（技术）人员个人是我国建筑业从事建筑活动的另一类重要主体，是从事建筑活动的单位（企业）的最基本、最核心的构成要素，其数量规模远大于企业，其从事建筑活动的专业能力、水平与质量实质上决定了企业从事建筑活动的专业能力、水平与质量。因此，对从事建筑活动的专业（技术）人员实行注册执业许可制度是我国建筑业发展的客观需要，是我国对从事建筑活动的专业（技术）人员个人进行监督管理的客观需要。从事建筑活动的专业（技术）人员的注册执业许可制度是我国建筑活动从业资格许可制度的重要组成部分，是我国建筑工程行政许可法律制度的重要构成要素。该项制度实质上建立和确立了专业（技术）人员个人进入我国建筑市场从事建筑活动的准入制度与规则。

2. 从事建筑活动的专业（技术）**人员的注册执业许可的种类**

在我国，对从事建筑活动的专业（技术）人员实行的注册执业许可制度是一个较为复杂的体系，涉及注册执业资格种类、资格考核制度（包括特许、考核认定、考试和资格互认四种考核方式及相关制度）、注册制度、执业制度、执业范围、继续教育制度、监督管理、法律责任制度、信用档案管理制度等多个方面。目前，在我国实行的从事建筑活动的专业（技术）人员的注册执业许可的种类包括注册建筑师、勘察设计注册工程师（13 个专业）、注册城市规划师、注册监理工程师、注册建造师、注册造价工程师、注册房地产估价师、注册物业管理师等。基于我国建筑业健康、持续、高速发展的实际需要，从事建筑活动的专业（技术）人员的注册执业许可的种类还在不断增多。

从事建筑活动的专业（技术）人员的注册执业许可较为主要的种类介绍如下。

（1）注册建筑师

注册建筑师是指经考试、特许、考核认定取得中华人民共和国注册建筑师执业资格证书，或者经资格互认方式取得建筑师互认资格证书，并按照《中华人民共和国注册建筑师条例实施细则》（简称《注册建筑师条例实施细则》），取得中华人民共和国注册建筑师注册证书和执业印章，从事建筑设计及相关业务活动的专业技术人员。注册建筑师的执业范围包括：建筑设计、建筑设计技术咨询（建筑工程技术咨询，建筑工程招标、采购咨询，建筑工程项目管理，建筑工程设计文件及施工图审查，工程质量评估，以及国务院建设主管部门规定的其他建筑技术咨询业务）、建筑物调查与鉴定、对本人主持设计的项目进行施工指导和监督、国务院建设主管部门规定的其他业务等。注册建筑师分为一级注册建筑师和二级注册建筑师。

（2）勘察设计注册工程师

勘察设计注册工程师是指经考试取得中华人民共和国勘察设计注册工程师资格证书，并依法注册，取得中华人民共和国勘察设计工程师注册执业证书和执业印章，从事各类房屋建筑工程及其他专业建筑工程勘察、设计及相关业务活动的专业技术人员。

勘察设计注册工程师专业包括土木、结构、公用设备、电气等专业，并采用专业分类命名执业注册名称，如中华人民共和国注册结构工程师、中华人民共和国注册土木工程师等。其中，一级注册结构工程师、注册土木工程师（岩土）、注册公用设备工程师、注册电气工程师和注册化工工程师等勘察设计注册工程师的执业资格注册由住房和城乡建设部审批；二级注册结构工程师的执业资格注册由省、自治区、直辖市住房和城乡建设主管部门审批。

勘察设计注册工程师的执业范围包括：专业工程勘察、设计，专业工程技术咨询，专业工程招标、采购咨询，专业工程的项目管理，对专业勘察、设计项目的施工进行指导和监督，国务院有关部门规定的其他业务。各专业勘察设计注册工程师的具体执业范围由国家相关行业主管机关（部门）颁布的相关部门规章具体规定。

（3）注册监理工程师

注册监理工程师是指经考试取得中华人民共和国监理工程师资格证书，并按照《注册监理工程师管理规定》注册，取得中华人民共和国注册监理工程师注册执业证书和执业印章，从事工程监理及相关业务活动的专业技术人员。

注册监理工程师的执业范围包括：工程监理、工程经济与技术咨询、工程招标与采购咨询、工程项目管理服务以及国务院有关部门规定的其他业务。

（4）注册造价工程师

注册造价工程师是指通过全国造价工程师执业资格统一考试或者资格认定、资格互认，取得中华人民共和国造价工程师执业资格，并按照《注册造价工程师管理办法》注册，取得中华人民共和国注册造价工程师注册执业证书和执业印章，从事工程造价活动的专业人员。

注册造价工程师的执业范围包括：建设项目建议书、可行性研究投资估算的编制和审核，项目经济评价，工程概算、预算、结算、竣工结（决）算的编制和审核；工程量清单、标底（或者控制价）、投标报价的编制和审核，工程合同价款的签订及变更、调整，工程款支付与工程索赔费用的计算；建设项目管理过程中设计方案的优化、限额设计等工程造价分析与控制，工程保险理赔的核查；工程经济纠纷的鉴定。注册造价工程师分为一级注册造价工程师和二级注册造价工程师。

（5）注册建造师

注册建造师是指通过考核认定或考试合格，取得中华人民共和国建造师资格证书，并按照《注册建造师管理规定》注册，取得中华人民共和国建造师注册证书和执业印章，担任施工单位项目负责人及从事相关活动的专业技术人员。

注册建造师实行注册执业管理制度，注册建造师分为一级注册建造师和二级注册建造师。

注册建造师的执业范围包括大、中型工程项目负责人必须由本专业注册建造师担任；一级注册建造师可担任大、中、小型工程项目负责人，二级注册建造师可担任中、小型工程项目负责人。涉及注册建造师的执业范围的各类别建筑工程的规模划分标准按照建设部颁布的《注册建造师执业工程规模标准》的规定执行。

3. 从事建筑活动的专业（技术）人员的注册执业许可制度的基本内容

（1）资格考核制度

资格考核制度包括特许、考核认定、考试、资格互认几种考核方式及相关制度。

1）特许和考核认定。在专业（技术）人员的注册执业资格考试实施前，一般通过特许和考核认定的办法，使少数具有一定资历和较高技术水平的专业技术人员取得注册执业资格。考核认定程序一般是：本人填报考核认定材料，单位核实并按隶属关系由各级建设、人事主管部门进行审核后，报省、自治区、直辖市注册执业许可管理机构和国务院有关主管部门进行初审，初审合格后报全国注册执业许可管理机构审定，并参加由全国注册执业许可机构举办的考核认定培训班，经考核培训合格后，颁发注册执业资格证书。特许的程序与考核认定的程序类似，特许人员不需要参加考核培训。

2）考试。从事建筑活动的专业（技术）人员均需要参加国家组织的相关专业（注册）执业资格全国统一考试和地方考试（仅限于有二级注册执业资格的专业（技术）人员的注册执业许可种类），考试合格后方可取得相关专业（注册）执业资格证书。满足一定学历和时间要求的人员均可报考。

3）资格互认。资格互认制度是针对国外或我国港、澳、台地区从事建筑活动的专业（技术）人员的一种注册执业资格互认的制度安排。目前开展资格互认的对象主要是我国香港、台湾地区的从事建筑活动的专业（技术）人员，涉及的注册执业许可种类有一级注册建筑师、一级注册结构工程师、注册城市规划师、注册建造师和注册房地产估价师。

（2）注册制度

从事建筑活动的专业（技术）人员取得相关专业的（注册）执业资格证书后，还必须依法注册（向注册机关申请注册并经过审批），才能取得相关专业的注册执业证书和执业印章（即取得相关专业注册执业许可），才能在相关专业（注册）执业资格证书和注册执业证书许可的范围内按照国家相关规定从事相关的专业性建筑活动。

目前，我国注册建筑师、勘察设计注册工程师部分专业（注册结构工程师、注册岩土工程师、注册公用设备工程师、注册电气工程师、注册化工工程师 5 个专业）、注册房地产估价师、注册建造工程师、注册城市规划师、注册监理工程师、注册建造师等从事建筑活动的专业（技术）人员的注册执业许可种类实施了注册制度。注册作为行政许可项目，属于行政审批环节。除注册建筑师明确审批机关（许可机关）为全国注册建筑师管理委员会负责外，其他从事建筑活动的专业（技术）人员的注册执业许可种类的注册审批机关（许可机关）为住房和城乡建设部（或会同有关行业主管机关（部门））。

（3）执业范围和执业制度

国家对依法取得相关专业注册执业许可的从事建筑活动的专业（技术）人员的执业范围均有明确规定，并建立了相关专业执业制度。依法取得相关专业注册执业许可的从事建筑活动的专业（技术）人员不得超越相关专业注册执业许可规定的专业范围执业，并必须执行相关专业执业制度的相关规定。

（4）继续教育制度

由于知识与技术在不断更新，依法取得相关专业注册执业许可的从事建筑活动的专业（技术）人员都必须及时更新知识和掌握新技术，因此都必须接受相应专业的继续教育。依法取得相关专业注册执业许可的从事建筑活动的专业（技术）人员接受相应专业继续教育的频率和形式由相应的行政法规或者部门规章规定。

（5）监督管理制度

国家对依法取得相关专业注册执业许可的从事建筑活动的专业（技术）人员的执业行为过程建立了相关的监督管理制度。依法取得相关专业注册执业许可的从事建筑活动的专业（技术）人员在执业过程中都必须依法接受相关专业注册执业许可机关的监督管理。

（6）法律责任制度

国家对依法取得相关专业注册执业许可的从事建筑活动的专业（技术）人员的执业行为建立了相应的法律责任制度。依法取得相关专业注册执业许可的从事建筑活动的专业（技术）人员在执业过程中只要违反相关的执业行为规范与标准，都必须依法承担相应的法律责任。

（7）信用档案管理

根据规范和整顿建筑市场的需要，从 2002 年起，住房和城乡建设领域开始研究建立获得从事建筑活动的注册执业许可的专业（技术）人员信用档案并实施信用档案制度，目前已对多项建设领域内的注册执业资格完成了信用档案的建立与管理。

我国涉及从事建筑活动的专业（技术）人员的注册执业许可制度的法律、行政法规、部门规章、规范性文件种类繁多、复杂，包括《建筑法》《注册建筑师条例》《注册建筑师条例实施细则》《注册结构工程师执业资格制度暂行规定》《注册监理工程师管理规定》《注册造价工程师管理办法》《注册建造师管理规定》《建设工程质量监督工程师资格管理暂行规定》《勘察设计注册工程师管理规定》以及涉及各专业勘察、设计注册工程师的注册执业许可制度的管理规定、暂行规定等。上述法律、行政法规、部门规章、规范性文件的相关规定共同确立了我国从事建筑活动的专业（技术）人员的注册执业许可制度。

6.4 建筑施工企业安全生产许可法律制度

建筑工程生产的特点与一般工业产品生产的特点相比较具有自身的特殊性，建筑工程生产过程所面临的不安全因素（包括人的不安全行为和物的不安全状态）远远超过其他行业产品的生产过程，导致建筑工程生产过程中事故频发，对人民健康、生命、财产安全造成无法弥补的损失，严重损害社会公共利益。因此，建筑安全生产管理成为建筑活动中必须极其重视的重要管理环节。

建筑施工企业是我国建筑市场上从事建筑活动的重要主体，是建筑工程的生产者，当然成为建筑安全生产管理的主要责任者。

6.4.1 建筑施工企业安全生产许可法律制度概述

1. 建筑施工企业安全生产许可的概念

安全生产许可是指国家有关行政主管机关（部门）依法准予从事具有危险性的特殊产品生产的企业进行上述产品生产的行政行为。

建筑施工企业安全生产许可是指政府建设主管机关（部门）准予建筑施工企业进行建筑工程施工（生产）活动的行政行为。建筑施工企业取得安全生产许可的具体表现是依法取得许可机关颁发的安全生产许可证。

目前，根据我国安全生产方面的法律、行政法规、部门规章的相关规定，建筑施工企业取得安全生产许可是其进行建筑工程施工（生产）、取得建筑工程施工许可的前置必备条件。例如，《建筑施工企业安全生产许可证管理规定》明确规定"建筑施工企业未取得安全生产许可证的，不得从事建筑施工活动"，还规定"建设主管部门在审核发放施工许可证时，应当对已经确定的建筑施工企业是否有安全生产许可证进行审查，对没有取得安全生产许可证的，不得颁发施工许可证"。因此，可以认为，建筑施工企业安全许可制度已经成为建筑工程施工许可法律制度的组成部分，当然也成为目前我国建设行政许可法律制度的组成部分。

2. 建筑施工企业安全生产许可法律制度的构成

建筑施工企业安全生产许可法律制度是针对从事建筑工程施工（生产）的建筑施工企业制定的安全生产许可法律制度。根据《安全生产法》《安全生产许可证条例》《建设工程安全生产管理条例》《建筑施工企业安全生产许可证管理规定》的有关规定，建筑施工企业安全生产许可法律制度包括建筑施工企业取得安全生产许可证应具备的安全生产条件、建筑施工企业安全生产许可证的申请与颁发、建筑施工企业安全生产许可证的监督管理、处罚规则等方面的相关制度。

6.4.2 建筑施工企业取得安全生产许可证应具备的安全生产条件

根据《建筑施工企业安全生产许可证管理规定》的规定，建筑施工企业取得安全生产许可证应当具备以下安全生产条件：

1）建立、健全安全生产责任制，制定完备的安全生产规章制度和操作规程。

2）保证本单位安全生产条件所需资金的投入。

3）设置安全生产管理机构，按照国家有关规定配备专职安全生产管理人员。

4）主要负责人、项目负责人、专职安全生产管理人员经建设主管部门或者其他有关部门考核合格。

5）特种作业人员经有关业务主管部门考核合格，取得特种作业操作资格证书。

6）管理人员和作业人员每年至少进行一次安全生产教育培训并考核合格。

7）依法参加工伤保险，依法为施工现场从事危险作业的人员办理意外伤害保险，为从业人员交纳保险费。

8）施工现场的办公、生活区及作业场所和安全防护用具、机械设备、施工机具及配件符合有关安全生产法律、法规、标准和规程的要求。

9）有职业危害防治措施，并为作业人员配备符合国家标准或者行业标准的安全防护用具和安全防护服装。

10）有对危险性较大的分部分项工程及施工现场易发生重大事故的部位、环节的预防、监控措施和应急预案。

11）有生产安全事故应急救援预案、应急救援组织或者应急救援人员，配备必要的应急救援器材、设备。

12）法律、法规规定的其他条件。

6.4.3　建筑施工企业安全生产许可证的申请和颁发制度

1. 建筑施工企业安全生产许可证的申请制度

根据《建筑施工企业安全生产许可证管理规定》的规定，建筑施工企业申请领取安全生产许可证的程序和相关规定包括：

1）建筑施工企业从事建筑施工活动前，应当依照规定向省级以上建设主管部门申请领取安全生产许可证。

2）中央管理的建筑施工企业（集团公司、总公司）应当向国务院建设主管部门申请领取安全生产许可证。

3）其他建筑施工企业，包括中央管理的建筑施工企业（集团公司、总公司）下属的建筑施工企业，应当向企业注册所在地省、自治区、直辖市人民政府建设主管部门申请领取安全生产许可证。

4）建筑施工企业申请安全生产许可证时，应当向建设主管部门提供下列材料：①建筑施工企业安全生产许可证申请表；②企业法人营业执照；③建筑施工企业取得安全生产许可证应具备的安全生产条件中规定的相关文件、材料。

建筑施工企业申请安全生产许可证，应当对申请材料实质内容的真实性负责，不得隐瞒有关情况或者提供虚假材料。

5）安全生产许可证的有效期为 3 年。安全生产许可证有效期满需要延期的，企业应当于期满前 3 个月向原安全生产许可证颁发管理机关申请办理延期手续。

6）企业在安全生产许可证有效期内，严格遵守有关安全生产的法律、法规，未发生死亡事故的，安全生产许可证有效期届满时，经原安全生产许可证颁发管理机关同意，不再审查，安全生产许可证有效期延期 3 年。

7）建筑施工企业变更名称、地址、法定代表人等，应当在变更后 10 日内，到原安全生产许可证颁发管理机关办理安全生产许可证变更手续。

8）建筑施工企业破产、倒闭、撤销的，应当将安全生产许可证交回原安全生产许可证颁发管理机关予以注销。

9）建筑施工企业遗失安全生产许可证，应当立即向原安全生产许可证颁发管理机关报告，并在公众媒体上声明作废后，方可申请补办。

2. 建筑施工企业安全生产许可证的颁发制度

根据《建筑施工企业安全生产许可证管理规定》的规定，建筑施工企业安全生产许可证的颁发程序如下：

建设主管部门应当自受理建筑施工企业的申请之日起 45 日内审查完毕；经审查符合安全生产条件的，颁发安全生产许可证；不符合安全生产条件的，不予颁发安全生产许可证，书面通知企业并说明理由。企业自接到通知之日起应当进行整改，整改合格后方可再次提出申请。

6.4.4 建筑施工企业安全生产许可证的监督管理制度

根据《建筑施工企业安全生产许可证管理规定》的规定，对建筑施工企业安全生产许可证实施以下监督管理：

1）县级以上人民政府建设主管部门应当加强对建筑施工企业安全生产许可证的监督管理。建设主管部门在审核发放施工许可证时，应当对已经确定的建筑施工企业是否有安全生产许可证进行审查，对没有取得安全生产许可证的，不得颁发施工许可证。

2）跨省从事建筑施工活动的建筑施工企业有违反规定行为的，由工程所在地的省级人民政府建设主管部门将建筑施工企业在本地区的违法事实、处理结果和处理建议抄告原安全生产许可证颁发管理机关。

3）建筑施工企业取得安全生产许可证后，不得降低安全生产条件，并应当加强日常安全生产管理，接受建设主管部门的监督检查。安全生产许可证颁发管理机关发现企业不再具备安全生产条件的，应当暂扣或者吊销安全生产许可证。

4）安全生产许可证颁发管理机关或者其上级行政机关发现有下列情形之一的，可以撤销已经颁发的安全生产许可证：①安全生产许可证颁发管理机关工作人员滥用职权、玩忽职守颁发安全生产许可证的；②超越法定职权颁发安全生产许可证的；③违反法定程序颁发安全生产许可证的；④对不具备安全生产条件的建筑施工企业颁发安全生产许可证的；⑤依法可以撤销已经颁发的安全生产许可证的其他情形。

依照上述规定撤销安全生产许可证，建筑施工企业的合法权益受到损害的，建设主管部门应当依法给予赔偿。

5）安全生产许可证颁发管理机关应当建立、健全安全生产许可证档案管理制度，定期向社会公布企业取得安全生产许可证的情况，每年向同级安全生产监督管理部门通报建筑施工企业安全生产许可证颁发和管理情况。

6.4.5　处罚规则

《建筑施工企业安全生产许可证管理规定》（以下称本规定）对违反相关规定的行为制定了相关的处罚规则。

1）违反本规定，住房和城乡建设主管部门工作人员有下列行为之一的，给予降级或者撤职的行政处分；构成犯罪的，依法追究刑事责任：①向不符合安全生产条件的建筑施工企业颁发安全生产许可证的；②发现建筑施工企业未依法取得安全生产许可证擅自从事建筑施工活动，不依法处理的；③发现取得安全生产许可证的建筑施工企业不再具备安全生产条件，不依法处理的；④接到对违反本规定行为的举报后，不及时处理的；⑤在安全生产许可证颁发、管理和监督检查工作中，索取或者接受建筑施工企业的财物，或者谋取其他利益的。

由于建筑施工企业弄虚作假，造成上述第①项行为的，对住房和城乡建设主管部门工作人员不予处分。

2）取得安全生产许可证的建筑施工企业，发生重大事故的，暂扣安全生产许可证并限期整改。

3）建筑施工企业不再具备安全生产条件的，暂扣安全生产许可证并限期整改；情节严重的，吊销安全生产许可证。

4）违反本规定，建筑施工企业未取得安全生产许可证擅自从事建筑施工活动的，责令其在建项目停止施工，没收违法所得，并处 10 万元以上 50 万元以下的罚款；造成重大安全事故或者其他严重后果，构成犯罪的，依法追究刑事责任。

5）违反本规定，安全生产许可证有效期满未办理延期手续，继续从事建筑施工活动的，责令其在建项目停止施工，限期补办延期手续，没收违法所得，并处 5 万元以上 10 万元以下的罚款；逾期仍不办理延期手续，继续从事建筑施工活动的，依照上述第 4）项的规定处罚。

6）违反本规定，建筑施工企业转让安全生产许可证的，没收违法所得，处 10 万元以上 50 万元以下的罚款，并吊销安全生产许可证；构成犯罪的，依法追究刑事责任；接受转让的，依照上述第 4）项的规定处罚。冒用安全生产许可证或者使用伪造的安全生产许可证的，依照上述第 4）项的规定处罚。

7）违反本规定，建筑施工企业隐瞒有关情况或者提供虚假材料申请安全生产许可证的，不予受理或者不予颁发安全生产许可证，并给予警告，1 年内不得申请安全生产许可证。建筑施工企业以欺骗、贿赂等不正当手段取得安全生产许可证的，撤销安全生产许可证，3 年内不得再次申请安全生产许可证；构成犯罪的，依法追究刑事责任。

8）本规定的暂扣、吊销安全生产许可证的行政处罚，由安全生产许可证的颁发管理机关决定；其他行政处罚，由县级以上地方人民政府住房和城乡建设主管部门决定。

1. 案例背景

某工程总建筑面积约150000m²，共有19个单体，地下室为1层。工程分为两个标段，工程合同总造价约20000万元。

工程于2007年12月下旬开工。2015年3月中旬，当地地方建设行政主管部门对该工程进行检查，检查时桩基工程已全部施工完毕。通过检查发现：

1）该工程建设单位将工程桩基部分肢解发包给A、B两家桩基施工单位：A桩基施工单位承接部分桩基工程，合同造价约800万元；B桩基施工单位承接部分桩基工程，合同造价约1000万元。

2）2007年工程开工时未取得工程质量监督手续和建设工程施工许可证，2015年1月中旬才取得工程质量监督手续和建筑施工许可证。

3）A桩基施工单位只具有地基基础专业承包三级资质，不具有承接该工程的相应资质等级。

调查结论：

A桩基施工单位超越本单位资质等级允许范围承接工程，且无建筑工程施工许可证违法施工；B桩基施工单位无建筑施工许可证违法施工。

2. 案例分析

建设单位在工程建设过程中将桩基工程肢解发包给两家桩基施工单位（其中一家不具有相应资质等级），且开工时未取得工程质量监督手续和建设工程施工许可证，已经违反了《建筑法》第七条第一款（建筑工程开工前，建设单位应当按照国家有关规定向工程所在地县级以上人民政府建设行政主管部门申请领取施工许可证）、第二十四条第一款（提倡对建筑工程实行总承包，禁止将建筑工程肢解发包），以及《建设工程质量管理条例》第七条（建设单位应当将工程发包给具有相应资质等级的单位；建设单位不得将建设工程肢解发包）、第十三条（建设单位在领取施工许可证或者开工报告前，应当按照国家有关规定办理工程质量监督手续）的规定。应根据《建设工程质量管理条例》第五十五条（建设单位将建设工程肢解发包的，责令改正，处工程合同价款0.5%以上1%以下的罚款）的规定对建设单位进行处罚。

A桩基施工单位超越本单位资质等级许可的业务范围（三级资质可承担工程造价300万元及以下）承接工程，且无建筑工程施工许可证违法施工，违反了《建筑法》第二十六条（承包建筑工程的企业应当持有依法取得的资质证书，并在其资质等级许可的业务范围内承揽工程）、《建设工程质量管理条例》第二十五条第二款（禁止施工单位超越本单位资质等级许可的业务范围或者以其他施工单位的名义承揽工程）、《建筑工程施工许可管理办法》第三条第一款（本办法规定必须申请领取施工许可证的建筑工程未取得施工许可证的，一律不得开工）的规定，应根据《建设工程质量管理条例》第六十条（勘察、设计、施工、工程监理单位超越本单位资质等级承揽工程的，责令停止违法行为，对施工单位处工程合同价款2%以上4%以下的罚款）的规定，对A桩基施工单位进行处罚。

B 桩基施工单位无建筑工程施工许可证违法施工，违反了《建筑工程施工许可管理办法》第三条第一款（本办法规定必须申请领取施工许可证的建筑工程未取得施工许可证的，一律不得开工）的规定，应根据《建筑工程施工许可管理办法》第十条（对未取得施工许可证或者规避办理施工许可证将工程分解后擅自施工的，由有管辖权的发证机关责令改正，对于不符合开工条件的责令停止施工，并对建设单位和施工单位分别处以罚款）、第十三条（本办法中的罚款，法律、法规有幅度规定的从其规定，有违法所得的处 5000 元以上 30000 元以下的罚款）的规定，对 B 桩基施工单位进行处罚。

复习思考题

1. 什么是建设行政许可？建设行政许可法律制度的构成成分包括哪些？
2. 适用建筑工程施工许可法律制度的建筑工程的范围包括哪些？
3. 从事建筑活动的单位（企业）的资质等级许可制度包括哪些具体制度？
4. 目前我国从事建筑活动的专业（技术）人员的注册执业许可包括哪些种类？
5. 为什么说建筑施工企业安全许可制度是建筑工程施工许可法律制度的组成部分？

第7章

建设工程招标投标法律制度

7.1.1 招标投标的概念

招标投标的概念有不同的表述。第一种表述方式，在国际上，一般将招标投标作为一个整体行为处理，如世界银行发布的《国际复兴开发银行贷款和国际开发协会信贷采购指南》（*Guidelines for Procurement under IBRD Loans and IDA Credits*）就是这样处理的。该文件中招标和投标都是使用"Bidding"，如必须将这两阶段分开时，仍是将这两阶段视为"Bidding"下的两个阶段，如"招标与投标的时间间隔"称为"Time Interval between Invitation and Submission of Bids"。亚洲开发银行也有类似的规定。第二种表述方式则是将招标与投标分开进行界定，即"所谓招标，是指招标人为购买物资，发包工程或进行其他活动，根据公布的标准或条件，公开或书面邀请投标人前来投标，以便从中择优选定中标人的单方行为"，"所谓投标，是指符合招标文件规定资格的投标人按照招标文件的要求，提出自己的报价及相应条件的书面回答行为"。第三种表述方式则是采取列举式，界定具体的招标方式，但不对招标做直接的概念规定，如我国的《招标投标法》，没有对招标的概念进行界定，只是界定了公开招标和邀请招标的概念。

考察招标投标概念的不同表述方式，可以发现第一种表述方式与第二种表述方式的区别在于：第一种表述方式把招标投标看成一个完整的交易行为；而第二种表述方式则分别把招标和投标看成交易行为的"买"和"卖"两个方面。我国的《招标投标法》也把招标与投标理解为交易行为的两个方面。事实上，招标投标首先是一个完整的交易行为，因此首先应当对招标投标做一个整体的定义，然后再分别对招标和投标进行界定，这样才能对招标投标有一个全面的理解。

对招标投标可以做如下界定：招标投标是在市场经济条件下进行大宗货物的买卖、工程建设项目的发包与承包，以及服务项目的采购与提供时，愿意成为卖方（提供方）者提出自己的条件，采购方选择条件最优者成为卖方（提供方）的一种交易方式。招标与投标是相互对应的一对概念，是同一个问题的两个方面。具体地说，招标，是指招标人对货物、工程和服务实现公布采购的条件和要求，以一定的方式邀请不特定或者一定数量的自然人、法人或者其他组织投标，而招标人按照公开规定的程序和条件确定中标人的行为；而投标，则是指投标人相应招标人的要求参加投标竞争的行为。

在这种交易方式下，通常是由项目采购（包括货物的购买、工程的发包和服务的采购）的采购方作为招标人，通过发布招标公告或者向一定数量的特定供应商、承包商发出投标邀请等方式发出招标采购信息，提出所需采购项目的性质及其数量、质量、技术要求、交货期、竣工期或者提供服务的时间，以及对供应商、承包商的资格要求等招标采购条件，表明将选择最能够满足采购要求的供应商、承包商与之签订采购合同的意向，由各有意提供采购所需货物、工程或服务项目的供应商、承包商作为投标人，向招标人书面提出自己拟提供的货物、工程或服务的报价及其他响应招标要求的条件，参加投标竞争。招标人对各投标人的报价及其他条件进行审查比较后，从中择优选定中标者，并与其签订采购合同。

7.1.2　建设工程招标投标的适用范围和规模标准

1. 建设工程必须进行招标的范围

《招标投标法》第三条规定，在中华人民共和国境内进行下列工程建设项目包括项目的勘察、设计、施工、监理以及与工程建设有关的重要设备、材料等的采购，必须进行招标：

1）大型基础设施、公用事业等关系社会公共利益、公众安全的项目。

2）全部或者部分使用国有资金投资或者国家融资的项目。

3）使用国际组织或者外国政府贷款、援助资金的项目。

其中，全部或者部分使用国有资金投资或者国家融资的项目包括：①使用预算资金 200 万元人民币以上，并且该资金占投资额 10% 以上的项目；②使用国有企业事业单位资金，并且该资金占控股或者主导地位的项目。

其中，使用国际组织或者外国政府贷款、援助资金的项目包括：①使用世界银行、亚洲开发银行等国际组织贷款、援助资金的项目；②使用外国政府及其机构贷款、援助资金的项目。

上述第 1）、2）、3）项范围内的项目，其勘察、设计、施工、监理以及与工程建设有关的重要设备、材料等的采购达到下列标准之一的，必须招标：①施工单项合同估算价在 400 万元人民币以上；②重要设备、材料等货物的采购，单项合同估算价在 200 万元人民币以上；③勘察、设计、监理等服务的采购，单项合同估算价在 100 万元人民币以上。同一项目中可以合并进行的勘察、设计、施工、监理以及与工程建设有关的重要设备、材料等的采购，合同估算价合计达到上述规定标准的，必须招标。

根据《必须招标的基础设施和公用事业项目范围规定》，不属于上述第 2）、3）项规定情形的大型基础设施、公用事业等关系社会公共利益、公众安全的项目，必须招标的具体范围包括：①煤炭、石油、天然气、电力、新能源等能源基础设施项目；②铁路、公路、管道、水运，以及公共航空和 A1 级通用机场等交通运输基础设施项目；③电信枢纽、通信信息网络等通信基础设施项目；④防洪、灌溉、排涝、引（供）水等水利基础设施项目；⑤城市轨道交通等城建项目。

按照国家有关规定需要履行项目审批、核准手续的依法必须进行招标的项目，其招标范围、招标方式、招标组织形式应当报项目审批、核准部门审批、核准。项目审批、核准部门应当及时将审批、核准确定的招标范围、招标方式、招标组织形式通报有关行政监督部门。

2. 可以不进行招标的项目范围和情形

建设项目的勘察、设计，采用特定专利或者专有技术的，或者其建筑艺术造型有特殊要求的，经项目主管部门批准，可以不进行招标。

涉及国家安全、国家秘密、抢险救灾或者属于利用扶贫资金实行以工代赈、需要使用农民工等特殊情况，不适宜进行招标的项目，按照国家有关规定可以不进行招标，即可以直接发包。

除上述可以不进行招标的特殊情况外，有下列情形之一的，可以不进行招标：

1）需要采用不可替代的专利或专有技术。

2）采购人依法能够自行建设、生产或者提供。

3）已通过招标方式选定的特许经营项目投资人依法能够自行建设、生产或者提供。

4）需要向原中标人采购工程、货物或者服务，否则将影响施工或者功能配套要求。

5）国家规定的其他特殊情形。

以上所述是指符合招标的规定，但是不适宜进行招标的项目范围。

此外，对于依法必须进行招标的具体范围和规模标准以外的建设工程项目，可以不进行招标，采用直接发包的方式。

7.1.3　建设工程招标投标原则

建设工程招标投标活动应该遵循公开、公平、公正和诚实信用的原则。

1）公开原则，就是要求招标投标活动必须具有较高的透明度，招标信息、招标程序、开标过程、中标结果都必须公开，使每一个人投标人获得同等的信息。

2）公平原则，就是要求招标人本着平等互利的原则拟定招标文件，给予所有投标人平等机会，使其享有平等的权利并履行相应的义务。

3）公正原则，就是要求评标时按事先公布的标准进行评标，使所有投标人平等地享有同等权利，公正地对待每一个投标人。另外，设定的标准、招标投标的过程要公平，不得以不合理的条件排斥或限制潜在的投标人。

4）诚实信用原则，这是所有民事活动都应遵循的基本原则之一。它要求当事人应以诚实、守信的态度行使权利、履行义务，保证彼此都能得到自己应得的利益，同时不得损害第三人和社会的利益，不得规避招标、串通投标、泄露标底、骗取中标、转包合同等诸多义务。

依法必须进行招标的项目，其招标投标活动不受地区或者部门的限制。任何单位和个人不得违法限制或者排斥本地区、本系统以外的法人或者其他组织参加投标，不得以任何方式非法干涉招标投标活动。

7.1.4　建设工程招标组织

建设工程的招标单位可以自行招标，也可以委托建设工程招标代理机构进行招标。

1. 自行招标

招标人具有编制招标文件和组织评标能力的，可以自行办理招标事宜。任何单位和个人不得强制其委托招标代理机构办理招标事宜。依法必须进行招标的项目，招标人自行办理招标事宜的，应当向有关行政监督部门备案。

根据《房屋建筑和市政基础设施工程施工招标投标管理办法》（以下称本办法），招标人自行办理施工招标事宜的，应当在发布招标公告或者发出投标邀请书的 5 日前，向工程所在地县级以上地方人民政府建设行政主管部门备案，并报送下列材料：

1）按照国家有关规定办理审批手续的各项批准文件。

2）本办法第十一条所列条件的证明材料，包括专业技术人员的名单、职称证书或者执业资格证书及其工作经历的证明材料。

3）法律、法规、规章规定的其他材料。

招标人不具备自行办理施工招标事宜条件的，建设行政主管部门应当自收到备案材料之日起 5 日内责令招标人停止自行办理施工招标事宜。

招标人自行办理招标事宜，应当具有编制招标文件和组织评标的能力，具体包括：①有专门的施工招标组织机构；②有与工程规模、复杂程度相适应并具有同类工程施工招标经验、熟悉有关工程施工招标法律法规的工程技术、概预算及工程管理的专业人员。不具备上述条件的，招标人应当委托工程招标代理机构代理施工招标。

2. 委托招标

招标代理机构是依法设立、从事招标代理业务并提供相关服务的社会中介组织。

招标代理机构应当具备下列条件：

1）具有从事招标代理业务的营业场所和相应资金。

2）具有能够编制招标文件和组织评标的相应专业力量。

招标代理机构与行政机关和其他国家机关不得存在隶属关系或者其他利益关系。

7.1.5　建设工程招标方式

1. 公开招标与邀请招标

建设工程招标分为公开招标与邀请招标。

（1）公开招标

公开招标是指招标人以招标公告的方式邀请不特定的法人或者其他组织投标。

（2）邀请招标

邀请招标是指招标人以投标邀请书的方式邀请特定的法人或者其他组织投标。

招标人采用邀请招标方式的，应当向三个以上具备承担招标项目的能力、资信良好的特定的法人或者其他组织发出投标邀请书。

国务院发展计划部门确定的国家重点项目和省、自治区、直辖市人民政府确定的地方重点项目不适宜公开招标的，经国务院发展计划部门或者省、自治区、直辖市人民政府批准，可以进行邀请招标。

国有资金占控股或者主导地位的依法必须进行招标的项目，应当公开招标；但有下列情形之一的，可以邀请招标：

1）技术复杂、有特殊要求或者受自然环境限制，只有少量潜在投标人可供选择。

2）采用公开招标方式的费用占项目合同金额的比例过大。

2. 其他招标方式

（1）总承包招标

招标人可以依法对工程以及与工程建设有关的货物、服务全部或者部分实行总承包招标。以暂估价形式包括在总承包范围内的工程、货物、服务属于依法必须进行招标的项目范围且达到国家规定规模标准的，应当依法进行招标。

以上所称暂估价，是指总承包招标时不能确定价格而由招标人在招标文件中暂时估定的工程、货物、服务的金额。

（2）两阶段招标

对技术复杂或者无法精确拟定技术规格的项目，招标人可以分两阶段进行招标：

第一阶段，投标人按照招标公告或者投标邀请书的要求提交不带报价的技术建议，招标人根据投标人提交的技术建议确定技术标准和要求，编制招标文件。

第二阶段，招标人向在第一阶段提交技术建议的投标人提供招标文件，投标人按照招标文件的要求提交包括最终技术方案和投标报价的投标文件。

招标人要求投标人提交投标保证金的，应当在第二阶段提出。

7.2 建设工程招标

建设工程招标是指建设工程发包方通过公告或者其他方式，发布拟建建设工程的有关信息，表明其将招请具有相应资质的建设工程承包方承包建筑工程项目的意向，由各建设工程承包方按照发包方的要求提出各自的建筑工程报价和其他承包条件，参加承揽建筑工程任务的竞争，最后由发包方从中择优选定中标单位作为该项建筑工程的承包方，与其签订建筑工程承包合同。从法律上讲，建设工程招标属于要约邀请。

一般来说，建设工程招标程序包括：①设立招标组织，进行必要的前期准备工作；②编制招标文件和标底；③发布招标公告或发出投标邀请书；④对潜在投标人进行资格审查；⑤发售招标文件；⑥组织投标人勘察现场；⑦召开投标预备会；⑧接受投标文件；⑨开标；⑩评标；⑪定标、发出中标通知书；⑫签订合同；⑬终止招标。

7.2.1 进行必要的前期准备工作以及设立招标组织

1. 进行必要的前期准备工作

《房屋建筑和市政基础设施工程施工招标投标管理办法》第七条规定，工程施工招标应当具备下列条件：

1）按照国家有关规定需要履行项目审批手续的，已经履行审批手续。

2）工程资金或者资金来源已经落实。

3）有满足施工招标需要的设计文件及其他技术资料。

4）法律、法规、规章规定的其他条件。

招标项目按照国家有关规定需要履行项目审批手续的，应当先履行审批手续，取得批准。招标人应当有进行招标项目的相应资金或者资金来源已经落实，并应当在招标文件中如实载明。

按照国家有关规定需要履行项目审批、核准手续的依法必须进行招标的项目，其招标范围、招标方式、招标组织形式应当报项目审批、核准部门审批、核准。项目审批、核准部门应当及时将审批、核准确定的招标范围、招标方式、招标组织形式通报有关行政监督部门。

2. 设立招标组织

建设单位可以自行招标，也可以委托招标代理机构进行招标工作。

依法必须进行施工招标的工程，招标人自行办理施工招标事宜的，应当具有编制招标文件和组织评标的能力：

1）有专门的施工招标组织机构。

2）有与工程规模、复杂程度相适应并具有同类工程施工招标经验、熟悉有关工程施工招标法律法规的工程技术、概预算及工程管理的专业人员。

不具备上述条件的，招标人应当委托工程招标代理机构代理施工招标。

7.2.2 编制招标文件和标底

1. 编制招标文件

招标文件是招标单位编制或其委托招标代理机构编制的招标、评标与中标单位据以签订建设工程承包合同的纲领性文件。

招标人应当根据招标项目的特点和需要编制招标文件。招标文件应当包括招标项目的技术要求、对投标人资格审查的标准、投标报价要求和评标标准等所有实质性要求和条件以及拟签订合同的主要条款。国家对招标项目的技术、标准有规定的，招标人应当按照其规定在招标文件中提出相应要求。招标项目需要划分标段、确定工期的，招标人应当合理划分标段、确定工期，并在招标文件中载明。

招标人根据施工招标项目的特点和需要编制招标文件。招标文件一般包括下列内容：

1）招标公告或投标邀请书。

2）投标人须知。

3）合同主要条款。

4）投标文件格式。

5）采用工程量清单招标的，应当提供工程量清单。

6）技术条款。

7）设计图。

8）评标标准和方法。

9）投标辅助材料。

招标人应当在招标文件中规定实质性要求和条件，并用醒目的方式标明。

招标人应当在招标文件中载明投标有效期。投标有效期从提交投标文件的截止之日起算。

2. 编制标底

标底是由招标单位或其委托的机构编制的，对施工标的物的造价或费用估算。招标人设有标底的，标底必须保密。

《中华人民共和国招标投标法实施条例》（简称《招标投标法实施条例》）第二十七条规定："招标人可以自行决定是否编制标底。一个招标项目只能有一个标底。标底必须保密。接受委托编制标底的中介机构不得参加受托编制标底项目的投标，也不得为该项目的投标人编制投标文件或者提供咨询。招标人设有最高投标限价的，应当在招标文件中明确最高投标限价或者最高投标限价的计算方法。招标人不得规定最低投标限价。"

7.2.3 发布招标公告或发出投标邀请书

采用公开招标方式的，招标人应当发布招标公告，邀请不特定的法人或者其他组织投标。依法必须进行施工招标项目的招标公告，应当在国家指定的报刊和信息网络上发布。

采用邀请招标方式的，招标人应当向3家以上具备承担施工招标项目的能力、资信良好的特定的法人或者其他组织发出投标邀请书。

根据《工程建设项目施工招标投标办法》，招标公告或者投标邀请书应当至少载明下列内容：

1）招标人的名称和地址。

2）招标项目的内容、规模、资金来源。

3）招标项目的实施地点和工期。

4）获取招标文件或者资格预审文件的地点和时间。

5）对招标文件或者资格预审文件收取的费用。

6）对招标人的资质等级的要求。

依法必须进行招标的项目的资格预审公告和招标公告，应当在国务院发展改革部门依法指定的媒介发布。在不同媒介发布的同一招标项目的资格预审公告或者招标公告的内容应当一致。指定媒介发布依法必须进行招标的项目的境内资格预审公告、招标公告，不得收取费用。

根据《招标公告和公示信息发布管理办法》，依法必须招标项目的招标公告和公示信息有下列情形之一的，潜在投标人或者投标人可以要求招标人或其招标代理机构予以澄清、改正、补充或调整：

1）招标公告载明的事项不符合招标公告应载明事项内容规定。

2）在两家以上媒介发布的同一招标项目的招标公告和公示信息内容不一致。

3）招标公告和公示信息内容不符合法律、法规规定。

招标人或其招标代理机构应当认真核查，及时处理，并将处理结果告知提出意见的潜在投标人或者投标人。

7.2.4 对潜在投标人进行资格审查

资格审查分为资格预审和资格后审。进行资格预审的，一般不再进行资格后审，但招标文件另有规定的除外。

1. 资格预审

资格预审是指在投标前对潜在投标人进行的资格审查。

实行资格预审的招标工程，招标人应当在招标公告或者投标邀请书中载明资格预审的条件和获取资格预审文件的办法。

资格预审文件一般应当包括资格预审申请书格式、申请人须知，以及需要投标申请人提供的企业资质、业绩、技术装备、财务状况和拟派出的项目经理与主要技术人员的简历、业绩等证明材料。

资格预审结束后，招标人应当及时向资格预审申请人发出资格预审结果通知书。未通过资格预审的申请人不具有投标资格。通过资格预审的申请人少于 3 个的，应当重新招标。

潜在投标人或者其他利害关系人对资格预审文件有异议的，应当在提交资格预审申请文件截止时间 2 日前提出；对招标文件有异议的，应当在投标截止时间 10 日前提出。招标人应当自收到异议之日起 3 日内做出答复；做出答复前，应当暂停招标投标活动。

2. 资格后审

资格后审是指在开标后对投标人进行的资格审查。

招标人采用资格后审办法对投标人进行资格审查的，应当在开标后由评标委员会按照招标文件规定的标准和方法对投标人的资格进行审查。

采取资格后审的，招标人应当在招标文件中载明对投标人资格要求的条件、标准和方法。招标人不得改变载明的资格条件或者以没有载明的资格条件对潜在投标人或者投标人进行资格审查。经资格后审不合格的投标人的投标应予否决。

7.2.5 发售招标文件

招标人应当按照资格预审公告、招标公告或者投标邀请书规定的时间、地点发售资格预审文件或者招标文件。资格预审文件或者招标文件的发售期不得少于 5 日。招标人发售资格预审文件、招标文件收取的费用应当限于补偿印刷、邮寄的成本支出，不得以营利为目的。

招标人可以通过信息网络或者其他媒介发布招标文件。通过信息网络或者其他媒介发布的招标文件与书面招标文件具有同等法律效力，出现不一致时以书面招标文件为准，国家另有规定的除外。对于所附的设计文件，招标人可以向投标人酌收押金；对于开标后投标人退还设计文件的，招标人应当向投标人退还押金。招标文件或者资格预审文件售出后，不予退还。除不可抗力原因外，招标人在发布招标公告、发出投标邀请书后或者售出招标文件或资格预审文件后，不得终止招标。

招标人可以对已发出的资格预审文件或者招标文件进行必要的澄清或者修改。澄清或者修改的内容可能影响资格预审申请文件或者投标文件编制的，招标人应当在提交资格预审申请文件截止时间至少 3 日前，或者投标截止时间至少 15 日前，以书面形式通知所有获取资格预审文件或者招标文件的潜在投标人；不足 3 日或者 15 日的，招标人应当顺延提交资格预审申请文件或者投标文件的截止时间。

招标人不得向他人透露已获取招标文件的潜在投标人的名称、数量以及可能影响公平竞争的有关招标投标的其他情况。

招标人应当确定投标人编制投标文件所需要的合理时间；但是，依法必须进行招标的项目，自招标文件开始发出之日起至投标人提交投标文件截止之日止，最短不得少于 20 日。

7.2.6 组织投标人勘察现场

招标人组织投标人进行勘察现场的目的在于了解工程场地和周围环境情况，以获得投标人认为有必要的信息。为了便于投标人提出问题并及时得到解答，勘察现场一般安排在投标预备会前 1~2 天。投标人在勘察现场中如有疑问，应在投标预备会前以书面形式向招标人提出，但应给招标人留有解答时间。

招标人根据招标项目的具体情况，可以组织潜在投标人勘察项目现场，向其介绍工程场地和相关环境的有关情况。潜在投标人依据招标人介绍情况做出的判断和决策，由投标人自行负责。招标人不得组织单个或者部分潜在投标人勘察项目现场。

对于潜在投标人在阅读招标文件和现场勘察中提出的疑问，招标人可以书面形式或召开投标预备会的方式解答，但需同时将解答以书面方式通知所有购买招标文件的潜在投标人。该解答的内容为招标文件的组成部分。

7.2.7 召开投标预备会

投标预备会一般安排在发出招标文件 7 天后 28 天内举行。在投标预备会中，招标单位负责人除了介绍工程概况外，还可以对招标文件中某些内容加以修改或予以补充说明，并对投标人研究招标文件和现场考察后以书面形式提出的问题和会议上即席提出的问题给予解答。会议结束后，招标人应将会议记录以书面通知的形式发给每一位投标人。补充文件作为招标文件的组成部分，具有同等法律效力。

投标预备会目的在于澄清招标文件中的疑问，解答投标人对投标文件和勘察现场中所提出的疑问。

7.2.8 接受投标文件

招标文件应该明确规定投送投标文件的地点和期限。投标人送达投标文件时，招标单位应检验文件密封和送达时间是否符合要求，合格者发给回执，否则拒收。

招标人应当确定投标人编制投标文件所需要的合理时间；但是，依法必须进行招标的项目，自招标文件开始发出之日起至投标人提交投标文件截止之日止，最短不得少于 20 日。

投标人应当在招标文件要求提交投标文件的截止时间前，将投标文件送达投标地点。招标人收到投标文件后，应当签收保存，不得开启。投标人少于 3 个的，招标人应当依法重新招标。在招标文件要求提交投标文件的截止时间后送达的投标文件，招标人应当拒收。

7.2.9　终止招标

《招标投标法实施条例》第三十一条规定，招标人终止招标的，应当及时发布公告，或者以书面形式通知被邀请的或者已经获取资格预审文件、招标文件的潜在投标人。已经发售资格预审文件、招标文件或者已经收取投标保证金的，招标人应当及时退还所收取的资格预审文件、招标文件的费用，以及所收取的投标保证金及银行同期存款利息。

7.3 | 建设工程投标

7.3.1　投标主体

1. 投标人

投标人是指响应招标、参加投标竞争的法人或者其他组织。投标人应当具备承担招标项目的能力；国家有关规定对投标人资格条件或者招标文件对投标人资格条件有规定的，投标人应当具备规定的资格条件。

投标人参加依法必须进行招标的项目的投标，不受地区或者部门的限制，任何单位和个人不得非法干涉。

与招标人存在利害关系可能影响招标公正性的法人、其他组织或者个人，不得参加投标。单位负责人为同一人或者存在控股、管理关系的不同单位，不得参加同一标段投标或者未划分标段的同一招标项目投标。违反这两项规定的，相关投标均无效。

投标人发生合并、分立、破产等重大变化的，应当及时书面告知招标人。投标人不再具备资格预审文件、招标文件规定的资格条件或者其投标影响招标公正性的，其投标无效。

2. 联合体投标

《招标投标法》第三十一条规定，两个以上法人或者其他组织可以组成一个联合体，以一个投标人的身份共同投标。

联合体各方均应当具备承担招标项目的相应能力；国家有关规定或者招标文件对投标人资格条件有规定的，联合体各方均应当具备规定的相应资格条件。由同一专业的单位组成的联合体，按照资质等级较低的单位确定资质等级。

联合体各方应当签订共同投标协议，明确约定各方拟承担的工作和责任，并将共同投标协议连同投标文件一并提交招标人。联合体中标的，联合体各方应当共同与招标人签订合同，就中标项目向招标人承担连带责任。

招标人不得强制投标人组成联合体共同投标，不得限制投标人之间的竞争。

《招标投标法实施条例》第三十七条规定，招标人应当在资格预审公告、招标公告或者投标邀请书中载明是否接受联合体投标。招标人接受联合体投标并进行资格预审的，联合体应当在提交资格预审申请文件前组成。资格预审后联合体增减、更换成员的，其投标无效。联合体各方在同一招标项目中以自己名义单独投标或者参加其他联合体投标的，相关投标均无效。

7.3.2 投标文件

1. 投标文件的内容

《招标投标法》第二十七条规定，投标人应当按照招标文件的要求编制投标文件。投标文件应当对招标文件提出的实质性要求和条件做出响应。招标项目属于建设施工的，投标文件的内容应当包括拟派出的项目负责人与主要技术人员的简历、业绩和拟用于完成招标项目的机械设备等。

《招标投标法》第三十条规定，投标人根据招标文件载明的项目实际情况，拟在中标后将中标项目的部分非主体、非关键性工作进行分包的，应当在投标文件中载明。

《〈标准施工招标资格预审文件〉和〈标准施工招标文件〉暂行规定》规定，投标文件应包括下列内容：①投标函及投标函附录；②法定代表人身份证明或附有法定代表人身份证明的授权委托书；③联合体协议书；④投标保证金；⑤已标价工程量清单；⑥施工组织设计；⑦项目管理机构；⑧拟分包项目情况表；⑨资格审查资料；⑩投标人须知前附表规定的其他材料。

2. 投标文件的送达与签收

《招标投标法》第二十八条规定，投标人应当在招标文件要求提交投标文件的截止时间前，将投标文件送达投标地点。招标人收到投标文件后，应当签收保存，不得开启。投标人少于3个的，招标人应当依照本法重新招标。在招标文件要求提交投标文件的截止时间后送达的投标文件，招标人应当拒收。

《招标投标法实施条例》第三十六条规定，未通过资格预审的申请人提交的投标文件，以及逾期送达或者不按照招标文件要求密封的投标文件，招标人应当拒收。招标人应当如实记载投标文件的送达时间和密封情况，并存档备查。

3. 投标文件的修改与撤回

《招标投标法》第二十九条规定，投标人在招标文件要求提交投标文件的截止时间前，可以补充、修改或者撤回已提交的投标文件，并书面通知招标人。补充、修改的内容为投标文件的组成部分。

7.3.3 投标保证金

投标保证金是指投标人按照招标文件的要求向招标人出具的，以一定金额表示的投标担保。其实质目的是避免因投标人在投标有效期内随意撤回、撤销投标或中标后不能提交履约保证金和签署合同等行为而给招标人造成损失。

1. 投标保证金的提交

《招标投标法实施条例》第二十六条规定，招标人在招标文件中要求投标人提交投标保证金的，投标保证金不得超过招标项目估算价的**2%**。投标保证金有效期应当与投标有效期一致。依法必须进行招标的项目的境内投标单位，以现金或者支票形式提交的投标保证金应当从其基本账户转出。招标人不得挪用投标保证金。

《工程建设项目施工招标投标办法》第四十五条规定，联合体投标的，应当以联合体各方或者联合体中牵头人的名义提交投标保证金。以联合体中牵头人名义提交的投标保证金，对联合体各成员具有约束力。

2. 投标保证金的退还

《招标投标法实施条例》第三十五条规定，投标人撤回已提交的投标文件，应当在投标截止时间前书面通知招标人。招标人已收取投标保证金的，应当自收到投标人书面撤回通知之日起 5 日内退还。投标截止后投标人撤销投标文件的，招标人可以不退还投标保证金。

《工程建设项目施工招标投标办法》第八十一条规定，中标通知书发出后，中标人放弃中标项目的，无正当理由不与招标人签订合同的，在签订合同时向招标人提出附加条件或者更改合同实质性内容的，或者拒不提交所要求的履约保证金的，取消其中标资格，投标保证金不予退还；给招标人的损失超过投标保证金数额的，中标人应当对超过部分予以赔偿；没有提交投标保证金的，应当对招标人的损失承担赔偿责任。

7.4 建设工程开标、评标与定标

7.4.1 开标

开标应当在招标文件确定的提交投标文件截止时间的同一时间公开进行；开标地点应当为招标文件中预先确定的地点。

开标由招标人主持，邀请所有投标人参加。

开标时，由投标人或者其推选的代表检查投标文件的密封情况，也可以由招标人委托的公证机构检查并公证；经确认无误后，由工作人员当众拆封，宣读投标人名称、投标价格和投标文件的其他主要内容。投标人少于 3 个的，不得开标；招标人应当重新招标。投标人对开标有异议的，应当在开标现场提出，招标人应当当场做出答复，并做记录。

7.4.2 评标

1.《招标投标法》有关评标的规定

评标由招标人依法组建的评标委员会负责。

依法必须进行招标的项目，其评标委员会由招标人的代表和有关技术、经济等方面的专家组成，成员人数为 5 人以上单数，其中技术、经济等方面的专家不得少于成员总数的2/3。

专家应当从事相关领域工作满 8 年并具有高级职称或者具有同等专业水平，由招标人从国务院有关部门或者省、自治区、直辖市人民政府有关部门提供的专家名册或者招标代理机构的专家库内的相关专业的专家名单中确定；一般招标项目可以采取随机抽取方式，特殊招标项目可以由招标人直接确定。

与投标人有利害关系的人不得进入相关项目的评标委员会；已经进入的应当更换。评标委员会成员的名单在中标结果确定前应当保密。

招标人应当采取必要的措施，保证评标在严格保密的情况下进行。任何单位和个人不得非法干预、影响评标的过程和结果。

评标委员会应当按照招标文件确定的评标标准和方法，对投标文件进行评审和比较；设有标底的，应当参考标底。评标委员会完成评标后，应当向招标人提出书面评标报告，并推荐合格的中标候选人。

招标人根据评标委员会提出的书面评标报告和推荐的中标候选人确定中标人。招标人也可以授权评标委员会直接确定中标人。国务院对特定招标项目的评标有特别规定的，从其规定。

评标委员会经评审，认为所有投标都不符合招标文件要求的，可以否决所有投标。依法必须进行招标的项目的所有投标被否决的，招标人应当依照《招标投标法》重新招标。

2.《招标投标法实施条例》有关评标的规定

招标项目设有标底的，招标人应当在开标时公布。标底只能作为评标的参考，不得以投标报价是否接近标底作为中标条件，也不得以投标报价超过标底上下浮动范围作为否决投标的条件。

有下列情形之一的，评标委员会应当否决其投标：

1）投标文件未经投标单位盖章和单位负责人签字。

2）投标联合体没有提交共同投标协议。

3）投标人不符合国家或者招标文件规定的资格条件。

4）同一投标人提交两个以上不同的投标文件或者投标报价，但招标文件要求提交备选投标的除外。

5）投标报价低于成本或者高于招标文件设定的最高投标限价。

6）投标文件没有对招标文件的实质性要求和条件做出响应。

7）投标人有串通投标、弄虚作假、行贿等违法行为。

投标文件中有含义不明确的内容、明显文字或者计算错误，评标委员会认为需要投标人做出必要澄清、说明的，应当书面通知该投标人。投标人的澄清、说明应当采用书面形式，并不得超出投标文件的范围或者改变投标文件的实质性内容。评标委员会不得暗示或者诱导投标人做出澄清、说明，不得接受投标人主动提出的澄清、说明。

评标完成后，评标委员会应当向招标人提交书面评标报告和中标候选人名单。中标候选人应当不超过3个，并标明排序。

评标报告应当由评标委员会全体成员签字。对评标结果有不同意见的评标委员会成员应当以书面形式说明其不同意见和理由，评标报告应当注明该不同意见。评标委员会成员拒绝在评标报告上签字又不书面说明其不同意见和理由的，视为同意评标结果。

7.4.3 定标、发出中标通知书

1.《招标投标法》有关中标的规定

中标人的投标应当符合下列条件之一：

1）能够最大限度地满足招标文件中规定的各项综合评价标准。

2）能够满足招标文件的实质性要求，并且经评审的投标价格最低；但是投标价格低于成本的除外。

在确定中标人前，招标人不得与投标人就投标价格、投标方案等实质性内容进行谈判。

中标人确定后，招标人应当向中标人发出中标通知书，并同时将中标结果通知所有未中标的投标人。中标通知书对招标人和中标人都具有法律效力。中标通知书发出后，招标人改变中标结果的，或者中标人放弃中标项目的，应当依法承担法律责任。

2. 《招标投标法实施条例》有关中标的规定

依法必须进行招标的项目，招标人应当自收到评标报告之日起 3 日内公示中标候选人，公示期不得少于 3 日。投标人或者其他利害关系人对依法必须进行招标的项目的评标结果有异议的，应当在中标候选人公示期间提出。招标人应当自收到异议之日起 3 日内做出答复；做出答复前，应当暂停招标投标活动。

国有资金占控股或者主导地位的依法必须进行招标的项目，招标人应当确定排名第一的中标候选人为中标人。排名第一的中标候选人放弃中标、因不可抗力不能履行合同、不按照招标文件要求提交履约保证金，或者被查实存在影响中标结果的违法行为等情形，不符合中标条件的，招标人可以按照评标委员会提出的中标候选人名单排序依次确定其他中标候选人为中标人，也可以重新招标。

中标候选人的经营、财务状况发生较大变化或者存在违法行为，招标人认为可能影响其履约能力的，应当在发出中标通知书前由原评标委员会按照招标文件规定的标准和方法审查确认。

7.4.4 签订合同

《招标投标法》规定，招标人和中标人应当自中标通知书发出之日起 30 日内，按照招标文件和中标人的投标文件订立书面合同。

《招标投标法实施条例》第五十七条规定，招标人和中标人应当依照《招标投标法》和本条例的规定签订书面合同，合同的标的、价款、质量、履行期限等主要条款应当与招标文件和中标人的投标文件的内容一致。招标人和中标人不得再行订立背离合同实质性内容的其他协议。

中标人应当按照合同约定履行义务，完成中标项目。中标人不得向他人转让中标项目，也不得将中标项目肢解后分别向他人转让。

中标人按照合同约定或者经招标人同意，可以将中标项目的部分非主体、非关键性工作分包给他人完成。接受分包的人应当具备相应的资格条件，并不得再次分包。中标人应当就分包项目向招标人负责，接受分包的人就分包项目承担连带责任。

招标文件要求中标人提交履约保证金的，中标人应当提交。履约保证金不得超过中标合同金额的 10%。

7.5 建设工程招标投标的禁止性规定

7.5.1 招标人以不合理的条件限制、排斥潜在投标人或者投标人

《招标投标法实施条例》第三十二条规定，招标人不得以不合理的条件限制、排斥潜在

投标人或者投标人。

招标人有下列行为之一的，属于以不合理的条件限制、排斥潜在投标人或者投标人：

1）就同一招标项目向潜在投标人或者投标人提供有差别的项目信息。

2）设定的资格、技术、商务条件与招标项目的具体特点和实际需要不相适应或者与合同履行无关。

3）依法必须进行招标的项目以特定行政区域或者特定行业的业绩、奖项作为加分条件或者中标条件。

4）对潜在投标人或者投标人采取不同的资格审查或者评标标准。

5）限定或者指定特定的专利、商标、品牌、原产地或者供应商。

6）依法必须进行招标的项目非法限定潜在投标人或者投标人的所有制形式或者组织形式。

7）以其他不合理条件限制、排斥潜在投标人或者投标人。

7.5.2 禁止投标人相互串通投标

1. 属于投标人相互串通投标的情形

《招标投标法实施条例》第三十九条规定，禁止投标人相互串通投标。有下列情形之一的，属于投标人相互串通投标：

1）投标人之间协商投标报价等投标文件的实质性内容。

2）投标人之间约定中标人。

3）投标人之间约定部分投标人放弃投标或者中标。

4）属于同一集团、协会、商会等组织成员的投标人按照该组织要求协同投标。

5）投标人之间为谋取中标或者排斥特定投标人而采取的其他联合行动。

2. 视为投标人相互串通投标的情形

《招标投标法实施条例》第四十条规定，有下列情形之一的，视为投标人相互串通投标：

1）不同投标人的投标文件由同一单位或者个人编制。

2）不同投标人委托同一单位或者个人办理投标事宜。

3）不同投标人的投标文件载明的项目管理成员为同一人。

4）不同投标人的投标文件异常一致或者投标报价呈规律性差异。

5）不同投标人的投标文件相互混装。

6）不同投标人的投标保证金从同一单位或者个人的账户转出。

7.5.3 禁止招标人与投标人串通投标

《招标投标法实施条例》第四十一条规定，禁止招标人与投标人串通投标。

有下列情形之一的，属于招标人与投标人串通投标：

1）招标人在开标前开启投标文件并将有关信息泄露给其他投标人。

2）招标人直接或者间接向投标人泄露标底、评标委员会成员等信息。

3）招标人明示或者暗示投标人压低或者抬高投标报价。

4）招标人授意投标人撤换、修改投标文件。

5）招标人明示或者暗示投标人为特定投标人中标提供方便。

6）招标人与投标人为谋求特定投标人中标而采取的其他串通行为。

7.5.4　低于成本的报价竞标、以他人名义投标等情况

《招标投标法》第三十三条规定，投标人不得以低于成本的报价竞标，也不得以他人名义投标或者以其他方式弄虚作假，骗取中标。

1. 低于成本的报价竞标

低于成本的报价竞争不仅属于不正当竞争行为，还容易导致中标后的偷工减料，影响建设工程质量。《招标投标法》第四十一条规定，中标人的投标应当能够满足招标文件的实质性要求，并且经评审的投标价格最低；但是投标价格低于成本的除外。需要注意的是，此处所说成本是指投标人的个别成本，是根据企业定额测算的成本。

2. 以他人名义投标

《招标投标法实施条例》规定，使用通过受让或者租借等方式获取的资格、资质证书投标的，属于《招标投标法》规定的以他人名义投标。

3. 以其他方式弄虚作假

投标人有下列情形之一的，属于《招标投标法》规定的以其他方式弄虚作假的行为：

1）使用伪造、变造的许可证件。

2）提供虚假的财务状况或者业绩。

3）提供虚假的项目负责人或者主要技术人员简历、劳动关系证明。

4）提供虚假的信用状况。

5）其他弄虚作假的行为。

7.6 《招标投标法》的修订

国家发改委牵头会同有关部门起草了《中华人民共和国招标投标法（修订草案公开征求意见稿）》，于 2019 年 12 月公布，我国的《招标投标法》此后或将进行调整。以下对《中华人民共和国招标投标法（修订草案公开征求意见稿）》（简称《征求意见稿》）进行简要介绍。

7.6.1　修订的宗旨

修订是本法阶段性的调整，具体宗旨：一是为了解决以往招标投标法律执行中出现的问题，如排斥限制潜在投标人、围标串标、低质低价中标、评标质量不高、随意废标等，提出提高公开透明度、完善评标制度的解决方案；二是为了解决招标人主体责任落实不到位，减少对市场主体特别是民营企业招标投标活动干预的问题；三是对属于政府职责范围的事项，加强信用体系建设，强化行政监督，强化事中事后监管；四是对鼓励科技创新、节约能源资源、生态环保，进行有针对性的招标投标制度安排；五是适应现代化、信息化等发展趋势，

积极推动招标投标活动转型升级。

7.6.2 修订内容概述

1. 推进招标投标领域简政放权

对必须进行招标项目的规模标准进行了修订，不再要求基础设施、公用事业等关系社会公共利益、公众安全的项目必须进行招标。保留对全部或者部分使用国有资金、国家融资、国际组织或者外国政府贷款、援助的项目必须进行招标投标。对不属于依法必须进行招标的项目，提出项目的法人或者非法人组织可以自主确定采购方式，激发民间投资活力。同时取消了企业投资项目招标方案核准、自行招标备案等多项事前核准、备案事项，调整为采用事中事后监管，降低制度性交易成本。

2. 招标主体责任和权力落实到位，为招标投标实践发展提供法治保障

明确总承包招标、集中招标、两阶段招标等招标组织形式的法律地位。明确政府和社会资本合作项目遴选社会资本方有关招标要求。扩大了允许自然人投标的项目范围。规定招标人对招标过程和招标结果承担主体责任，进一步明确招标人在选择代理机构、编制招标文件、选择资格审查方式、委派代表进入评标委员会、根据评标结果确定中标人等方面的自主权。招标代理单位的场所、资金、专业力量不再列入《招标投标法》要求。评标委员会提供不超过3名中标候选人，不进行排序，但需要介绍中标候选人的优势和风险，给予招标人更大的自主权。

3. 提高招标投标公开透明度和规范化水平

大幅增加招标公告、招标文件、中标公示等应当载明的事项范围。充分保障潜在投标人和投标人对资格预审、评标、定标结果的知情权。提出在招标公告前至少10日应当发布拟招标信息，以备潜在投标人了解；对公开招标的招标公告内容规定得更加细致和具体；对投标人的资格预审和资格后审的组织和要求也更加细致、明确；要求招标文件对分包部分的规定更加具体；对定标后的中标人需要公示的信息也做了具体规定。

4. 推进项目招标投标及监督电子化

《征求意见稿》提出要积极促进电子招标投标的推广应用。除特殊情形外，依法必须进行招标的项目应当采用电子招标投标方式；同时建立健全招标投标活动当事人信用记录和信用评价制度，实现信用信息的公开共享和规范应用。加入了对合同履行监管的要求，明确招标人应当在规定的媒体公开包括项目变动、合同重大变更、合同中止和解除、违约行为处理结果、竣工验收等在内的合同履行信息。

5. 提高招标投标效率，兼顾效率和公平

根据实践需要，有条件地缩短了招标时限要求，留给编制投标文件的下限时间有所缩短，取消了开标时间与投标截止时间一致的规定，开标时间在招标文件中明确。同时，允许对一定时期内重复采购的项目进行集中资格预审和集中招标。正式提出了两阶段招标的适用条件和各阶段做法，明确两次招标失败、中标人不符合中标条件、中标人不履行合同等情形下的解决方式。对投标人少于3人时的处理办法进行了调整，允许重新开标后投标人仍少于3人时进行开标，避免反复重新招标。同时，对由于中标人原因不能实施合同或者实施中致使合同目的不能实现的，提出了招标人重新选择新的中标人的办法。

6. 评标方法更细化

解决低质低价中标问题，严格限定经评审的最低投标价法的适用范围。在评标环节引入异常低价投标处理程序，将投标人不得低于成本报价改为不得以影响合同履行的异常底价竞标，有效管控合同履行风险。鼓励在价格评审因素中引入全生命周期成本理念，强调考查全生命周期的资源消耗和环境影响。同时，从法律上将综合评估法和最低投标价法列入评标方法的选项。

7. 充分发挥招标投标促进高质量发展的政策功能

鼓励招标人合理设置科技创新、节约能源资源、生态环保等要求和条件，倡导绿色采购，禁止招标文件套用特定生产供应者的条件设定招标项目技术标准，为高质量、创新型产品进入市场营造良好环境。

8. 加强和创新招标投标监管

加强招标投标领域信用体系建设。强化标后合同履行情况监管，解决招标投标与合同履行脱节问题。加强对招标代理行为和评标专家行为的监管。加大对围标、串标等违法行为惩戒力度。推动行政监督部门建立抽查检查机制。引入仲裁、调解等多元化纠纷解决方式。

同时，对现行《招标投标法》未规定的招标终止、异议与投诉处理程序、招标档案管理、投标担保和履约担保等基本制度做了补充规定，对法律实施过程中有关方面理解和执行上存在疑问的规定做了进一步明确。

1. 案例背景

某地方重点工程项目计划于当年 12 月 28 日开工。由于工程复杂、技术难度大，一般施工队难以胜任，业主自行决定采取邀请招标方式，于 9 月 8 日向通过资格预审的 A、B、C、D、E 五家施工承包企业发出了投标邀请书。这五家企业均接受了邀请，并于规定时间 9 月 20~22 日购买了招标文件。招标文件中规定，10 月 18 日下午 4 时是投标截止时间，11 月 10 日发出中标通知书。

在投标截止时间之前，A、B、D、E 四家企业提交了投标文件，但 C 企业于 10 月 18 日下午 5 时才送达，原因是中途堵车；10 月 21 日下午由当地招标投标监督管理办公室主持进行了公开开标。

评标委员会成员由 7 人组成，其中当地招标投标监督管理办公室 1 人，公证处 1 人，招标人 1 人，技术、经济方面专家 4 人。评标时发现，E 企业投标文件没有法定代表人签字和委托人授权书，但投标文件均已由项目经理签字并加盖了公章。评标委员会于 10 月 28 日提出了评标报告。B、A 企业分别为综合得分第一名和第二名。由于 B 企业投标报价高于 A 企业，11 月 10 日招标人向 A 企业发出了中标通知书，并于 12 月 12 日签订了书面合同。

2. 思考问题

1）业主自行决定采取邀请招标方式的做法是否妥当？说明理由。

2）C 企业和 E 企业的投标文件是否有效？说明理由。

3）请指出开标工作的不妥之处，并说明理由。

典型案例及分析

4）请指出评标委员会成员组成的不妥之处，并说明理由。

3. 案例分析

1）根据《招标投标法》第十一条规定，省、自治区、直辖市人民政府确定的地方重点项目不适宜公开招标的，经过省、自治区、直辖市人民政府批准，可以进行邀请招标。因此，本案业主对省重点工程项目自行决定采取邀请招标的做法是不妥的。

2）根据《招标投标法》第二十八条规定，在招标文件要求提交投标文件的截止时间后送达的投标文件，招标人应当拒收。本案 C 企业的投标文件送达时间迟于投标截止时间，因此，该投标文件应被拒收。

根据《招标投标法》和国家计委、建设部等发布的《评标委员会和评标方法暂行规定》，投标文件若没有法定代表人签字和加盖公章，则属于重大偏差。本案 E 企业投标文件没有法定代表人签字，项目经理也未获得委托人授权书，无权代表本企业投标签字，尽管有单位公章，仍属存在重大偏差，应做废标处理。

3）开标工作有以下不妥之处：

① 根据《招标投标法》第三十四条的规定，开标应当在投标文件确定的提交投标文件的截止时间的同一时间公开进行。本案招标文件规定的投标截止时间是 10 月 18 日下午 4 时，但迟至 10 月 21 日下午才开标，这是不妥之处一。

② 根据《招标投标法》第三十五条的规定，开标由招标人主持。本案的开标由属于行政监督部门的当地招标投标监督管理办公室主持，这是不妥之处二。

4）根据《招标投标法》和国家计委、建设部等发布的《评标委员会和评标方法暂行规定》，评标委员会由招标人或其委托的招标代理机构熟悉相关业务的代表，以及有关技术、经济等方面的专家组成，并规定项目主管部门或者行政监督部门的人员不得担任评标委员会委员。一般而言，公证处人员不熟悉工程项目相关业务，当地招标投标监督管理办公室属于行政监督部门，显然由招标投标监督管理办公室人员和公证处人员担任评标委员会成员是不妥的。《招标投标法》还规定，评标委员会技术、经济等方面的专家不得少于成员总数的 2/3。本案技术、经济等方面专家的比例为 4/7，低于规定的比例要求。

复习思考题

1. 我国法律规定必须招标的建设项目范围有哪些？
2. 我国建设工程公开招标与邀请招标各适用于什么情况？
3. 招标文件一般包括哪些内容？
4. 资格预审的目的是什么？
5. 联合体投标的资质如何确定？
6. 投标文件能否撤回？为什么？
7. 我国法律规定的投标保证金的金额有无最大和最小限制？
8. 我国相关法律对评标环节中对评标委员会专家的数量有什么要求？
9. 我国建设工程招标投标的禁止性规定有哪些？

第 8 章

建设工程合同法律制度

8.1 概述

8.1.1 合同的法律特征

《民法典合同编》规定，合同是民事主体之间设立、变更、终止民事法律关系的协议。

合同具有以下法律特征：①合同是一种法律行为；②合同的当事人法律地位一律平等，双方自愿协商，任何一方不得将自己的意志、观点和主张强加给另一方；③合同的目的性在于设立、变更、终止民事权利义务关系；④合同的成立必须有两个以上当事人；⑤当事人所做出的意思表示是真实且一致的。

8.1.2 合同的订立原则

《民法典总则编》规定了民事主体在民事活动中应当遵循平等原则、自愿原则、公平原则、诚实信用原则、守法与公序良俗原则等基本原则，合同双方当事人在订立合同的过程中也应当遵循这些基本原则。

1. 平等原则

《民法典总则编》规定，民事主体在民事活动中的法律地位一律平等。

这一原则包括三方面的内容：

1）合同当事人的法律地位一律平等。不论所有制性质、单位大小和经济实力强弱，其法律地位都是平等的。

2）合同中的权利义务对等。即享有权利的同时就应当承担义务，而且合同双方彼此的权利和义务是对等的。

3）合同当事人必须就合同条款充分协商，在互利互惠的基础上取得一致，合同方能成立。任何一方都不得将自己的意志强加给另一方，更不得以强迫、命令、胁迫等手段签订合同。

2. 自愿原则

《民法典总则编》规定，民事主体从事民事活动，应当遵循自愿原则，按照自己的意思设立、变更、终止民事法律关系。

自愿原则体现了民事活动的基本特征，是民事活动区别于行政法律关系、刑事法律关系的特有原则。自愿原则贯穿于合同活动的全过程，包括是否订立合同自愿，与谁订立合同自愿，合同内容由当事人在不违法的情况下自愿约定，在合同履行过程当中当事人可以协议补充、协议变更有关内容，双方也可以协议解除合同，可以约定违约责任，以及自愿选择解决争议的方式。总之，只要不违背法律、行政法规强制性的规定，合同当事人有权自愿决定，任何单位和个人不得非法干预。

3. 公平原则

《民法典总则编》规定，民事主体从事民事活动，应当遵循公平原则，合理确定各方的权利和义务。

公平原则主要包括：

1）订立合同时，要根据公平原则确定双方的权利和义务，不得欺诈，不得假借合同恶意进行磋商。

2）根据公平原则确定风险的合理分配。

3）根据公平原则确定违约责任。

公平原则作为合同当事人的行为准则，可以防止当事人滥用权力，保护当事人的合法权益，维护和平衡当事人之间的利益。

4. 诚实信用原则

《民法典总则编》规定，民事主体从事民事活动，应当遵循诚信原则，秉持诚实，恪守承诺。

诚实信用原则主要包括：

1）订立合同时，不得有欺诈或其他违背诚实信用的行为。

2）履行合同义务时，当事人根据合同的性质、目的和交易习惯，履行及时通知、协助、提供必要条件、防止损失扩大、保密等义务。

3）合同终止后，当事人应当根据交易习惯，履行通知、协助、保密等义务，也称后合同义务。

5. 守法与公序良俗原则

《民法典总则编》规定，民事主体从事民事活动，应当依照法律；法律没有规定的，可以适用习惯，但不得违背公序良俗。

"法律"不仅包括民事法律，还包括其他部门法。不违反法律，就是要求不违反法律的强制性规定。对于任意性规定，民事主体可以结合自身的利益需要，决定是否纳入自己的意思自治范围。但是，任何人的自由并非毫无限制的，民法同样需要维护社会的基本生产、生活秩序，需要维护国家的基本价值追求，法律的强制性规范就是为了实现这一目的而实现的。

"公序良俗"是指公共秩序和善良习俗。公共秩序是指政治、经济、文化等领域的基本秩序和根本理念，是与国家和社会的整体利益相关的基础性原则、价值和秩序，在以往的民商事立法中被称为社会公共利益。善良习俗是指基于社会主流道德观念的习俗，也被称为社会公共道德，是全社会成员所普遍认可、遵循的道德准则。善良习俗具有一定的时代性和地域性，随着社会成员的普遍道德观念的改变而改变。公共秩序强调的是国家和社会层面的价值理念，善良习俗突出的则是民间的道德观念。

8.1.3　合同的分类

合同的分类是指按照一定的标准，将合同划分成不同的类型。合同的分类有利于当事人找到能达到自己交易目的的合同类型，订立符合自己愿望的合同条款，便于合同的履行，也有助于司法机关在处理合同纠纷时准确地适用法律，正确处理合同纠纷。

1. 有名合同与无名合同

根据法律是否明文规定了一定合同的名称，合同可以分为有名合同与无名合同。

有名合同（又称典型合同）是指法律上已经确定了一定的名称及具体规则的合同。《民法典合同编》中所规定的 19 类合同，都属于有名合同，如买卖合同、租赁合同、建设工程合同等。

无名合同（又称非典型合同）是指法律上尚未确定一定的名称与规则的合同。合同当事人可以自由决定合同的内容，即使当事人订立的合同不属于有名合同的范围，只要不违背法律的禁止性规定和社会公共利益，仍然是有效的。

有名合同与无名合同的区分意义，主要在于两者适用的法律规则不同。对于有名合同，应当直接适用《民法典合同编》的相关规定，如建设工程合同直接适用《民法典合同编》第十八章的规定。对于无名合同，《民法典合同编》规定："本法分编或其他法律没有明确规定的合同，适用本法通则的规定，并可以参照本法分编或其他法律最相类似的规定。"因此，无名合同首先应当适用《民法典合同编》的一般规则，然后可比照最相类似的有名合同的规则，确定合同效力、当事人权利义务等。

《民法典合同编》规定了 19 类有名合同，与已经废止的《合同法》相比，增加了保证合同、保理合同、物业服务合同和合伙合同 4 种有名合同，同时将居间合同改为中介合同。

2. 双务合同与单务合同

根据合同当事人是否互相负有给付义务，合同可以分为双务合同与单务合同。

双务合同是指当事人双方互负对等给付义务的合同，即双方当事人互享债权、互负债务，一方的合同权利正好是对方的合同义务，彼此形成对价关系。例如，在建设工程合同中，承包人有获得工程价款的权利，而发包人则有按约支付工程价款的义务。大部分的合同都是双务合同。

单务合同是指合同当事人仅有一方负担义务，而另一方只享有合同权利的合同。例如，在赠与合同中，受赠人享有接受赠与物的权利，但不负担任何义务。无偿委托合同、无偿保管合同等均属于单务合同。

3. 诺成合同与实践合同

根据合同的成立是否需要交付标的物，合同可以分为诺成合同与实践合同。

诺成合同（又称不要物合同）是指当事人双方意思表示一致就可以成立的合同。大多数的合同都属于诺成合同，如建设工程合同、买卖合同、租赁合同等。

实践合同（又称要物合同）是指除当事人双方意思表示一致外，还需交付标的物才能成立的合同，如保管合同。

4. 要式合同与不要式合同

根据法律对合同的形式是否有特定的要求，合同可以分为要式合同与不要式合同。

要式合同是指根据法律规定必须采取特定形式的合同。如《民法典合同编》规定，建设工程合同应当采用书面形式。

不要式合同是指当事人订立的合同依法并不需要采取特定的形式，当事人可以采取口头形式，也可以采取书面形式或其他形式。

要式合同与不要式合同的区别，实际上是一个关于合同成立与生效的条件问题。如果法律规定某种合同必须经过批准或登记才能生效，则合同未经批准或登记便不能生效；如果法律规定某种合同必须采用书面形式才能成立，则当事人未采用书面形式时合同便不成立。

5. 主合同与从合同

根据合同相互间的主从关系，合同可以分为主合同与从合同。

主合同是指能够独立存在的合同；依附于主合同方能存在的合同为从合同。例如，发包人与承包人签订的建设工程施工合同为主合同，为确保该主合同的履行，发包人与承包人签订的履约保证合同为从合同。

6. 有偿合同与无偿合同

根据合同当事人之间的权利义务是否存在对价关系，合同可以分为有偿合同与无偿合同。

有偿合同是指一方通过履行合同义务而给对方某种利益，对方要得到该利益必须支付相应代价的合同，如建设工程合同等。

无偿合同是指一方给付对方某种利益，对方取得该利益时并不支付任何代价的合同，如赠与合同等。

8.1.4 建设工程合同

《民法典合同编》规定，建设工程合同是承包人进行工程建设，发包人支付价款的合同。

建设工程合同实质上是一种特殊的承揽合同。《民法典合同编》分则第十八章"建设工程合同"中规定："本章没有规定的，适用承揽合同的有关规定。"建设工程合同可分为建设工程勘察合同、建设工程设计合同和建设工程施工合同。

《民法典合同编》对建设工程合同的定义、建设工程的勘察、设计和施工过程中当事人的权利、义务和责任做了比较全面的规定，主要包括：①建设工程合同的定义；②建设工程合同的订立；③工程的发包与承包、分包；④勘察、设计和施工合同的主要内容；⑤发包人的监督检查权；⑥隐蔽检查；⑦竣工验收；⑧勘察设计人的违约责任；⑨施工人的违约责任；⑩发包人的违约责任；⑪承包人价款的优先受偿权。

8.1.5 调整、规范建设工程合同的法律规范

1. 调整、规范建设工程合同的法律

调整、规范建设工程合同的法律包括《民法典合同编》《建筑法》《招标投标法》以及

《民法典总则编》《中华人民共和国保险法》（简称《保险法》）、《中华人民共和国仲裁法》（简称《仲裁法》）、《中华人民共和国民事诉讼法》（简称《民事诉讼法》）等。其中，《民法典合同编》是调整、规范建设工程合同最基本、最重要的法律。

2. 调整、规范建设工程合同的行政法规

调整、规范建设工程合同的行政法规主要有《建设工程质量管理条例》《建设工程勘察设计管理条例》《建设工程安全生产管理条例等》，主要规定了建筑活动中建设单位、勘察设计单位、施工单位的权利、义务以及应承担的法律责任等。

3. 调整、规范建设工程合同的部门规章

调整、规范建设工程合同的部门规章主要有《建筑市场管理规定》《工程建设项目施工招标投标办法》《工程建设项目勘察、设计招标投标办法》《房屋建筑和市政基础设施工程分包管理办法》《建设工程价款结算暂行办法》《建设工程质量保证金管理暂行办法》等。

4. 调整、规范建设工程合同的地方性法规及规章

各省、自治区、直辖市等具有立法权的地方人民代表大会或地方人民政府结合当地具体情况，制定了大量的地方性法规与规章，用以规范本地区的建设工程合同行为，如《××省（市）建筑工程造价管理办法》等。

5. 各种建设工程合同示范文本

为了进一步规范和指导发、承包双方当事人的合同签订与履行行为，住房和城乡建设部、国家工商行政管理总局印发了《建设工程施工合同（示范文本）》《建设工程委托监理合同（示范文本）》《建设工程勘察合同（示范文本）》《建设工程设计合同（示范文本）》等。

6. 相关的司法解释文件、批复等

相关的司法解释文件、批复中，与工程建设密切相关的主要有：2002 年 6 月 11 日最高人民法院审判委员会第 1225 次会议通过的《最高人民法院关于工程价款优先受偿权问题的批复》（简称《批复》，该批复答复了上海市高级人民法院《关于合同法第 286 条理解与适用问题的请示》），2004 年 9 月 29 日最高人民法院审判委员会第 1327 次会议通过的《最高人民法院关于审理建设工程施工合同纠纷案件适用法律问题的解释》（简称《解释》，该解释于 2005 年 1 月 1 日起施行），以及 2018 年 10 月 29 日最高人民法院审判委员会第 1751 次会议通过、自 2019 年 2 月 21 日起施行的《最高人民法院关于审理建设工程施工合同纠纷案件适用法律问题的解释（二）》（简称《解释二》）等。

8.2 建设工程合同的主要内容

8.2.1 建设工程勘察、设计合同

1. 建设工程勘察、设计合同的概念

建设工程勘察、设计合同是委托人与承包人为完成一定的勘察、设计任务，明确双方权利、义务关系的协议。承包人应当完成委托人委托的勘察、设计任务，委托人则应接受符合

约定要求的勘察、设计成果并支付报酬。一般情况下，建设工程勘察、设计合同是两个合同。但是，这两个合同的特点和管理内容相似，因此，往往将这两个合同统称为建设工程勘察、设计合同。

建设工程勘察、设计合同的委托人一般是项目业主（建设单位）或建设项目总承包单位；承包人是持有国家认可的勘察、设计证书，具有经过有关部门核准的资质等级的勘察、设计单位。合同的委托人、承包人均应具有法人地位。委托人必须是有国家批准建设项目，落实投资计划的企事业单位、社会团体；或者是获得总承包合同的建设项目总承包单位。

2. 建设工程勘察、设计合同的主要内容

（1）委托人提交有关基础资料的期限

这是对委托人提交有关基础资料在时间上的要求。勘察、设计的基础资料是指勘察、设计单位进行勘察、设计工作所依据的基础文件和情况。勘察的基础资料包括项目的可行性研究报告，工程需要勘察的地点、内容，勘察技术要求及附图等。设计的基础资料包括工程的选址报告等勘察资料，以及原料（或经过批准的资源报告）、燃料、水、电、运输等方面的协议文件，需要经过科研取得的技术资料等。

（2）勘察、设计单位提交勘察、设计文件的期限

这是指勘察、设计单位完成勘察设计工作，交付勘察或设计文件的期限。勘察、设计文件主要包括勘察、设计图及说明，材料设备清单和工程概预算等。勘察、设计文件是工程建设的依据，工程必须按照勘察、设计文件进行施工，因此，勘察、设计文件的交付期限直接影响着工程建设的期限。所以，当事人在勘察或者设计合同中应当明确勘察、设计文件的交付期限。

（3）勘察、设计的质量要求

这主要是委托人对勘察、设计工作提出的标准和要求。勘察、设计单位应当按照确定的质量要求进行勘察、设计，按时提交符合质量要求的勘察、设计文件。勘察、设计的质量要求条款明确了勘察、设计成果的质量，也是确定勘察、设计单位工作责任的重要依据。

（4）勘察、设计费用

勘察、设计费用是指委托人支付勘察、设计单位完成勘察、设计工作的报酬。支付勘察、设计费是委托人在勘察、设计合同中的主要义务。双方应当明确勘察、设计费用的数额和计算方法，以及勘察、设计费用的支付方式、地点、期限等内容。

（5）双方的其他协作条件

其他协作条件是指双方当事人为了保证勘察、设计工作顺利完成所应当履行的相互协助的义务。委托人的主要协作义务是在勘察、设计人员进入现场工作时，为勘察、设计人员提供必要的工作条件和生活条件，以保证其正常开展工作。勘察、设计单位的主要协作义务是配合工程建设的施工，进行设计交底，解决施工中的有关设计问题，负责设计变更和修改预算，参加试车考核和工程验收等。

（6）违约责任

合同当事人双方应当根据国家的有关规定约定双方的违约责任。

3. 建设工程勘察、设计合同双方的义务

（1）委托人的义务

1）向承包人提供开展勘察、设计工作所需要的有关基础资料，并对提供有关基础资料的时间、进度与资料的可靠性负责。委托勘察工作的，在勘察工作开展前，应提出勘察技术要求及附图。

委托初步设计的，在初步设计前，应提供经批准的设计任务书、选址报告，以及原料（或经批准的资源报告）、燃料、水、电、运输等方面的协议文件和能满足初步设计要求的勘察资料等。

委托施工图设计的，在施工图设计前，应提供经过批准的初步设计文件和能满足施工图设计要求的勘察资料、施工条件，以及有关设备的技术资料。

2）在勘察、设计人员进入现场作业或配合施工时，应负责提供必要的工作和生活条件。

3）委托配合引进项目的设计任务，从询价、对外谈判、国内外技术考察直至建成投产的各阶段，应吸收承担有关设计任务的单位参加。

4）按照国家有关规定支付勘察、设计费用。

5）维护承包人的勘察成果和设计文件，不得擅自修改，不得转让给第三方重复使用。

（2）承包人的义务

1）勘察单位应按照现行的标准、规范、规程和技术条例，进行工程测量、工程地质、水文地质等勘查工作，并按合同规定的进度、质量提交勘查成果。

2）设计单位要根据批准的设计任务书或上一阶段设计的批准文件，以及有关设计技术经济协议文件、设计标准、技术规范、规程、定额等提出勘察技术要求和进行设计，并按合同规定的进度和质量提交设计文件。

3）初步设计经上级主管部门审查后，在原定任务书范围内的必要修改，由设计单位负责。原定任务书有重大变更而重做或修改设计时，须具有设计审批机关或设计任务书批准机关的意见书，经双方协商，另订合同。

4）设计单位对所承担设计任务的建设项目应配合施工，进行设计技术交底，解决施工过程中有关设计的问题，负责设计变更和修改预算，参加试车考核及工程竣工验收。对于大中型工业项目和复杂的民用工程应派现场设计代表，并参加隐蔽工程验收。

8.2.2 建设工程施工合同

1. 建设工程施工合同的概念

建设工程施工合同即建筑安装工程承包合同，是发包人和承包人为完成商定的建筑安装工程，明确相互权利、义务关系的合同。按照建设工程施工合同，承包人应完成一定的建筑、安装工程任务，发包人应提供必要的施工条件并支付工程价款。建设工程施工合同是建设工程合同的一种，它与其他建设工程合同一样是双务合同，在订立时也应遵守平等、自愿、公平、诚实信用等原则。

建设工程施工合同是工程建设的主要合同，是施工单位进行工程建设质量管理、进度管理、费用管理等的主要依据之一。在市场经济条件下，建筑市场主体之间的相互权利、义务关系主要是通过合同确立的，因此，在建设领域加强对建设工程施工合同的管理具有十分重要的意义。国家立法机关、国务院、国家建设行政主管部门都十分重视建设工程施工合同的规范工作，《民法典合同编》对建设工程施工合同做了专章规定；《建筑法》也有许多涉及建设工程施工合同的规定；建设部1993年1月29日发布了《建设工程施工合同管理办法》；这些法律、法规、部门规章是我国工程建设施工合同管理的依据。最高人民法院审判委员会分别于2004年和2018年发布的《最高人民法院关于审理建设工程施工合同纠纷案件适用法律问题的解释》（简称《解释》）与《最高人民法院关于审理建设工程施工合同纠纷案件适用法律问题的解释（二）》（简称《解释（二）》），对司法实践中建设工程施工合同的一些纠纷与争议进行了解释。

2. 建设工程施工合同的主要内容

（1）工程范围

工程范围是指施工的界区，是施工人进行施工的工作范围。

（2）建设工期

建设工期是指施工人完成施工任务的期限。在实践中，有的发包人常常要求缩短工期，施工人为了赶进度，往往导致严重的质量问题。因此，为了保证工程质量，双方当事人应当在施工合同中确定合理的建设工期。

（3）中间交工工程的开工和竣工时间

中间交工工程是指施工过程中的阶段性工程。为了保证工程各阶段的交接，顺利完成工程建设，当事人应当明确中间交工工程的开工和竣工时间。

（4）工程质量

工程质量条款是明确施工人施工要求、确定施工人责任的依据。施工人必须按照工程设计图和施工技术标准施工，不得擅自修改工程设计，不得偷工减料。发包人也不得明示或者暗示施工人违反工程建设强制性标准，降低质量要求。

（5）工程造价

工程造价是指进行工程建设所需的全部费用，包括人工费、材料费、施工机械使用费、措施费等。在实践中，有的发包人为了获得更多的利益，往往压低工程造价，而施工人为了盈利或不亏本，不得不偷工减料、以次充好，结果导致工程质量不合格，甚至造成严重的工程质量事故。因此，为了保证工程质量，双方当事人应当合理确定工程造价。

（6）技术资料交付时间

技术资料主要是指勘察、设计文件以及其他施工人据以施工所必需的基础资料。当事人应当在施工合同中明确技术资料的交付时间。

（7）材料和设备供应责任

材料和设备供应责任是指由哪一方当事人提供工程所需材料和设备及其应承担的责任。材料和设备可以由发包人负责提供，也可以由施工人负责采购。如果按照合同约定由发包人负责采购建筑材料、构配件和设备的，发包人应当保证建筑材料、构配件和设备符合设计文件和合同要求。施工人则须按照工程设计要求、施工技术标准和合同约定，对建筑材料、构配件和设备进行检验。

（8）拨款和结算

拨款主要是指工程款的拨付。结算是指施工人按照合同约定和已完工程量向发包人办理工程款的清算。拨款和结算条款是施工人请求发包人支付工程款和报酬的依据。

（9）竣工验收

竣工验收条款一般应当包括验收范围与内容、验收标准与依据、验收人员组成、验收方式和日期等内容。

（10）质量保修范围和质量保证期

建设工程质量保修范围和质量保证期应当按照《建设工程质量管理条例》的规定执行。

（11）双方相互协作条款

双方相互协作条款一般包括双方当事人在施工前的准备工作，施工人及时向发包人提出开工通知书、施工进度报告，对发包人的监督检查提供必要协助等。

3. 建设工程施工合同发承包双方的主要义务

（1）发包人的主要义务

1）不得违法发包。《民法典合同编》规定，发包人不得将应当由一个承包人完成的建设工程肢解成若干部分发包给几个承包人。

2）提供必要施工条件。发包人未按照约定的时间和要求提供原材料、设备、场地、资金、技术资料的，承包人可以顺延工程日期，并有权要求赔偿停工、窝工等损失。

3）及时检查隐蔽工程。隐蔽工程在隐蔽以前，承包人应当通知发包人检查。发包人没有及时检查的，承包人可以顺延工期，并有权要求赔偿停工、窝工等损失。

4）及时验收工程。建设工程竣工后，发包人应当根据施工图及说明书、国家颁发的施工验收规范和质量检验标准及时进行验收。

5）支付工程价款。发包人应当按照合同约定的时间、地点和方式等，向承包人支付工程价款。

（2）承包人的主要义务

1）不得转包和违法分包。承包人不得将其承包的全部建设工程转包给第三人，不得将其承包的全部建设工程肢解以后以分包的名义转包给第三人。禁止承包人将工程分包给不具备相应资质条件的单位。禁止分包单位将其承包的工程再分包。

2）自行完成建设工程主体结构施工。建设工程主体结构的施工必须由承包人自行完成。承包人将建设工程主体结构的施工分包给第三人的，该分包合同无效。

3）接受发包人的有关检查。发包人在不妨碍承包人正常作业的情况下，可以随时对作业进度、质量进行检查。隐蔽工程在隐蔽以前，承包人应当通知发包人检查。

4）交付竣工验收合格的建设工程。建设工程竣工经验收合格后，方可交付使用；未经验收或者验收不合格的，不得交付使用。

5）建设工程质量不符合约定的无偿修理。因施工人的原因致使建设工程质量不符合约定的，发包人有权要求施工人在合理期限内无偿修理或者返工、改建。经过修理或者返工、改建后，造成逾期交付的，施工人应当承担违约责任。

8.3 建设工程合同的订立与履行

8.3.1 建设工程合同的订立

1. 建设工程合同的订立原则

《民法典总则编》的基本原则是贯穿于整部《民法典》的根本性准则，其内容不仅适用于《民法典合同编》通则部分，对于其分编同样适用。建设工程合同的订立主要应遵循以下原则：

（1）合法原则

合法原则不仅要求当事人在《民法典合同编》及其他法律规定的范围内享有合同的权利并履行合同的义务，而且还包含了事实上的另一个原则，即公序良俗原则。公序良俗原则的基本要求就是当事人在享有权利和履行义务的过程中，不得损害国家、集体和第三人的合法权益，不得损害社会的公共利益。

（2）公平原则

公平原则是指以利益均衡作为价值判断标准，依此来确定合同当事人的民事权利、民事义务及其承担的民事责任。具体表现为：合同当事人应有同等的进行交易活动的机会；当事人所享有的权利与其所承担的义务大致相当，不得显失公平；当事人所承担的违约责任与其违约行为所造成的实际损失应大致相当；当实际情况发生重大变化导致合同履行受阻时，合同内容应得到相应变更等。

（3）自愿原则

自愿原则的基本含义是指当事人依法享有缔结合同，选择相对人，确定合同内容、变更和解除合同，以及选择合同补救方式等方面的自由。即在法律规定的范围内，当事人在是否订立合同、与谁订立合同、订立什么类型的合同以及是否变更或解除合同、选择哪种合同补救方式等方面具有完全的自主权，任何单位、个人不得强迫、阻止或干预。

（4）诚实信用原则

诚实信用原则是指当事人在从事民事活动中诚实守信，以善意的方式履行其义务，不得滥用权力及规避法律或合同规定的义务。该原则对于解释合同、平衡利益冲突、维护正常的交易秩序具有重要意义。

（5）鼓励交易原则

鼓励交易原则是指只要当事人在真实意思表示一致且不违背法律和社会的公共利益，不损害国家、集体和第三人合法权益的基础上产生的交易，即使缺少了某些合同要件，也不一味地宣告合同无效，而给当事人适当的调整、补正机会，从而使交易能够继续进行。《民法典合同编》中关于合同的订立、合同的效力、合同的解释、可撤销合同、合同的解除等方面均体现了这一原则。

2. 建设工程合同的订立程序

签订经济合同一般要经过要约和承诺两个步骤，建设工程合同的签订因为其特殊性，需要经过要约邀请——要约——承诺三个步骤。

（1）要约邀请

要约邀请是指当事人一方邀请不特定的另一方向自己提出要约的意思表示。在《民法典合同编》中，要约邀请行为属于事实行为，一般没有法律约束力，只有经过被邀请的一方做出要约并经要约邀请方承诺后，合同方能成立。

在建设工程合同签订的过程中，发包方发布招标公告或发送投标邀请函的行为均属于要约邀请，其目的在于邀请承包方投标。建设工程合同签订过程中有一个显著特点，即受要约人（招标发包方）是特定的，要约人（投标承包方）是不特定的。而在一般民事或经济合同的签订中，受要约人与要约人均为特定人。

（2）要约

要约是指当事人一方向另一方提出合同条件，希望与另一方订立合同的意思表示。提出要约的一方称为要约人，另一方称为受要约人。要约是以签订合同为目的的一种意思表示，其内容必须具体明确，应包括合同的主要条款，而且必须向受要约人提出。要约生效后，具有法律效力，要约人不得擅自撤回或更改。

建设工程招标投标中，承包方向发包方递交投标文件是一种要约行为，投标截止日即为要约生效日。投标文件中应包括建设工程合同需具备的主要条款，如工程造价、工程质量、建设工期等内容。作为要约的投标文件对承包方的法律约束力表现在：承包方在投标文件生效后无权修改或撤回投标文件，以及一旦中标就必须与发包方签订合同，否则就要承担相应的缔约过失责任。

（3）承诺

承诺是指受要约人同意要约的意思表示，是受要约人愿意按照要约的内容与要约人订立合同的允诺。承诺的内容应当与要约的内容一致。受要约人对要约的内容做出实质性变更的，为新要约或反要约。有关合同的标的、数量、质量、价款或者报酬、履行期限、履行地点和方式、违约责任和争议解决方法等的变更，属于对要约内容的实质性变更。承诺对要约内容做出非实质性变更的，除要约人及时表示反对或者要约表明承诺不得对要约的内容做出任何实质性变更的以外，该承诺有效，合同的内容以承诺的内容为准。

承诺必须在要约规定的有效期间内向要约人提出。一般而言，承诺生效的时间就是要约人收到承诺的时刻。受要约人做出承诺后，即受到法律的约束，不得任意变更或解除。

建设工程招标投标中，发包方经过开标、评标过程，确定中标人，最后发出中标通知书的行为即为承诺。《招标投标法》第四十三条规定："在确定中标人前，招标人不得与投标人就投标价格、投标方案等实质性内容进行谈判。"招标人和中标人应当自中标通知书发出之日起 30 日内，按照招标文件和中标人的投标文件订立书面合同。招标人和中标人不得再行订立背离合同实质性内容的其他协议。

3. 建设工程合同的订立形式

《民法典合同编》规定，当事人订立合同，有书面形式、口头形式和其他形式。法律、行政法规规定采用书面形式的，应当采用书面形式。建设工程合同应采用书面形式。

《建筑法》和《招标投标法》也明确指出，建设工程的发包单位与承包单位应当依法订立书面合同，明确双方的权利和义务。

书面形式是指合同书、信件和数据电文（包括电报、电传、传真、电子数据交换和电子邮件）等可以有形地表现所载内容的形式。建设工程合同的订立一般采用合同书形式，主要为各类示范文本。

当事人采用合同书形式订立合同的，自双方当事人签字或者盖章时合同成立，双方当事人签字或者盖章的地点为合同成立的地点。

为切实保护当事人的合法权益以及根据合同实际履行原则，《民法典合同编》第四百九十条规定："法律、行政法规规定或者当事人约定采用书面形式订立合同，当事人未采用书面形式但一方已经履行主要义务，对方接受的，该合同成立。"第四百九十一条规定："采用合同书形式订立合同，在签字或者盖章之前，当事人一方已经履行主要义务，对方接受的，该合同成立。"

4. 建设工程合同的缔约过失责任

（1）缔约过失责任的概念

缔约过失责任是指在合同订立过程中，一方当事人因过错而导致另一方信赖利益的损失所应承担的民事责任。

订立合同的当事人之间，在合同成立之前，自双方相互接触、洽商签订合同时起，就会产生诸如相互协助、相互保护、相互通知等附随义务，双方都应遵循诚实信用原则。当事人这种基于诚实信用原则而产生的缔约过程中的义务，是一种先合同义务（或称合同前义务）。《民法典合同编》对此有明确规定，违反上述义务的当事人，必须对对方的损失承担赔偿责任，即承担缔约过失责任。

（2）缔约过失责任的构成要件

1）发生在合同订立过程中。缔约过失行为发生在当事人之间洽商订立合同的过程中，即当事人双方做出订立合同的意思表示，但合同尚未成立。

2）当事人一方主观上有过错。主观上的过错行为包括主观上的故意行为、过失行为所引发的合同不成立。

3）当事人一方受到实际损失。缔约当事人一方基于对另一方的信赖，本能够订立有效合同，却因对方的过错行为，致使合同不能成立而造成实际损失，有权依法得到保护，追究对方的缔约过失责任。

4）过错行为与实际损失之间存在因果关系。缔约过程中，当事人一方的过错行为与另一方的实际损失之间存在客观上的因果关系，是承担法律责任的前提条件。

缔约过失责任不属于合同中的违约责任，而是因为缔约过失责任人在合同订立过程中存在违反先合同义务的过错行为导致合同不成立而承担的法律责任。

（3）承担缔约过失责任的情况

根据《民法典合同编》的规定，出现下列情况时，当事人应承担缔约过失责任：

1）假借订立合同，恶意进行磋商。即当事人无订立合同的诚意，而是采用欺诈等手段诱使对方与之谈判，造成对方损失。

2）故意隐瞒与订立合同有关的重要事实或提供虚假情况。

3）其他违背诚实信用原则的行为。这些行为包括擅自变更、撤回要约；未尽通知义务；未办理合同订立前应履行审批手续等。

4）泄露或不正当授予给对方的商业秘密。在订立合同中，当事人对所获悉的对方商业秘密负有保密义务，如因泄密或不正当使用造成对方损失的，应承担赔偿责任。

8.3.2 建设工程合同的履行

1. 建设工程合同的履行原则和规则

合同履行是指合同当事人双方依据合同条款的约定，行使各自享有的权利并承担各自负有的义务的行为。

（1）建设工程合同的履行原则

《民法典合同编》第五百零九条规定："当事人应当按照约定全面履行自己的义务。当事人应当遵循诚实信用原则，根据合同的性质、目的和交易习惯履行通知、协助、保密等义务。"这些原则对建设工程合同的履行同样适用。

1）全面履行原则。全面履行原则是指合同当事人必须按照合同规定的标的、质量和数量、履行地点、履行价格、履行期限和履行方式，全面完成各自应承担的义务。

建设工程合同的全面履行就是合同当事人必须按照合同所规定的全部条款完成建设任务，包括履行标的（工程建设行为）、履行期限（建设工期）、履行地点（建设工程所在地）、履行价格（工程造价）等。

2）实际履行原则。实际履行是指除非不可抗力，签订合同当事人应交付和接受标的，不得任意降低标的物的标准、变更标的物或以货币代替实物。

建设工程合同的实际履行就是合同当事人必须依据建设工程合同规定的标的不折不扣地实现其内容，承包方应按期保质地交付勘察设计成果和建设工程，发包方应及时予以接受并支付价款。

3）诚实信用原则。诚实信用既是《民法典合同编》的一项主要原则，也是我国《民法典》的基本原则，它贯穿于合同的订立、履行、变更、终止的全过程。当事人在履行合同的过程中，要讲诚实、守信用，相互协作，并根据合同的性质、目的和交易习惯自觉地履行通知、协助和保密等附随义务，保证合同顺利履行。

（2）建设工程合同的履行规则

《民法典合同编》规定，合同生效后，当事人就质量、价款或者报酬、履行地点等内容没有约定或者约定不明确的，可以协议补充；不能达成补充协议，按照合同有关条款或者交易习惯确定。当事人就有关合同内容约定不明确，依照上述规定仍不能确定的，可以按照以下规则执行：

1）质量要求不明确的，按照国家标准、行业标准履行；没有国家标准、行业标准的，按照通常标准或者符合建设工程合同目的的特定标准履行。

2）价款或者报酬不明确的，按照订立建设工程合同时履行地的市场价格履行；依法应当执行政府定价或者政府指导价的，按照规定履行。

3）履行地点不明确的，给付货币的，在接受货币一方所在地履行；交付不动产的，在不动产所在地履行；其他标的，在履行义务一方所在地履行。

4）履行期限不明确的，债务人可以随时履行，债权人也可以随时要求履行，但应当给对方必要的准备时间。

5）履行方式不明确的，按照有利于实现合同目的的方式履行。

6）履行费用的负担不明确的，由履行义务一方负担。

2. 建设工程合同履行的抗辩权

（1）抗辩权的概念

合同履行中的抗辩权是指在双务合同中，在满足一定的法定条件下，合同当事人一方可以对抗对方当事人的履行要求，暂时拒绝履行合同义务的权利。它是法律为确保双务合同履行而特别设定的制度，对合同的履行具有重要的意义。双务合同履行中的抗辩权可分为同时履行抗辩权和异时履行抗辩权。

（2）同时履行抗辩权

同时履行是指合同没有约定双方履行义务的先后顺序，而是在一定期限内，双方当事人不分先后地履行各自义务的行为。这里的"同时"是指一定期限内，而不能机械地理解为某一时刻。

同时履行抗辩权是指同时履行义务的双务合同当事人一方在对方未为对待给付之前，有权对抗对方履行的要求，拒绝自己履行合同义务的权利。《民法典合同编》第五百二十五条规定："当事人互负债务，没有先后履行顺序的，应当同时履行。一方在对方履行之前有权拒绝其履行要求。一方在对方履行债务不符合约定时，有权拒绝其相应的履行要求。"

（3）异时履行抗辩权

异时履行是指合同已明确约定双方当事人履行义务的先后顺序。异时履行抗辩权分为先履行抗辩权和不安履行抗辩权两种。

1）先履行抗辩权。《民法典合同编》规定，先履行一方应当先行履行自己的义务，当其未予履行，或虽已履行但不符合合同的约定时，后履行的一方可以行使抗辩权，拒绝先履行一方的履行要求。

2）不安履行抗辩权。不安履行抗辩权是指按合同约定，本应先行履行义务的一方，在有确切证据证明对方的财产明显减少或难以对待给付时，有权拒绝先行履行。这是法律对先履行一方当事人合法权益的有力保护。

为防止滥用不安履行抗辩权，保证合同的顺利履行，《民法典合同编》对不安履行抗辩权的行使做出了限制。只有当对方出现下述情形时，方可行使不安履行抗辩权：

① 经营状况严重恶化。

② 转移财产、抽逃资金，以逃避债务。

③ 丧失商业信誉。

④ 有丧失或可能丧失履行债务能力的其他情形。

这种限制还表现在以下三个方面：一是要有确切证据，当事人没有确切证据而中止履行的，应认定为违约并承担相应责任；二是依法中止履行时，应及时通知对方当事人，否则应当承担违约责任；三是中止履行后，一旦对方当事人提供了适当担保，应当恢复履行，否则仍将被认定为违约。中止履行后，若对方当事人在合理期限内未恢复履行能力并且未提供适当担保的，中止履行的一方可以解除合同。

值得注意的是，行使不安履行抗辩权是建设工程合同当事人依法享有的权利，不以对方当事人同意为必要，但是，权利人应及时通知对方当事人。同时，行使不安履行抗辩权的当事人还负有证明对方财产恶化等足以危及自己获得对待给付的现实危险的举证义务，如不能证明而中止履行建设工程合同的，将构成违约。

8.4 | 建设工程合同的效力

8.4.1　建设工程合同的效力表现

建设工程合同的效力是指建设工程合同依法成立后所具有的法律约束力，表现为对内效力和对外效力。

1. 对内效力

建设工程合同的效力首先表现为在合同当事人之间产生特定的权利和义务关系，当事人应依照合同约定正确行使自己的权利，履行自己的义务，当事人有违反合同约定的行为，应承担相应的违约责任。

2. 对外效力

依法成立的建设工程合同对当事人以外的第三人也会产生一定的法律约束力。依法成立的建设工程合同不受任何非法干预就是其对外效力的具体体现，任何单位和个人不得利用任何方式非法阻挠当事人依照合同约定所享有的权利和应履行的义务，更不得用行政命令解除建设工程合同。

8.4.2　有效的建设工程合同

有效的建设工程合同是指当事人双方依法订立，受国家法律保护，具有法律约束力的合同。

建设工程合同的生效条件如下：

1. 主体合格

建设工程合同的当事人必须符合法律规定的要求，如满足经营范围、生产许可、资质等级等约束条件。

2. 内容合法

建设工程合同中约定的当事人的权利义务必须合法，凡是涉及法律、法规强制性或禁止性规定的，必须符合有关规定。

3. 意思表示真实

建设工程合同必须贯彻平等互利、协商一致原则，任何一方不得将自己的意志强加给对方。

4. 符合法定或约定的形式要件

《民法典合同编》规定，当事人采用合同书形式订立合同的，自双方当事人签字或者盖章时合同成立，依法成立的合同，自成立时生效。依照法律规定或合同约定应当履行公证、鉴证、登记、批准等手续的，履行完上述手续后合同生效。附生效条件的合同，自条件成就时生效。附生效期限的合同，自期限届至时合同生效。例如，《建设工程设计合同（示范文本）》（2015 年版）第 8.9 款规定"本合同经双方签章并在发包人向设计人支付订金后生效"，发包人向设计人支付订金即为该合同生效的附加条件。

8.4.3　无效的建设工程合同

无效的建设工程合同是指建设工程合同虽然已经订立（或成立），但从订立（或成立）时起即不具有法律约束力，不受国家法律保护。"不具法律约束力"的实质是指不发生履行效力，但无效合同仍然会引起一定的法律后果，只是因为合同无效，所引发的法律后果非当事人双方订立合同时的意愿。

1. 导致合同无效的情形

《民法典合同编》规定，下列情形会导致合同的无效：

1）一方以欺诈、胁迫的手段订立合同，损害国家利益。

2）恶意串通，损害国家、集体或者第三人利益。

3）以合法形式掩盖非法目的。

4）损害社会公共利益。

5）违反法律、行政法规的强制性规定。

因建设工程合同自身的特殊性，最高人民法院在《解释》中对建设工程施工合同效力的认定做了进一步的明确。凡具有下列情形之一的，合同无效：

1）承包人未取得建筑施工企业资质或者超越资质等级的。

2）没有资质的实际施工人借用有资质的施工企业名义的。

3）建设工程必须进行招标而未进行招标或者中标无效的。

4）承包人非法转包、违法分包建设工程的。

2. 确认建设工程合同无效的规则

合同无效包括整体无效和部分无效两种情况。《民法典合同编》规定，合同部分无效，不影响其他部分效力的，其他部分仍然有效。

（1）建设工程合同中的部分条款无效

若无效条款部分与合同中的其他条款相比较是相对独立的，该无效部分与合同整体具有可分性，可认定无效条款不影响其他条款的效力。若无效条款部分与合同整体具有不可分性，则应认定合同整体无效。

《民法典合同编》规定合同中的下列免责条款无效：

1）造成对方人身伤害的。

2）因故意或者重大过失造成对方财产损失的。

3）提供格式条款一方免除其责任、加重对方责任、排除对方主要权利的，该条款无效。

（2）建设工程合同整体无效

若建设工程合同的订立程序或目的违法以及违反社会公共利益和国家利益的，应认定合同整体无效。一般来讲，《民法典合同编》规定的合同无效情形以及《招标投标法》规定的中标无效情形均将导致合同整体无效。

3. 主张建设工程合同无效的主体和时间

根据引起合同无效的原因，无效合同可归纳为侵害合同当事人或特定第三人利益的无效合同以及违反社会公共利益和国家利益的无效合同两种。

对于只涉及当事人之间利益的无效合同，主张该合同无效应受主体和时间的限制，即主张合同无效的主体只能是合同当事人，申请无效应受我国《民法典总则编》时效制度的约束。当无效合同涉及第三人利益，对第三人构成侵权时，第三人有权主张合同无效，同样应受时效限制。

对于违反社会公共利益和国家利益的无效合同，主张合同无效的主体不应受限制，也不受《民法典总则编》时效制度的限制。

4. 确认建设工程合同无效的机构

在我国，关于合同效力的纠纷只能由人民法院或仲裁机构予以裁决，其他任何单位和个人都无权确认建设工程合同有效或无效。

5. 合同无效的法律后果

无效合同从订立时起，就没有法律约束力，不产生履行效力。合同被确认无效后，尚未履行的，不得履行；已经部分履行的，应当立即终止履行。建设工程合同无效，不影响合同中独立存在的有关争议解决方法的条款的效力。

无效合同应承担的法律后果主要有以下几种情形：

（1）返还财产或折价补偿

返还财产或折价补偿以使当事人的财产关系恢复到建设工程合同签订前的状态，这是消除无效合同所造成财产后果的一种法律手段，而非惩罚措施。合同被确认无效后，当事人依据建设工程合同所实际取得的财产应返还给对方，不能返还的或者没有必要返还的，应按照所取得的财产减值进行折算，以金钱的方式补偿给对方当事人。

（2）赔偿损失

赔偿损失是指过错方给对方造成损失时，应赔偿对方因此而遭受的损失，双方都有过错的，应各自承担相应的责任。

（3）收归国有或返还集体、第三人

当事人恶意串通，损害国家利益的，因此取得的财产收归国家所有；损害集体或者第三人利益的，因此取得的财产返还集体、第三人。

最高人民法院在《解释》的第四条做出了关于无效建设工程施工合同的处理规定："承包人非法转包、违法分包建设工程或者没有资质的实际施工人借用有资质的建筑施工企业名义与他人签订建设工程施工合同的行为无效。人民法院可以根据《民法通则》第一百三十四条规定，收缴当事人已经取得的非法所得。"

8.4.4　建设工程合同的变更、撤销、解除与终止

1.《民法典合同编》关于合同变更与撤销的规定

《民法典合同编》第五百四十三条规定："当事人协商一致，可以变更合同。"合同变更

有广义和狭义两种。广义的合同变更包括合同内容的变更及合同主体的变更；狭义的合同变更仅指合同内容的变更，即在合同主体不变的前提下，对某些合同条款进行修改和补充。

（1）合同变更或撤销的情形

变更或撤销合同必须具备一定的法律事实。合同订立存在下列情形的，当事人一方有权请求人民法院或者仲裁机构变更或者撤销：

1）双方当事人在重大误解情形下订立的合同。

重大误解的构成一般应符合下列条件：①重大误解是合同当事人自己的误解；②重大误解与合同的订立或合同条件存在因果关系；③误解可能造成的预期损失必须是重大的。

2）双方当事人在显失公平的情形下订立的合同。

在订立合同时，合同当事人之间现有的权利和承担的义务严重不对等，如价款与标的价值相差过于悬殊、责任或风险承担明显不合理等，都构成显失公平。

一般认为，构成合同显失公平的客观要件是指合同成立时当事人双方的物质利益显著不均衡。主观要件是指一方当事人利用信息优势或利用对方没有经验，致使双方的权利义务关系明显违反公平和等价有偿原则。

3）一方以欺诈、胁迫的手段或者乘人之危，使对方违背真实意思的情况下订立的合同。

以上三种情形下订立的合同，受损害方有权请求人民法院或者仲裁机构变更或者撤销。

（2）合同撤销的法律后果

合同被撤销后，因该合同取得的财产，应当予以返还，不能返还或者没有必要返还的，应当折价补偿。有过错的一方应当赔偿对方因此所受到的损失，双方都有过错的，应当各自承担相应的责任。合同被撤销后，不影响合同中独立存在的有关解决争议方法的条款的效力。

对于可变更或可撤销的合同，如果当事人没有向人民法院或者仲裁机构提出申请要求变更或撤销，则该合同仍然有效。只有在当事人提出了申请，人民法院或者仲裁机构做出变更或撤销的判决或者裁决后，被变更部分或被撤销部分的合同才无效；当事人只请求变更合同的，人民法院或者仲裁机构不得撤销。

2. 建设工程合同的变更

我国《民法典合同编》《建筑法》和《招标投标法》中都明确规定，承包人不得将其承包的全部任务转包给第三方。所以，建设工程合同的变更属于狭义的合同变更，即在合同主体不变的前提下，对合同内容的修改与补充。

建设工程合同的变更主要通过补充协议或工程签证的方式加以确认。工程签证实际上就是工程发包方和承包方在履行合同过程中，对支付费用、顺延工期、赔偿损失等事项通过协商达成一致的书面文件，具有同原合同同等的法律效力，并构成整个工程合同文件的组成部分。

3. 建设工程合同的解除

建设工程合同的解除是指依法成立的有效建设工程合同，在履行完毕前，因一定的法定事由发生而使合同的权利义务关系归于消灭的行为。

（1）建设工程合同解除的条件

1）协商解除。当事人协商一致并且不因此损害国家利益和社会公共利益的可以解除。

2）约定解除。当事人可以约定一方解除合同的条件，解除合同的条件成就时，解除权人可以解除合同。

3）不可抗力。由于不可抗力致使建设工程合同的全部义务不能履行的，允许解除建设工程合同，部分不能履行的，允许变更建设工程合同。

不可抗力是指不能预见、不能避免并且无法克服的客观情况。一般包括自然原因和社会原因，前者如台风、地震等，后者如战争、暴乱、禁运等。不可抗力的具体范围，可由双方当事人在合同中约定；如无约定，则依法律规定并结合合同履行时的具体情况来确定是否属于不可抗力。

4）违约行为。《民法典合同编》规定，有下列违约行为的，当事人可以解除建设工程合同：

① 在履行期限届满之前，当事人一方明确表示或者以自己的行为表明不履行主要债务。例如，由于发包人原因造成建设工程停建或缓建的，承包人有权解除合同。

② 当事人一方迟延履行主要债务，经催告后在合理期限内仍未履行。

③ 当事人一方迟延履行债务或者有其他违约行为致使建设工程合同的目的无法实现。

《解释》中的第八条规定，承包人具有下列情形之一，发包人请求解除建设工程施工合同的，应予支持：

① 明确表示或者以行为表明不履行合同主要义务的。

② 合同约定的期限内没有完工，且在发包人催告的合理期限内仍未完工。

③ 已经完成的建设工程质量不合格，并拒绝修复的。

④ 将承包的建设工程非法转包、违法分包的。

《解释》中的第九条规定，发包人具有下列情形之一，致使承包人无法施工，且在催告的合理期限内仍未履行相应义务，承包人请求解除建设工程施工合同的，应予支持：

① 未按约定支付工程价款的。

② 提供的主要建筑材料、建筑构配件和设备不符合强制性标准的。

③ 不履行合同约定的协助义务的。

（2）建设工程合同解除的程序

1）通知。在法定或约定的合同解除情形出现后，当事人一方主张解除合同的，应以书面形式向对方发出解除合同的通知，通知到达对方时合同解除。《建设工程施工合同（示范文本）》（2017 年版）规定，施工合同的解除应在发出通知前 7 天告知对方。

2）答复。当事人一方收到另一方解除合同的书面通知后，应当在法定或约定的时间内予以答复，答复可以是同意，也可以是不同意，还可以是部分同意、部分不同意。如果在约定或法定的期限不答复，则应视为默认。《民法典合同编》规定，对方对解除合同有异议的，可以请求人民法院或者仲裁机构确认解除合同的效力。

3）协议。双方协商解除合同的，应形成书面协议。对方违约的情况下，单方解除合同的不需要形成书面协议。

（3）建设工程合同解除的法律后果

《民法典合同编》规定，合同解除后，尚未履行的，终止履行；已经履行的，根据履行情况和合同性质，当事人可以要求恢复原状、采取其他补救措施，并有权要求赔偿损失。

《解释》中的第十条规定，建设工程施工合同解除后，已经完成的建设工程质量合格的，发包人应当按照约定支付相应的工程价款。因一方违约导致合同解除的，违约方应当赔偿因此而给对方造成的损失。

4. 建设工程合同的终止

建设工程合同的终止是指由于一定的法定事由的发生而使合同的权利义务关系归于消灭的行为。合同终止的情形包括：

1）债务已经按照约定履行。

2）建设工程合同解除。

3）债务相互抵消。

4）债务人依法将标的物提存。

5）债权人免除债务。

6）债权债务同归于一人。

7）法律规定或者当事人约定终止的其他情形。

合同的解除只是合同终止的一种情形，合同的权利义务终止后，当事人应当遵循诚实信用原则，根据交易习惯履行通知、协助、保密等义务。

根据《民法典合同编》规定，合同的权利义务关系终止，不影响合同中结算和清理条款的效力，也不影响合同中独立存在的有关解决争议方法的条款的效力。对于建设工程合同来说，合同终止后，合同中的索赔条款、价款结算条款等并不因此失效。

8.5 建设工程合同的违约责任

8.5.1 建设工程合同违约责任概述

建设工程合同违约责任是指合同一方不履行合同义务或履行合同义务不符合约定所应承担的民事责任。对于建设工程合同而言，违约方不仅要承担民事责任，而且还可能要依法承担行政责任和刑事责任，即违反建设工程合同的法律责任包括民事责任（违约责任）、行政责任和刑事责任。

1. 违约类型

违约行为是指当事人违反合同义务的客观表现，包括作为和不作为两种表现。依照我国现行《民法典合同编》，建设工程合同违约行为可以归纳为履行不能、迟延履行、不适当履行和部分不履行四种类型。

（1）履行不能

履行不能是指履行期限届至时，建设工程合同义务人无正当理由不能履行合同义务的行为。履行不能是最严重的违约行为。一般认为，履行不能违反了信守给付的义务，可构成积极侵害债权，债务人不仅未为给付，且无给付的意思。

（2）迟延履行

迟延履行是指义务人能够履行，但在履行期限届满时却未能履行义务，包括给付迟延（义务人迟延）和受领迟延（权利人迟延）。这两种迟延在性质上都违背了建设工程合同义务，属于违约行为。

（3）不适当履行

不适当履行是指当事人虽然履行了合同义务，但其履行行为与建设工程合同的约定不完全相符，包括履行方法不适当、履行地点不适当；提供的标的在质量、品质、规格、型号等方面不符合建设工程合同的约定。

（4）部分不履行

部分不履行是指建设工程合同当事人履行义务不全面，也称量的不完全履行。附随义务不履行也属于部分不履行的一种表现，即建设工程合同基本义务之外不影响合同目的实现的义务不履行，如违反重要事项通知义务等。

2. 承担违约责任的方式

（1）采取补救措施

当事人一方违约，应守约方的要求，可采取补救措施这一承担违约责任的形式。如质量不符合约定的，受损害方根据标的的性质及损失大小，可选择要求对方采取修理、更换、重作、退货、减少价款或者酬金等补救措施。

（2）赔偿损失

当事人一方不履行或履行建设工程合同义务不符合约定的，在采取补救措施后，对方还有其他损失的，应当赔偿损失。损失赔偿额应当相当于因违约所造成的损失，包括合同履行后可以获得的利益，但不得超过违反合同一方订立合同时预见或者应当预见的应违反合同可能造成的损失。

（3）违约金或定金

《民法典合同编》规定，当事人可以约定一方违约时应当根据违约情况向对方支付一定数额的违约金，也可以约定因违约产生的损失赔偿额的计算方法。当事人既约定违约金，又约定定金的，一方违约时，对方可以选择适用违约金或者定金条款。

约定的违约金低于造成的损失的，当事人可以请求人民法院或者仲裁机构予以增加；约定的违约金过分高于造成的损失的，当事人可以请求人民法院或者仲裁机构予以适当减少。当事人就迟延履行约定违约金的，违约方支付违约金后，还应当履行债务。

（4）继续履行

继续履行是承担上述违约责任的补充，也是合同法鼓励交易原则的体现。一方违约后，另一方要求违约方继续履行合同时，违约方在承担上述违约责任后仍应继续履行合同。但有下列情形之一的除外：

1）法律上或者事实上不能履行。

2）债务的标的不适于强制履行或者履行费用过高。

3）债权人在合理期限内未要求履行。

继续履行与自觉履行的性质是不同的，自觉履行是合同当事人的守约行为，而继续履行是承担违约责任的方式。违约情形发生后，建设工程合同是否继续履行完全取决于权利受害一方的意志，既可以选择继续履行，也可以选择其他承担违约责任的方式。

3. 不承担违约责任的情形

在法律规定或合同约定且这种约定不与法律、法规相抵触的情况下，允许免除或部分免除不履行或不完全履行合同的违约责任。主要包括：

1）不可抗力。但当事人迟延履行后发生不可抗力的，不能免除其违约责任。

2）货物本身的自然性质所引起的合理损耗。

3）对方当事人的原因引起。

4）当事人一方违约后，对方应当采取适当措施防止损失的扩大，没有采取适当措施致使损失扩大的，不得就扩大的损失要求赔偿。

5）双方约定免除的其他情形。

8.5.2 建设工程勘察、设计合同的违约责任

1. 发包方的违约责任

《民法典合同编》规定，因发包人变更计划，提供的资料不准确，或者未按期提供必需的勘察、设计工作条件而造成勘察、设计的返工、停工或者修改设计，发包人应当按照勘察、设计人实际消耗的工作量增付费用。

1）发包人提供的技术资料不准确或变更计划，致使勘察、设计工作无法正常进行的，勘察、设计人有权停工、顺延工期，停工的损失应当由发包人承担。发包人重新提供的技术资料有重大修改，需要勘察、设计人返工、修改设计的，发包人应当按照勘察、设计人实际消耗的返工、修改工作量相应增付勘察、设计费。

2）发包人未能按照合同约定提供勘察、设计工作所需工作条件，致使勘察、设计工作无法正常进行的，勘察、设计人有权停工、顺延工期，并要求发包人承担勘察、设计人停工期间的损失。

3）勘察、设计成果按期、按质、按量交付后，发包方应按合同约定，按期、按量交付勘察、设计费，发包方未按约定支付费用的，应承担相应的违约责任。

合同中一般约定，每逾期一天，应承担迟延支付金额2‰的逾期违约金。逾期30天以上的，勘察、设计人有权暂停履行下一阶段工作，并书面通知发包人。

4）在履行合同期间，由于工程停建而终止合同或因发包人自身原因要求解除合同时，勘察、设计人未开始勘察、设计工作的，不退还发包人已付的定金；已开始勘察、设计工作的，发包人应根据勘察、设计人已进行的实际工作量，不足50%的，按该阶段设计费的50%支付；超过50%的，按该阶段设计费的全部支付。

2. 承包方的违约责任

《民法典合同编》规定，勘察、设计的质量不符合要求或者未按照期限提交勘察、设计文件拖延工期，造成发包人损失的，勘察、设计人应当继续完善勘察、设计，减收或者免收勘察、设计费并赔偿损失。

1）勘察、设计人提交的勘察、设计文件不符合质量要求的，发包人可以要求勘察、设计人继续完善勘察、设计文件，并视造成的损失浪费大小减收或免收勘察、设计费并赔偿损失。若勘察人无力补充完善，需要发包人另行委托其他单位时，勘察人应承担全部勘察费用。如果勘察、设计人提交的勘察、设计文件质量严重不符合合同约定或有其他违约行为致使合同目的不能实现的，发包人可以解除合同。

2）因勘察、设计错误造成工程质量事故损失，勘察、设计人除负责采取补救措施外，应免收直接受损失部分的勘察、设计费，并根据损失程度向发包人支付赔偿金，赔偿金数额由双方在合同中商定为实际损失的百分比。

3）勘察、设计人迟延提交勘察、设计文件，致使工期拖延给发包人造成损失的，发包人可以要求勘察、设计人赔偿损失。

合同一般约定，每延期交付一天，减收该项目应收勘察、设计费的 **2‰**。如果勘察、设计人在催告后的合理期限内仍未能提交勘察、设计文件，严重影响工程进度的，发包人可以解除合同。

另外，在勘察、设计合同中一般约定发包人向勘察、设计人支付一定比例的定金。双方违约时，可适用定金罚则，即发包人不履行合同时，无权要求返还定金；勘察人不履行合同时，应双倍返还定金。

8.5.3 建设工程施工合同的违约责任

1. 发包人的违约责任

（1）发包人未按约定提供原材料、设备、资金、技术、场地的违约责任

《民法典合同编》规定，合同中约定由发包人提供的原材料、设备，发包人应当按照约定的原材料、设备的种类、规格、数量、单价、质量等级和时间、地点向承包人提供。如果发包人未按照约定提供的，承包人可以中止施工并顺延工期，因此造成承包人停工、窝工损失的，由发包人承担违约责任。

合同约定由发包人负责提供场地条件的，发包人应按照合同约定向承包人提供施工、操作、运输、堆放材料、设备所需的场地条件，发包人未能提供符合约定的场地条件致使承包人无法开展施工的，因此造成承包人停工、窝工损失的，由发包人承担赔偿责任。

实行工程预付款的，双方应当在专用条款内约定发包人向承包人预付工程款的时间和数额，发包人不按约定预付，承包人在约定预付时间 7 天后向发包人发出要求预付的通知，发包人收到通知后仍不能按要求预付，承包人可在发出通知后 7 天停止施工，发包人应从约定应付之日起向承包人支付应付款的贷款利息，并承担违约责任。

合同约定发包人按工程进度支付进度款的，发包人不按合同约定支付工程进度款，双方又未达成延期付款协议，导致施工无法进行的，承包人可停止施工，由发包人承担违约责任。

发包人收到竣工结算报告及结算资料后 28 天内无正当理由不支付工程竣工结算价款的，从第 29 天起按承包人同期银行贷款利率支付拖欠工程价款的利息，并承担违约责任。

合同约定由发包人提供有关工程建设技术资料的，发包人应按照合同约定的时间和份数

向承包人提供。技术资料主要包括勘察数据、设计文件、施工图及说明书等。如果发包人未能按照约定提供技术资料致使承包人无法正常开展工作的，承包人应通知发包人并有权暂停工作，顺延工期，发包人承担因停工、窝工所造成的损失。

（2）发包人的原因造成工程停建、缓建的责任

《民法典合同编》规定，因发包人的原因致使工程中途停建、缓建的，发包人应当采取措施或者减少损失，赔偿承包人因此造成的停工、窝工、倒运、机械设备调迁、材料和构件的积压等损失和实际费用。

工程实践中，发包人的原因一般包括下列情况：

1）发包人提供的设计文件等技术资料有错误或者发包人变更设计文件。

2）发包人未能按照约定及时提供建筑材料、设备或者资金。

3）发包人未能及时进行中间工程和隐蔽工程的验收。

4）发包人未能按照合同的约定保障现场施工所需的工作条件等。

当发生上述情况，致使工程建设无法正常进行时，承包人应及时通知发包人，并要求发包人赔偿损失。发包人应当承担违约责任并采取必要措施弥补或减少损失。

承包人在停建、缓建期间应当采取合理措施减少和避免损失，妥善保护好已完工程和做好已购材料、设备的保护和移交工作，将自有机械和人员撤出施工现场，发包人应当为承包人的撤出提供必要的条件。

（3）其他违约责任

其他违约责任包括发包人在对作业进度、质量进行检查时，妨碍承包人正常作业的情况下所应承担的违约责任，如不适当地随意停工检查等。

《解释》中的第十二条规定，发包人具有下列情形之一，造成建设工程质量缺陷，应当承担过错责任：

1）提供的设计有缺陷。

2）提供或指定购买的建筑材料、建筑构配件、设备不符合强制性标准。

3）直接指定分包人分包专业工程。

2. 承包方的违约责任

（1）建设工程质量不符合约定的违约责任

《民法典合同编》规定，因施工人的原因致使建设工程质量不符合约定的，发包人有权要求施工人在合理的期限内无偿修理或者返工、改建。经过修理或者返工、改建后，造成逾期交付的，施工人应当承担违约责任。修理或者返工、改建属于采取补救措施的违约责任方式。

关于施工质量不符合约定的违约责任，《解释》中的第十一条规定，因承包人的过错造成建设工程质量不符合约定，承包人拒绝修理、返工或者改建，发包人请求减少工程价款的，应予支持。

（2）建设工程合理使用期限内造成人身和财产损失的赔偿责任

《民法典合同编》规定，因承包人的原因致使建设工程合同在合理使用期限内造成人身和财产损害的，承包人应当承担损害赔偿责任。

承包人承担损害赔偿责任应具备以下三个条件：

1）造成了人身和财产损害的实际结果。

2）人身、财产损害是因承包人违反质量安全要求所致。

3）人身、财产损害是发生在建设工程合理使用期限内。

造成人身、财产损害的受损方不仅包括建设工程合同的对方当事人即发包人，还包括建设工程的最终用户以及因该建设工程而受到损害的第三人。建设工程的合理使用期限一般在设计合同或设计文件中注明，自建设工程竣工验收合格之日起计算，建设工程的承包人应当在该期限内对施工质量安全承担责任。

1. 案例背景

陕西省西安市某宾馆与陕西省西安市某装饰设计工程公司签订了建筑工程装修合同，约定由西安市某装饰设计工程公司承包西安市某宾馆内部装修工程和设备安装调试工作。合同约定承包方式为概算加增减账；付款方式为按工程进度拨付工程款；工程价款暂估为14414000元；并且在合同中约定由施工单位西安市某装饰设计工程公司负责该工程的组织验收工作。合同签订后，西安市某装饰设计工程公司即按合同约定进行施工，并于同年7月完工。随后西安市某宾馆即开始营业，施工单位西安市某装饰设计工程公司多次书面告知其该工程未经验收不能使用，否则由其承担责任，但建设单位西安市某宾馆仍继续营业，并以未经验收为由拒不支付尚欠工程款2800000元。在此情况下，施工单位西安市某装饰设计工程公司多次与西安市某宾馆协商，请其组织验收，但建设单位西安市某宾馆以合同约定由施工单位组织验收为由，表明应由西安市某装饰设计工程公司负责组织验收工作，否则就不支付尚欠工程款。就此西安市某装饰设计工程公司向人民法院提起诉讼。

2. 审裁结果

一审法院根据我国《建筑法》以及《民法典合同编》的规定判决被告西安市某宾馆支付尚欠工程款2800000元，本案诉讼费由被告承担。被告不服判决，提出上诉。二审法院驳回上诉，维持原判。

3. 案例分析

本案的焦点在于工程竣工后由谁来负责组织验收和建设单位擅自使用未验收的工程由谁来承担法律责任。

（1）关于工程竣工后组织验收工作的责任

工程竣工后，发包人与承包人有明确的责任分工，组织有关部门进行竣工验收是发包人的责任。因为工程属于发包人的财产，故涉及建设工程合同当事人之外的第三人应当由发包人负责处理。如果从建设工程合同本身来看，承包任务完成后，工程项目由承包人交付给发包人，也应当由发包人组织竣工验收。《建设工程质量管理条例》第十六条规定："建设单位收到建设工程竣工报告后，应当组织设计、施工、工程监理等有关单位进行竣工验收。"《民法典合同编》第七百九十九条规定："建设工程竣工后，发包人应当根据施工图及说明书、国家颁发的施工验收规范和质量检验标准及时进行验收。"从上述法律规定来看，组织竣工验收既是发包人的义务，又是发包人的权利。发包人对已竣工的工程必须及时进行验收，这是发包人的义务，而且这一义务不能转移给承包人。因此，由于发包人没有及时组织验收而给施工单位造成损失的应由发包人承担责任。

（2）关于发包人擅自使用未验收工程的法律责任

关于发包人擅自使用未验收工程的法律责任，是我国在法律实践和理论上都存在较大争议的问题。但目前的法律规定逐渐明确。《建筑法》第六十一条第二款规定："建筑工程竣工验收合格后，方可使用；未经验收或者验收不合格的，不得交付使用。"《民法典合同编》第七百九十九条规定："建设工程竣工验收合格后，方可交付使用；未经验收或者验收不合格的，不得交付使用。"这是法律强制性的规定，该规定既对发包人权力有所限制，又维护了发包人的最终利益。若发包人强行使用未经验收或验收不合格的工程，出现质量或其他问题，就很难分清责任，因此只能由发包人自己承担责任。本案中发包人擅自使用未经验收的工程，施工单位多次书面告知，请其停止使用，但发包人依然决定继续使用，已经违反了我国《建筑法》和《民法典合同编》的规定，应视为施工单位已向发包人交付所建工程。

综上，本案中发包人将组织验收的义务转嫁给施工单位，同时又擅自未经竣工验收使用该工程，却又以该工程未经验收为由拒不支付工程款，其申诉理由不能成立。

复习思考题

1. 合同具有哪些法律特征？
2. 对合同进行分类的目的和意义是什么？
3. 调整、规范建设工程合同的法律包括哪些？
4. 建设工程施工合同的主要内容是什么？
5. 什么是建设工程合同订立过程中的"鼓励交易原则"？
6. 根据《民法典合同编》的规定，什么情况下合同当事人应承担缔约过失责任？
7. 什么是建设工程合同履行中的抗辩权？
8. 什么是无效合同？无效合同的法律后果是什么？
9. 承担合同违约责任的方式有哪些？

第9章

房地产法律制度

9.1 概述

9.1.1 房地产法的概念

房地产法是调整房地产所有权人之间、房地产所有权人与非所有权人（包括房地产使用人、修建人、管理人等）之间在房地产开发经营、房地产交易（包括房地产转让、房地产抵押和房地产租赁）、房地产权属、房地产管理等过程中发生的各种关系的法律规范的总称。

房地产法有广义与狭义之分。广义的房地产法是指对房地产关系进行调整的所有的法律、法规、条例等的总称。它包括宪法、民法、经济法中有关调整房地产的条款以及土地管理法、城市规划法、城市房地产管理法等普通法的规定以及房地产行政法规、部门规章等。狭义的房地产法是指国家立法机关，即全国人民代表大会制定的对城市房地产关系做统一调整的基本法律，即《中华人民共和国城市房地产管理法》（简称《城市房地产管理法》）。

9.1.2 房地产法的立法目的

1. 加强对城市房地产的管理

房地产业又称房地产开发、经营和管理业，它是从事房地产综合开发、经营、管理和服务的综合性行业，包括房地产生产、流通和消费过程的各项经营和管理业务。房地产业属于第三产业，对国民经济发展具有先导作用，是国民经济的支柱产业，在我国经济发展过程中，已成为经济发展的重要力量并发挥着重要的作用。因此，制定《城市房地产管理法》的首要目的就是要加强对城市房地产的管理。

2. 维护房地产市场秩序

整顿和规范房地产市场秩序是维护房地产市场秩序工作的重要组成部分，对于营造健康有序的房地产市场秩序、进一步调动城镇居民的购房积极性、扩大住房消费、促进经济增长具有十分重要的意义。

3. 保障房地产权利人的合法权益

保障房地产权利人的合法权益，就是国家确认房地产权利人的一切合法房地产权益，不允许任何组织和个人加以侵犯；凡不合法的房地产权益不受国家法律的保护。房地产权利人对他人侵犯房地产权益的行为，可要求得到国家法律的保护，追究侵权行为人相应的法律责任，对他们实行法律制裁。

4. 促进房地产业的健康发展

目前，我国房地产业在发展过程中也出现了一些问题。例如，商品房供给中高档豪华住宅偏多、普通住宅偏少，一些开发商囤地、囤房和搞假按揭，房价高涨，严重超过中低收入家庭购买力；商品房质量不高且不节能、不环保；新建房屋大量空置；房地产开发中存在不规范行为等。这些问题的存在影响了房地产业的持续健康发展，因此，必须依法惩治房地产开发、交易、中介等环节的违法违规行为，维护公众和住房消费者的合法权益，从而促进房地产市场的健康发展。

9.1.3 房地产法的立法现状

房地产和房地产业涉及的社会面广、资金量大、产权关系复杂，特别需要法律、法规的规范，以建立正常的房地产市场秩序，规范房地产市场行为，维护房地产权利人的正常权益。

目前，我国房地产的法律法规体系建设已取得显著成绩，该体系的构架由法律、行政法规、地方性法规、部门规章、规范文件和技术规范等构成。其中，法律主要有四部，即《民法典物权编》（该法于2020年5月28日由第十三届全国人民代表大会第三次会议通过，于2021年1月1日起施行，之前的《物权法》已于2021年1月1日起废止）、《城市房地产管理法》（1994年颁布，1995年1月1日起施行，根据2007年8月30日第十届全国人民代表大会常务委员会第二十九次会议《关于修改〈中华人民共和国城市房地产管理法〉的决定》第一次修正；根据2009年8月27日第十一届全国人民代表大会常务委员会第十次会议《关于修改部分法律的决定》第二次修正；根据2019年8月26日第十三届全国人民代表大会常务委员会第十二次会议《关于修改〈中华人民共和国土地管理法〉、〈中华人民共和国城市房地产管理法〉的决定》第三次修正）、《土地管理法》（1986年6月25日第六届全国人民代表大会常务委员会第十六次会议通过，根据1988年12月29日第七届全国人民代表大会常务委员会第五次会议《关于修改〈中华人民共和国土地管理法〉的决定》第一次修正，1998年8月29日第九届全国人民代表大会常务委员会第四次会议修订；根据2004年8月28日第十届全国人民代表大会常务委员会第十一次会议《关于修改〈中华人民共和国土地管理法〉的决定》第二次修正；根据2019年8月26日第十三届全国人民代表大会常务委员会第十二次会议《关于修改〈中华人民共和国土地管理法〉、〈中华人民共和国城市房地产管理法〉的决定》第三次修正）、《城乡规划法》（2007年10月28日第十届全国人民代表大会常务委员会第三十次会议通过，于2008年1月1日起施行，根据

2015 年 4 月 24 日第十二届全国人民代表大会常务委员会第十四次会议《关于修改〈中华人民共和国港口法〉等七部法律的决定》第一次修正；根据 2019 年 4 月 23 日第十三届全国人民代表大会常务委员会第十次会议《关于修改〈中华人民共和国建筑法〉等八部法律的决定》第二次修正）。

《民法典物权编》与《城市房地产管理法》《土地管理法》《城乡规划法》在我国房地产法律法规体系中既有分工，又相辅相成。

《民法典物权编》是维护国家基本经济制度，维护社会主义市场经济秩序，明确物的归属，发挥物的效用，保护权利人物权的重要法律。作为不动产形式的房地产，《民法典物权编》对其产权的设定、归属、界定和保护等做出了明确的规定。

《城市房地产管理法》是房地产业的基本法律。《城市房地产管理法》对加强城市房地产的管理，维护房地产市场秩序，保障房地产权利人的合法权益，促进房地产业的健康发展起到了直接的规范和保障作用，并对如何取得国有土地使用权，如何进行房地产开发、房地产交易和房地产权属登记管理等做出了具体规定。

《土地管理法》的立法目的是加强土地管理，维护土地的社会主义公有制，保护开发土地资源，合理利用土地，切实保护耕地，促进社会经济的可持续发展。对于城市建设和房地产业而言，《土地管理法》主要针对土地资源的保护、利用和配置，规范城市建设用地的征收等问题。

《城乡规划法》的立法目的是确定城市的性质、规模和发展方向，协调城乡空间布局，改善人居环境，促进城乡经济社会全面协调可持续发展。城乡规划的重点是规范城市建设用地布局、功能分区和各项建设的具体部署，控制和确定不同地段的土地用途、范围和容量，协调城乡各项基础设施和公共设施的建设。

9.1.4 房地产法的调整对象

房地产法的调整对象是围绕着房地产的开发、交易、经营、服务、管理而发生的各种社会关系，简称为房地产法律关系。按照法律关系所主要涉及的法律部门，可分为以下三类：

1. 房地产民事关系

这类关系具体包括房地产权属法律关系（包括物权关系、房地产抵押关系、房屋继承关系、房屋赠与关系）、房地产转让关系、房屋租赁关系、房地产相邻关系、房屋拆迁关系等。

2. 房地产行政关系

这类关系中的一部分是纯粹的行政关系，如房地产行政管理关系；另一部分也是大部分，属于与经济法律关系相交叉而又以行政性为主的关系，如房地产建设项目管理关系、房地产产权和产籍管理关系、房地产行业管理关系等。这类关系的主要特征是不具备财产内容或不以财产内容为主，主体之间完全是命令与服从、管理与被管理的关系。

3. 房地产经济法律关系

这是房地产法调整对象中数量最大的一部分，也正是这类对象的存在，才使得房地产法具有相对独立的意义。其主要包括土地管理法律关系、房地产金融关系、价格质量关系、涉外房地产关系等。

我国房地产经济法律关系还包括房地产社会保障关系，具体内容包括：住宅社会保障关系，公有房屋使用、转让和管理关系，单位与其职工的房屋产权和使用关系，房地产消费保护关系等。

9.2 房地产开发用地

9.2.1 土地性质

根据《土地管理法》规定，国家编制土地利用总体规划，规定土地用途，将土地分为农用地、建设用地和未利用地。

建设用地是指建造建筑物、构筑物的土地，包括城乡住宅和公共设施用地，工矿用地，能源、交通、水利、通信等基础设施用地，旅游用地，军事用地等。根据所有权形式的不同，建设用地可分为国有建设用地和集体所有建设用地；根据用途不同，建设用地可以分为房地产开发用地和其他建设用地。

房地产开发用地一般是指进行基础设施和房屋建设的用地。

房地产开发用地使用权一般通过出让和划拨两种方式取得。

9.2.2 土地使用权出让

1. 土地使用权出让的概念

土地使用权出让是指国家将国有土地使用权在一定年限内出让给土地使用者，由土地使用者向国家支付土地使用权出让金的行为。

2. 土地使用权出让最高年限规定

《中华人民共和国城镇国有土地使用权出让和转让暂行条例》（简称《城镇国有土地使用权出让和转让暂行条例》）第十二条规定，土地使用权出让最高年限按下列用途确定：

1）居住用地70年。

2）工业用地50年。

3）教育、科技、文化、卫生、体育用地50年。

4）商业、旅游、娱乐用地40年。

5）综合或者其他用地50年。

3. 土地使用权出让方式

关于土地使用权出让方式，《城市房地产管理法》第十三条规定，土地使用权出让，可以采取拍卖、招标或者双方协议的方式。国土资源部发布的《招标拍卖挂牌出让国有建设土地使用权规定》（2007年11月1日起施行）又明确了一种新的出让方式，即挂牌出让。因此，我国现行国有建设用地使用权的出让方式包括四种：拍卖出让、招标出让、挂牌出让和协议出让。

商业、旅游、娱乐和豪华住宅用地，有条件的，必须采取拍卖、招标方式；没有条件，不能采取拍卖、招标方式的，可以采取双方协议的方式。采取双方协议方式出让土地使用权的出让金不得低于国家规定所确定的最低价。

（1）拍卖出让

拍卖出让是指出让人发布拍卖公告，由竞买人在指定时间、地点进行公开竞价，根据出价结果确定国有建设用地使用权人的行为。

拍卖出让方式引进了竞争机制，排除了人为干扰，政府也可获得最大收益，较大幅度地增加财政收入。这种方式主要适用于投资环境好、盈利大、竞争性强的商业、金融业、旅游业和娱乐业用地，特别是大中城市的黄金地段。

（2）招标出让

招标出让是指市、县人民政府国土资源行政主管部门发布招标公告，邀请特定或者不特定的自然人、法人和其他组织参加国有建设用地使用权投标，根据投标结果确定国有建设用地使用权人的行为。

在规定的期限内，由符合受让条件的单位或者个人（受让方）根据出让方提出的条件，以密封书面投标形式竞标某地块的使用权，由招标小组经过开标、评标，最后择优确定中标者。投标内容由招标小组确定，可仅规定出标价，也可既规定出标价，又提出一个规划设计方案，开标、评标、决标须经公证机关公证。招标出让的方式主要适用于一些大型或关键性的发展计划与投资项目。

（3）挂牌出让

挂牌出让是指出让人发布挂牌公告，按公告规定的期限将拟出让土地的交易条件在指定的土地交易场所挂牌公布，接受竞买人的报价申请并更新挂牌价格，根据挂牌期限截止时的出价结果确定土地使用者的行为。

（4）协议出让

协议出让是指土地使用权的有意受让人直接向国有土地的代表提出有偿使用土地的愿望，由国有土地的代表与有意受让人进行谈判和切磋，协商出让土地使用的有关事宜的行为。它主要适用于工业项目、市政公益事业项目、非营利项目及政府为调整经济结构、实施产业政策而需要给予扶持、优惠的项目。采取此方式出让土地使用权的出让金不得低于国家规定所确定的最低价。以协议方式出让土地使用权，没有引入竞争机制，不具有公开性，人为因素较多，因此对这种方式要加以必要限制，以免造成不公平竞争、以权谋私及国有资产流失。

拍卖、招标、挂牌和协议是四种法定的土地使用权出让方式。在具体实施土地使用权出让时，由国有土地代表根据法律规定，并根据实际情况决定采用哪种方式。一般对地理位置优越、投资环境好、预计投资回报率高的地块，应当采用招标或拍卖方式；反之，可适当采用协议方式。

4. 土地使用权出让合同

国有土地使用权出让合同是指市、县人民政府土地管理部门代表国家（出让人）与土地使用者（受让人）之间就土地使用权出让事宜所达成的、明确相互间权利义务关系的书面协议。国有土地使用权出让，必须通过合同形式予以明确。《城市房地产管理法》

第十五条规定："土地使用权出让，应当签订书面出让合同。土地使用权出让合同由市、县人民政府土地管理部门与土地使用者签订。"土地使用权出让合同包括以下几方面的内容：

（1）出让方的权利义务

出让方享有的权利主要有：

1）土地使用者必须按照出让合同约定，支付土地使用权出让金；未按照出让合同约定支付土地使用权出让金的，土地管理部门有权解除合同，并可以请求违约赔偿。

2）受让方未按土地使用权出让合同规定的期限和条件开发、利用土地的，土地管理部门有权予以纠正，并根据情节轻重给予警告、罚款，直至无偿收回土地使用权的处罚。

出让方应履行的义务主要有：①按照土地使用权出让合同的规定提供出让的土地使用权；②向受让方提供有关资料和使用该土地的规定。

（2）受让方应履行的义务

受让方应履行的义务主要有以下几项：

1）在签订土地使用权出让合同以后的规定期限内支付全部土地使用权出让金；在支付全部土地使用权出让金后，依规定办理登记手续，领取土地使用证。

2）依土地使用权出让合同的规定和城市规划的要求开发、利用、经营土地。

3）需要改变土地使用权出让合同规定的土地用途的，应该征得出让方同意并经土地管理部门和城市规划部门批准，依照规定重新签订土地使用权出让合同，调整土地使用权出让金并办理登记。

（3）土地出让合同的主要内容

在我国现有的土地使用权出让实践中，出让合同一般包括下列主要内容：

1）出让土地的位置、面积、界线等土地自然状况。

2）出让金的数额、支付方式和支付期限。

3）土地使用期限。

4）建设规划设计条件，也称使用条件。

5）定金及违约责任。

5. 土地使用权的终止与续期

（1）土地使用权的终止

土地使用权的终止是指因法律规定的原因致使受让人丧失土地使用权。《城市房地产管理法》规定了导致受让人土地使用权终止的四种原因：

1）使用年限届满。

《城市房地产管理法》第二十二条规定，土地使用权出让合同约定的使用年限届满，土地使用者未申请续期或者虽申请续期但依照规定未获批准的，土地使用权由国家无偿收回。

2）根据社会公共利益的需要而提前收回。

《城市房地产管理法》第二十条规定，国家对土地使用者依法取得的土地使用权，在出让合同约定的使用年限届满前不收回；在特殊情况下，根据社会公共利益的需要，可以依照法律程序提前收回，并根据土地使用者使用土地的实际年限和开发土地的实际情况给予相应的补偿。

3）因逾期开发而被无偿收回。

《城市房地产管理法》第二十六条规定，以出让方式取得土地使用权进行房地产开发的，必须按照土地使用权出让合同约定的土地用途、动工开发期限开发土地。超过出让合同约定的动工开发日期满 2 年未动工开发的，可以无偿收回土地使用权；但是，因不可抗力或者政府、政府有关部门的行为或者动工开发必需的前期工作造成动工开发迟延的除外。

4）土地灭失。

土地灭失是指由于自然力量或人为造成原土地性质的彻底改变或原土地面貌的彻底改变。例如，因地震或战争而使原土地变成湖泊或河流等。土地灭失导致土地使用权客体丧失，受让人因此而终止其土地使用权。《城市房地产管理法》第二十一条规定，土地使用权因土地灭失而终止。

（2）土地使用权的续期

土地使用权的续期是指土地使用权出让合同约定的使用年期届满，土地使用者需要继续使用土地的，应当至迟于期满前一年向土地管理部门提出申请。

土地使用权续期有如下条件：

1）该块土地的用途与期满时的城市规划不相矛盾。

2）使用人有继续使用该块土地的必要。

3）继续使用该块土地不影响其他的社会公共利益。

《城市房地产管理法》第二十二条规定，土地使用权出让合同约定的使用年限届满，土地使用者需要继续使用土地的，应当至迟于届满前一年申请续期，除根据社会公共利益需要收回该幅土地的，应当予以批准。经批准准予续期的，应当重新签订土地使用权出让合同，依照规定支付土地使用权出让金。

9.2.3 土地使用权划拨

1. 土地使用权划拨的概念

土地使用权划拨是指土地使用者经县级以上人民政府依法批准，在缴纳补偿、安置等费用后所取得的或者无偿取得的没有使用期限限制的国有土地使用权。

2. 以划拨方式取得土地使用权的条件

《土地管理法》第五十四条规定，建设单位使用国有土地，应当以出让等有偿使用方式取得；但是，下列建设用地，经县级以上人民政府依法批准，可以以划拨方式取得：

1）国家机关用地和军事用地。

2）城市基础设施用地和公益事业用地。

3）国家重点扶持的能源、交通、水利等基础设施用地。

4）法律、行政法规规定的其他用地。

3. 土地使用权划拨与出让的区别

虽然土地使用权划拨与土地使用权出让都是获得房地产开发用地的合法方式，但两者仍然存在不同之处，主要区别在于：

（1）使用期限不同

以划拨方式取得土地使用权的一般没有使用期限限制；而以出让方式取得土地使用权的在合同中有明确的规定期限。

（2）价格不同

划拨土地使用权不用缴纳土地出让金，只需缴纳一部分补偿、安置等费用；而出让土地使用权需缴纳土地出让金。因此，同类土地价格相比，划拨土地使用权的较低，出让土地使用权的较高。

（3）适用对象不同

划拨土地使用权具有公益目的，一般公益事业或国家重点工程项目用地多采用划拨方式；经营性用地多采用出让方式。

（4）行为性质不同

土地使用权划拨是一种行政行为；而土地使用权出让则采用合同形式，是一种民事合同行为。

（5）可交易性不同

出让土地使用权可直接进入房地产市场交易；而划拨土地使用权在随同地上附着物转让、抵押、出租前，须补办土地使用权出让手续。

4. 划拨土地使用权的转让、出租、抵押

《城镇国有土地使用权出让和转让暂行条例》规定，划拨土地使用权，除下列条件规定的情况外，不得转让、出租、抵押。符合下列条件的，经市、县人民政府土地管理部门和房产管理部门批准，其划拨土地使用权和地上建筑物，其他附着物所有权可以转让、出租、抵押：

1）土地使用者为公司、企业、其他经济组织和个人。

2）领有国有土地使用证。

3）具有合法的地上建筑物、其他附着物产权证明。

4）依照规定签订土地使用权出让合同，向当地市、县人民政府补交土地使用权出让金或者以转让、出租、抵押所获收益抵交土地使用权出让金。

根据《城市房地产管理法》规定，以划拨方式取得土地使用权的房地产，其转让、出租、抵押应符合下列规定：

1）转让房地产时，应当按照国务院规定，报有批准权的人民政府审批。有批准权的人民政府准予转让的，应当由受让方办理土地使用权出让手续，并依照国家有关规定缴纳土地使用权出让金。有批准权的人民政府按照国务院规定决定可以不办理土地使用权出让手续的，转让方应当按照国务院规定将转让房地产所获收益中的土地收益上缴国家或者做其他处理。

2）设定房地产抵押权的，依法拍卖该房地产后，应当从拍卖所得的价款中缴纳相当于应缴纳的土地使用权出让金的款额后，抵押权人方可优先受偿。

3）以营利为目的，房屋所有权人将以划拨方式取得使用权的国有土地上建成的房屋出租的，应当将租金中所含土地收益上缴国家。

9.3 国有土地上房屋征收与补偿

9.3.1 房屋征收概述

为了公共利益的需要，征收国有土地上单位、个人的房屋，应当对被征收房屋所有权人（以下称被征收人）给予公平补偿。房屋征收与补偿应当遵循决策民主、程序正当、结果公开的原则。

市、县级以上地方人民政府为征收与补偿主体。政府可以确定房屋征收部门负责组织进行房屋征收与补偿工作，房屋征收部门可以委托房屋征收实施单位，承担房屋征收与补偿的具体工作。

房屋被依法征收的，国有土地使用权同时收回。

9.3.2 房屋征收的前提

市、县级人民政府做出房屋征收决定，必须以保障国家安全、促进国民经济和社会发展等公共利益的需要为前提。有下列情形之一，确需要征收房屋的，由市、县级人民政府做出房屋征收决定：

1）国防和外交的需要。

2）由政府组织实施的能源、交通、水利等基础设施建设的需要。

3）由政府组织实施的科技、教育、文化、卫生、体育、环境和资源保护、防灾减灾、文物保护、社会福利、市政公用等公共事业的需要。

4）由政府组织实施的保障性安居工程建设的需要。

5）由政府依照城乡规划法有关规定组织实施的对危房集中、基础设施落后等地段进行旧城区改建的需要。

6）法律、行政法规规定的其他公共利益的需要。

确需征收房屋的各项建设活动，应当符合国民经济和社会发展规划、土地利用总体规划、城乡规划和专项规划。保障性安居工程建设、旧城区改建，应当纳入市、县级国民经济和社会发展年度计划。

9.3.3 征收过程中的公众参与

《国有土地上房屋征收与补偿条例》规定，市、县级人民政府应当组织有关部门对征收补偿方案进行论证并予以公布，征求公众意见。征求意见期限不得少于 30 日。因旧城区改建需征收房屋，多数被征收人认为征收补偿方案不符合本条例规定的，市、县级人民政府应当组织由被征收人和公众代表参加的听证会，并根据听证会情况修改方案。

市、县级人民政府做出房屋征收决定前，应当按照有关规定进行社会稳定风险评估；房屋征收决定涉及被征收人数量较多的，应当经政府常务会议讨论决定。

市、县级人民政府做出房屋征收决定后应当及时公告。公告应当载明征收补偿方案和行政复议、行政诉讼权利等事项。被征收人对市、县级人民政府做出的房屋征收决定不服的，可以依法申请行政复议，也可以依法提起行政诉讼。

9.3.4 征收范围内违规新改扩建的处理

房屋征收部门应当对房屋征收范围内房屋的权属、区位、用途、建筑面积等情况组织调查登记，被征收人应当予以配合。调查结果应当在房屋征收范围内向被征收人公布。

房屋征收范围确定后，不得在房屋征收范围内实施新建、扩建、改建房屋和改变房屋用途等不当增加补偿费用的行为；违反规定实施的，不予补偿。

对认定为合法建筑和未超过批准期限的临时建筑的，应当给予补偿；对认定为违法建筑和超过批准期限的临时建筑的，不予补偿。对违反城乡规划进行建设的，依法予以处理。

9.3.5 征收补偿的内容

因征收房屋造成搬迁的，房屋征收部门应当向被征收人支付搬迁费；选择房屋产权调换的，产权调换房屋交付前，房屋征收部门应当向被征收人支付临时安置费或者提供周转用房。对因征收房屋造成停产停业损失的补偿，根据房屋被征收前的效益、停产停业期限等因素确定。具体办法由省、自治区、直辖市制定。做出房屋征收决定的市、县级人民政府对被征收人给予的补偿包括：

1）被征收房屋价值的补偿。

2）因征收房屋造成的搬迁、临时安置的补偿。

3）因征收房屋造成的停产停业损失的补偿。

市、县级人民政府应当制定补助和奖励办法，对被征收人给予补助和奖励。

征收个人住宅，被征收人符合住房保障条件的，做出房屋征收决定的市、县级人民政府应当优先给予住房保障。具体办法由省、自治区、直辖市制定。

9.3.6 征收补偿价格的确定

对被征收房屋价值的补偿，不得低于房屋征收决定公告之日被征收房屋类似房地产的市场价格。被征收房屋的价值，由具有相应资质的房地产价格评估机构按照房屋征收评估办法评估确定。

房地产价格评估机构由被征收人协商选定；协商不成的，通过多数决定、随机选定等方式确定。具体办法由省、自治区、直辖市制定。

房地产价格评估机构应当独立、客观、公正地开展房屋征收评估工作，任何单位和个人不得干预。

被征收人对评估确定的被征收房屋价值有异议的，可以向房地产价格评估机构申请复核评估。对复核结果有异议的，可以向房地产价格评估专家委员会申请鉴定。

9.3.7 征收补偿方式的选择

被征收人可以选择货币补偿，也可以选择房屋产权调换。

被征收人选择房屋产权调换的，市、县级人民政府应当提供用于产权调换的房屋，并与被征收人计算、结清被征收房屋价值与用于产权调换房屋价值的差价。

因旧城区改建征收个人住宅，被征收人选择在改建地段进行房屋产权调换的，做出房屋征收决定的市、县级人民政府应当提供改建地段或者就近地段的房屋。

9.3.8 征收补偿协议

房屋征收部门与被征收人依照《国有土地上房屋征收与补偿条例》的规定，就补偿方式、补偿金额和支付期限、用于产权调换房屋的地点和面积、搬迁费、临时安置费或者周转用房、停产停业损失、搬迁期限、过渡方式和过渡期限等事项，订立补偿协议。

房屋征收部门与被征收人在征收补偿方案确定的签约期限内达不成补偿协议，或者被征收房屋所有权人不明确的，由房屋征收部门报请做出房屋征收决定的市、县级人民政府依照《国有土地上房屋征收与补偿条例》的规定，按照征收补偿方案做出补偿决定，并在房屋征收范围内予以公告。

被征收人对补偿决定不服的，可以依法申请行政复议，也可以依法提起行政诉讼。

补偿协议订立后，一方当事人不履行补偿协议约定的义务的，另一方当事人可以依法提起诉讼。

9.3.9 征收搬迁

实施房屋征收应当先补偿、后搬迁。做出房屋征收决定的市、县级人民政府对被征收人给予补偿后，被征收人应当在补偿协议约定或者补偿决定确定的搬迁期限内完成搬迁。

9.3.10 强制执行的情况

任何单位和个人不得采取暴力、威胁或者违反规定中断供水、供热、供气、供电和道路通行等非法方式迫使被征收人搬迁。禁止建设单位参与搬迁活动。

被征收人在法定期限内不申请行政复议或者不提起行政诉讼，在补偿决定规定的期限内又不搬迁的，由做出房屋征收决定的市、县级人民政府依法申请人民法院强制执行。

强制执行申请书应当附具补偿金额和专户存储账号、产权调换房屋和周转用房的地点和面积等材料。

9.4 | 房地产开发

9.4.1 房地产开发概述

1. 房地产与房地产开发的概念

（1）房地产的概念

房地产是指房产和地产的总称，包括土地和土地上永久建筑物及其所衍生的权利。房产是指建筑在土地上的各种房屋，包括住宅、厂房、仓库，以及商业、服务、文化、教育、卫生、体育以及办公用房等。地产是指土地及其上下一定的空间，包括地下的各种基础设施、地面道路等。房地产由于其自身的特点，即位置的固定性和不可移动性，在经济学上又被称为不动产。房地产可以有三种存在形态，即土地、建筑物、房地合一。

（2）房地产开发的概念

房地产开发是指房地产开发企业在城市规划区内国有土地上进行基础设施建设、房屋建设，并转让房地产开发项目或者销售、出租商品房的行为。它跨越生产和流通两个领域，其活动包括规划设计、征地拆迁、经营销售、土地开发、售后管理和维修服务、各类房屋建造等。

2. 房地产开发的特征

（1）位置的固定性和不可移动性

土地具有不可移动性，建筑物由于定着于土地，所以也是不可移动的。房地产空间上的固定性，派生出房地产的地区性和个别性，即世界上没有两宗房地产是完全相同的。

（2）生产、使用的长期性

房地产的开发周期长达数年至数十年。我国由于土地公有，成片开发的周期大体是3~5年。就使用而言，由于土地不会毁灭，建筑物及设施的使用期限也可达数十年至上百年，所以房地产的生产、使用具有长期性。

（3）保值性与增值性

由于城市化水平不断提高促使人口增加、城市空间扩张导致土地紧缺，房地产开发建设周期长、资金短缺以及政府采取措施等原因，房产地产供应不足的现象较为普遍。因此，房地产的价格在一定时期内是不断上涨的，即使房屋变旧，旧房出售的价格甚至比原来的新建房屋价格还高，房地产具有保值性和增值性。

（4）行业相关性

房地产的价格不仅取决于其自身的投入和用途，往往还取决于周围其他房地产的状况，受其邻近环境影响。

（5）易受政策影响性

政府基于公共利益和城市发展的需要，可以通过城市规划对土地用途、建筑物高度、建筑容积率等指标做硬性规定；政府为满足社会公共利益的需要，可通过立法对任何房地产实行强制性征收；再加上房地产的不可移动性，显然无法回避政策变化的影响。

3. 房地产开发的程序

（1）项目策划

项目策划是房地产开发的重要环节。从严格意义上讲，项目策划工作应贯穿于房地产开发前期工作的各个环节。其主要内容是确定项目的可行性，随着项目的进展，可行性研究报告的编制内容和深度逐步提升，为项目决策提供依据。

（2）立项与企业审批

根据我国现行的投资项目管理程序，立项是房地产开发付诸实施的第一步。立项是指报批及获准通过项目建议书，房地产开发企业依据项目建议书批复，编制可行性研究报告，并报计划部门审批获准后，列入年度预备项目。

新成立的开发企业还需要办理企业注册登记和税务登记事宜。涉外企业还需要办理外商投资企业批准书等事宜。

（3）项目规划

房地产开发项目必须符合城市规划的要求，向所在城市或地区的规划管理部门申报有关手续及规划设计方案，在取得有关规划管理的法律性证书后，方可进行施工建设。

（4）土地使用权取得

开发商在项目立项通过（取得项目建议书批复、可行性研究报告批复）并取得建设用地规划许可证后，即可办理土地使用权取得的手续。根据《城市房地产管理法》的规定，房地产开发用地的取得方式有出让和划拨两种。

（5）工程建设

这一阶段通常是指房地产开发项目从列入年度施工计划开始到项目施工全部完成，通过建设主管部门的综合验收，达到客户可以居住程度的过程。《城市房地产管理法》规定，房地产开发项目的设计、施工，必须符合国家的有关标准和规范。房地产开发项目竣工，经验收合格后，方可交付使用。

（6）房地产营销

房地产营销是开发商通过对其所开发房地产的销售、租赁、抵押等，实现自己预期投资收益的行为。房地产开发企业在商品房交付使用时，应向购买人提供住宅质量保证书、住宅使用说明书。

（7）物业管理

物业管理是衡量房地产开发商提供产品整体素质的重要条件。《民法典》第二百八十四条规定，业主可以自行管理建筑物及其附属设施，也可以委托物业服务企业或者其他管理人管理；对建设单位聘请的物业服务企业或者其他管理人，业主有权依法更换。

9.4.2 房地产开发企业

1. 房地产开发企业的概念

房地产开发企业是指依法设立的，以营利为目的，从事房地产开发和经营的企业。按房地产开发企业经营性质的不同，房地产开发企业可分为房地产开发专营企业、房地产开发兼营企业和房地产开发项目公司。

2. 房地产开发企业的设立条件

《城市房地产管理法》第三十条规定，设立房地产开发企业，应当具备下列条件：

（1）有自己的名称和组织机构

房地产开发企业是一个法人组织，必须有自己的名称和组织。

（2）有固定的经营场所

设立房地产开发企业要有固定的经营场所，这是企业对外经营联系的主要场所，也是国家对房地产开发企业进行管理所必需的。该固定场所要在工商管理部门进行登记。

（3）有符合国务院规定的注册资本

《城市房地产开发经营管理条例》第五条规定，设立房地产开发企业，应当有 100 万元以上的注册资本。

（4）有足够的专业技术人员

《城市房地产开发经营管理条例》第五条规定，设立房地产开发企业，应当有4名以上持有资格证书的房地产专业、建筑工程专业的专职技术人员，2名以上持有资格证书的专职会计人员。

（5）法律、行政法规规定的其他条件

省、自治区、直辖市人民政府可以根据本地方的实际情况，对设立房地产开发企业的注册资本和专业技术人员的条件做出高于上述条件的规定。

3. 房地产开发企业的设立程序

《城市房地产管理法》第三十条以及《城市房地产开发经营管理条例》第七条和第八条规定，设立房地产开发企业应经过设立登记和申请备案两个程序：

（1）设立登记

设立房地产开发企业，应当向工商行政管理部门申请设立登记。申请人应如实向登记部门报送有关证明材料，工商行政管理部门对符合规定条件的，应当自收到之日起30日内予以登记，发给营业执照；对不符合条件不予登记的，应当说明理由。

（2）申请备案

《城市房地产开发经营管理条例》第八条规定，房地产开发企业应当自领取营业执照之日起30日内，持下列文件到登记机关所在地的房地产开发主管部门备案：

1）营业执照复印件。

2）企业章程。

3）专业技术人员的资格证书和聘用合同。

4. 房地产开发企业的资质等级

《城市房地产开发经营管理条例》第九条规定，房地产开发主管部门应当根据房地产开发企业的资产、专业技术人员和开发经营业绩等，对备案的房地产开发企业核定资质等级。房地产开发企业应当按照核定的资质等级，承担相应的房地产开发项目。具体办法由国务院建设行政主管部门制定。

对房地产开发企业进行资质等级审核管理是加强房地产开发的必要条件。

根据2015年5月修订的《房地产开发企业资质管理规定》，房地产开发企业按照企业条件分为一、二、三、四共4个资质等级。

一级资质的房地产开发企业承担房地产项目的建设规模不受限制，可以在全国范围承揽房地产开发项目；二级资质及二级资质以下的房地产开发企业可以承担建筑面积25万 m^2 以下的开发建设项目，承担业务的具体范围由省、自治区、直辖市人民政府建设行政主管部门确定。各资质等级企业应当在规定的业务范围内从事房地产开发经营业务，不得越级承担任务。各资质等级企业的条件如下：

（1）一级资质

1）从事房地产开发经营5年以上。

2）近3年房屋建筑面积累计竣工30万 m^2 以上，或者累计完成与此相当的房地产开发投资额（提供竣工验收备案证）。

3）连续5年建筑工程质量合格率达100%。

4) 上一年房屋建筑施工面积 15 万 m² 以上，或者完成与此相当的房地产开发投资额。

5) 有职称的建筑、结构、财务、房地产及有关经济类的专业管理人员不少于 40 人，其中具有中级以上职称的管理人员不少于 20 人，持有资格证书的专职会计人员不少于 4 人（以上人员需提供劳动合同及社保缴纳证明）。

6) 工程技术、财务、统计等业务负责人具有相应专业中级以上职称。

7) 具有完善的质量保证体系，商品住宅销售中实行了"住宅质量保证书"和"住宅使用说明书"制度。

8) 未发生过重大工程质量事故。

（2）二级资质

1) 从事房地产开发经营 3 年以上。

2) 近 3 年房屋建筑面积累计竣工 15 万 m² 以上，或者累计完成与此相当的房地产开发投资额。

3) 连续 3 年建筑工程质量合格率达 100%。

4) 上一年房屋建筑施工面积 10 万 m² 以上，或者完成与此相当的房地产开发投资额。

5) 有职称的建筑、结构、财务、房地产及有关经济类的专业管理人员不少于 20 人，其中具有中级以上职称的管理人员不少于 10 人，持有资格证书的专职会计人员不少于 3 人。

6) 工程技术、财务、统计等业务负责人具有相应专业中级以上职称。

7) 具有完善的质量保证体系，商品住宅销售中实行了"住宅质量保证书"和"住宅使用说明书"制度。

8) 未发生过重大工程质量事故。

（3）三级资质

1) 从事房地产开发经营 2 年以上。

2) 房屋建筑面积累计竣工 5 万 m² 以上，或者累计完成与此相当的房地产开发投资额。

3) 连续 2 年建筑工程质量合格率达 100%。

4) 有职称的建筑、结构、财务、房地产及有关经济类的专业管理人员不少于 10 人，其中具有中级以上职称的管理人员不少于 5 人，持有资格证书的专职会计人员不少于 2 人。

5) 工程技术、财务等业务负责人具有相应专业中级以上职称，统计等其他业务负责人具有相应专业初级以上职称。

6) 具有完善的质量保证体系，商品住宅销售中实行了"住宅质量保证书"和"住宅使用说明书"制度。

7) 未发生过重大工程质量事故。

（4）四级资质

1) 从事房地产开发经营 1 年以上。

2) 已竣工的建筑工程质量合格率达 100%。

3) 有职称的建筑、结构、财务、房地产及有关经济类的专业管理人员不少于 5 人，持有资格证书的专职会计人员不少于 2 人。

4) 工程技术负责人具有相应专业中级以上职称，财务负责人具有相应专业初级以上职称，配有专业统计人员。

5）商品住宅销售中实行了"住宅质量保证书"和"住宅使用说明书"制度。

6）未发生过重大工程质量事故。

（5）暂定资质证书

新设立的房地产开发企业需办理"暂定资质证书"。房地产开发主管部门向符合条件的房地产开发企业核发"暂定资质证书"。

5. 资质管理

（1）资质核定和发放

申请核定资质等级的房地产开发企业，应当提交下列证明文件：①企业资质等级申报表；②房地产开发企业资质证书（正、副本）；③企业资产负债表；④企业法定代表人和经济、技术、财务负责人的职称证件；⑤已开发经营项目的有关证明材料；⑥房地产开发项目手册及"住宅质量保证书""住宅使用说明书"执行情况报告；⑦其他有关文件、证明。

房地产开发企业资质等级实行分级审批。一级资质由省、自治区、直辖市人民政府建设行政主管部门初审，报国务院建设行政主管部门审批；二级资质及二级资质以下企业的审批办法由省、自治区、直辖市人民政府建设行政主管部门制定。经资质审查合格的企业，由资质审批部门发给相应等级的资质证书。

（2）资质证书管理

资质证书由国务院建设行政主管部门统一制作。资质证书分为正本和副本，资质审批部门可以根据需要核发资质证书副本若干份。任何单位和个人不得涂改、出租、出借、转让、出卖资质证书。企业遗失资质证书，必须在新闻媒体上声明作废后，方可补领。

（3）变更和注销的情况

房地产开发企业在下列情况下依法变更和注销：

1）企业发生分立、合并的，应当在向工商行政管理部门办理变更手续后的30日内，到原资质审批部门申请办理资质证书注销手续，并重新申请资质等级。

2）企业变更名称、法定代表人和主要管理、技术负责人，应当在变更30日内，向原资质审批部门办理变更手续。

3）企业破产、歇业或者因其他原因终止业务时，应当在向工商行政管理部门办理注销营业执照后的15日内，到原资质审批部门注销资质证书。

4）房地产开发企业的资质实行年检制度。对于不符合原定资质条件或者有不良经营行为的企业，由原资质审批部门予以降级或者注销资质证书。房地产开发企业无正当理由不参加资质年检的，视为年检不合格，由原资质审批部门注销资质证书。

9.5 房地产交易

9.5.1 房地产交易概述

1. 房地产交易的概念

房地产交易是指房地产交易主体之间以房产所有权及其占用范围内的土地使用权为对象

而进行的一种商品交换活动。它的交易形式包括转让、抵押、租赁等。

2. 房地产交易的特征

房地产作为一种商品,同其他商品一样,是交换价值和使用价值的统一体,只有通过市场交换才能实现其价值。但房地产交易也有其自身的特点:

(1) 房地产交易标的物具有固定性

在一般的市场上,商品交换都是以货币和实物的反方向流动为特征的,即货币从买主流向卖主,商品从卖主流向买主。但在房地产的交易中,由于房地产具有不可移动的特性,不可能以实物形式进入交易场所。因此,房地产商品的交易,只有所有权或使用权等权属关系的转移,而没有物流的形态。

(2) 房地产交易市场是"多位一体"的市场

由于房地产产权性质的多样性,房地产交易市场成为一个由多种所有制结构组成的综合体;又由于人们对房屋需求和使用目的的多种多样,所以房地产交易形式趋于多样化。房地产交易市场是房屋买卖市场、房屋租赁市场、房屋互换市场以及房屋其他交换形式市场相统一的综合性市场。

(3) 房地产交易市场是一种区域性市场

位置的差异性是房地产商品区别于其他商品的显著特点。房产交换,一方面受居住或使用者地理位置布局的限制;另一方面又受房屋本身固定在某一位置这种自然空间的制约。因此,房地产市场一般具有区域性的特点。同时,由于地理位置不同、人们生活习惯的差异,对房屋的结构、式样、功能的需求或爱好也各不相同,进一步强化了房地产市场区域性的特征。

(4) 房地产交易价格具有相关性

房地产商品不像其他商品具有独立性明显的使用价值,房地产商品受同类商品的影响较大。例如,一个大型旅馆的修建,将会使附近的餐饮店铺、百货商店生意兴隆、价值上升;一个大型商场或购物中心的兴建,则会对附近中小百货商店的生意造成很大影响,甚至会改变一些房产的用途;而火车站、长途汽车站的修建,同样会对周围房产的价值产生影响,等等。同时,房地产价格本身也会随城市经济的发展,城市建筑地段地租、地价的增长,而呈向上波动的趋势。

3. 房地产交易的类型

(1) 按交易形式的不同分类

按交易形式的不同,房地产交易可分为转让、抵押、租赁、典当、信托、房屋互换等。

房地产转让是指房地产权利人通过买卖、赠与或者其他合法方式将其房地产转移给他人的行为。

房地产抵押是指抵押人以其合法的房地产以不转移占有的方式向抵押权人提供债务履行担保的行为。债务人不履行债务时,抵押权人有权依法以抵押的房地产拍卖所得的价款优先受偿。

房屋租赁是指房屋所有权人作为出租人将其房屋出租给承租人使用,由承租人向出租人支付租金的行为。

房屋典当是指将房屋出典于人，取得一定典价，在约定的期限内原价回赎。过期不赎作为绝卖。在典期内，承典人有权使用房屋，还享有在典期内将房屋出租或转典的收益权。

房屋信托是指从事房地产经营管理的专业组织接受产权人或产权单位的委托，签订合同，按合同规定的业务范围，代为经营管理房产并收取一定费用的活动。

房屋互换是指房屋的所有权人或使用人在平等互利基础上的一种所有权或者使用权的交换行为。

（2）按交易客体中土地权利的不同分类

按交易客体中土地权利的不同，房地产交易可分为国有土地使用权及其地上房产的交易与集体土地使用权及其地上房产的交易。对于后者现行法大多禁止或限制其交易，因此，在我国，一般而言，房地产交易仅指前者。前者还可进一步按土地使用权的出让或划拨性质的不同进行分类。

（3）按交易客体所受限制的程度不同分类

按交易客体所受限制的程度不同，房地产交易可分为受限交易（如划拨土地使用权及其地上房产的交易、带有福利性的住房及其占用土地使用权的交易等）和非受限交易（如商品房交易等）。

（4）按交易客体存在状况的不同分类

按交易客体存在状况的不同，房地产交易可分为单纯的土地使用权交易、房地产期权交易和房地产现权交易。

4. 房地产交易的原则

（1）房产权与地产权一同交易

房地产转让、抵押时，房屋所有权和该房屋占用范围内的土地使用权同时转让、抵押。房产权与地产权是不能分割的，同一房地产的房屋所有权与土地使用权只能由同一主体享有，而不能由两个主体分别享有；如果由两个主体分别享有，他们的权利就会发生冲突，导致各自的权利都无法行使。在房地产交易中只有遵循这一规则，才能保障交易的安全、公平。

（2）实行房地产价格评估

我国目前尚未形成合理的、完全市场化的房地产价格体系，房地产价格构成复杂，非经专业评估难以恰当确定，故法律规定，房地产交易中实行房地产价格评估制度。房地产价格评估，应当遵循公正、公平、公开的原则，按照国家规定的技术标准和评估程序，以基准地价、标定地价和各类房屋的重置价格为基准，参照当地的市场价格进行评估。

（3）实行房地产成交价格申报

房地产权利人转让房地产，应当向县级以上地方人民政府规定的部门如实申报成交价，不得瞒报或者做不实申报。实施该制度的意义在于，进行房地产交易要依法缴纳各种税费，要求当事人如实申报成交价格，便于以此作为计算税费的依据。当事人做不实申报时，国家将依法委托有关部门评估，按评估的价格作为计算税费的依据。

（4）依法登记原则

房地产转让、抵押当事人应当依法办理权属变更或抵押登记，房屋租赁当事人应当依法办理租赁登记备案。房地产的特殊性决定了实际占有或签订契约都难以成为判断房地产权利变动的科学公示方式，现在各国多采用登记公示的方法以标示房地产权利的变动。我国法律也确立了这一规则，并规定房地产转让、抵押，未办理权属登记，转让、抵押行为无效。

5. 房地产交易市场

我国的房地产交易市场共分为三级。

（1）房地产一级市场

房地产一级市场又称土地一级市场，是土地使用权出让的市场，即国家通过其指定的政府部门将城镇国有土地或将农村集体土地征用为国有土地后出让给使用者的市场。房地产一级市场是由国家垄断的市场。

（2）房地产二级市场

房地产二级市场是土地使用权出让后的房地产开发经营市场，是经过开发建设，将新建成的房地产进行出售和出租的市场。

（3）房地产三级市场

房地产三级市场是购买房地产的单位和个人再次将房地产转让或租赁的市场，也就是房地产再次进入流通领域进行交易而形成的市场，也包括房屋的交换。

9.5.2　房地产转让

1. 房地产转让的概念和特征

（1）房地产转让的概念

房地产转让是指房地产权利人通过买卖、赠与或者其他合法方式将其房地产转移给他人的行为。

（2）房地产转让的特征

从法律上看，房地产转让具有以下特征：

1）房地产转让人必须是房地产权利人。

房地产转让人必须拥有合法处分房地产的权利，如房地产所有权、房地产出售权、房地产继承权、房地产赠与权、房地产抵押权。

房地产转让法律关系的双方主体，一方为转让人，另一方为受转让人。转让人是房地产的卖方、赠与方等，受转让人是房地产的买方、受赠方等。

2）房地产转让的对象是特定的房地产权利。

房地产转让的权利包括国有土地使用权和建在国有土地上的房屋的所有权。

3）房地产转让属于要式法律行为。

房地产转让的双方主体，应当签订书面房地产转让合同（房地产买卖合同、房地产赠与合同、房地产互换合同等）。房地产转让合同是房地产交易中最重要的合同。

4）房屋所有权和该房屋占用范围内的土地使用权同时转让。

土地使用权转让时，其地上建筑物、其他附着物所有权随之转让；房屋的所有权转让时，房屋的所有权及其占用范围内的土地使用权一并转让。

2. 房地产转让的方式

（1）房地产买卖

房地产买卖是指房地产权利人将自己享有的国有土地使用权和房屋所有权转移给他人，并获得他人支付的房地产价款的行为。这是房地产转让的主要方式。必须注意，城市房地产买卖中的地产只能转移使用权，所有权仍属于国家。

（2）房地产赠与

房地产赠与是指房地产权利人自愿、无偿地将自己享有的国有土地使用权和房屋所有权转移给他人的行为。

（3）其他合法方式

1）以房地产作价入股、与他人成立企业法人，房地产权属发生变更的。

2）一方提供土地使用权，另一方或者多方提供资金，合资、合作开发经营房地产，而使房地产权属发生变更的。

3）因企业被收购、兼并或合并，房地产权属随之转移的。

4）以房地产抵债的。

5）法律、法规规定的其他情形。

3. 房地产转让的条件

（1）房地产转让的禁止条件

根据《城市房地产管理法》第三十八条，下列房地产不得转让：

1）以出让方式取得土地使用权的，不符合《城市房地产管理法》第三十九条规定条件的：①按照出让合同约定已经支付全部土地使用权出让金，并取得土地使用权证书；②按照出让合同约定进行投资开发，属于房屋建设工程的，完成开发投资总额的 25% 以上，属于成片开发土地的，形成工业用地或者其他建设用地条件；③转让房地产时房屋已经建成的，还应当持有房屋所有权证书。

2）司法机关和行政机关依法裁定、决定查封或者以其他形式限制房地产权利的。

3）依法收回土地使用权的。分为以出让方式取得土地使用权和以划拨方式取得土地使用权两种情况：

① 以出让方式取得土地使用权的，如土地出让等有偿使用合同约定的使用期限届满，土地使用者未申请续期或者申请续期未获批准的、根据社会公共利益的需要而提前收回，以及因逾期开发而被无偿收回土地使用权的，土地使用者即丧失土地使用权。

② 以划拨方式取得土地使用权的，因单位撤销、迁移等原因停止使用原划拨的国有土地的，可以收回国有土地使用权，则原土地使用者转让该项房地产。

4）共有房地产，未经其他共有人书面同意的。共有房地产是指两个或两个以上的人共同享有房屋的所有权和土地的使用权。共有房地产可以分为按份共有和共同共有两种类型。

按份共有房地产是指两个或两个以上的共有人，对共有房地产按各自所有的份额分享权利、承担义务。《民法典》第三百零五条规定，按份共有人可以转让其享有的共有的不动产或者动产份额。其他共有人在同等条件下，享有优先购买的权利。

共同共有房地产是指两个或两个以上的共有人，根据某种共同关系而对某项房地产共同享有权利并承担义务, 如夫妻关系。在共同共有关系续存期间, 部分共有人擅自处分共有财产的, 一般认定为无效。但第三人善意、有偿取得该财产的, 应当维护第三人的合法权益, 对其他共有人的损失, 由擅自处分共有财产的人赔偿。

5) 权属有争议的。

房地产权属争议是指关于国有土地使用权和房屋所有权及其派生权利的争议。

房地产权属的争议, 按其内容可分为: ①国有土地使用权争议; ②房屋所有权争议; ③房屋债权争议; ④房屋继承权争议; ⑤其他房地产权属争议。

6) 未依法登记领取权属证书的。

国家实行土地使用权和房屋所有权登记发证制度, 凡未依法取得房地产权属证书者, 不得转让相应的房地产。

7) 法律、行政法规规定禁止转让的其他情形。

(2) 房地产转让的必备条件

1) 以出让方式取得土地使用权的房地产转让必备条件。

《城市房地产管理法》第三十九条规定, 以出让方式取得土地使用权的, 转让房地产时, 应当符合下列条件:

① 按照出让合同约定已经支付全部土地使用权出让金, 并取得土地使用权证书。

② 按照出让合同约定进行投资开发, 属于房屋建设工程的, 完成开发投资总额的 25% 以上, 属于成片开发土地的, 形成工业用地或者其他建设用地条件。

③ 转让房地产时房屋已经建成的, 还应当持有房屋所有权证书。

2) 以划拨方式取得土地使用权的房地产转让必备条件。

以划拨方式取得土地使用权的房地产转让, 须符合本书 9.2 节中 "划拨土地使用权的转让、出租、抵押" 所介绍的《城市房地产管理法》和《城镇国有土地使用权出让和转让暂行条例》的相关规定。

此外,《城市房地产转让管理规定》第十二条规定, 以划拨方式取得土地使用权的, 转让房地产时, 属于下列情形之一的, 经有批准权的人民政府批准, 可以不办理土地使用权出让手续, 但应当将转让房地产所获收益中的土地收益上缴国家或者做其他处理, 土地收益的缴纳和处理的办法按照国务院规定办理: ①经城市规划行政主管部门批准, 转让的土地用于建设《城市房地产管理法》第二十三条规定的项目的; ②私有住宅转让后仍用于居住的; ③按照国务院住房制度改革有关规定出售公有住宅的; ④同一宗土地上部分房屋转让而土地使用权不可分割转让的; ⑤转让的房地产暂时难以确定土地使用权出让用途、年限和其他条件的; ⑥根据城市规划土地使用权不宜出让的; ⑦县级以上人民政府规定暂时无法或不需要采取土地使用权出让方式的其他情形。依照上述规定缴纳土地收益或做其他处理的, 应当在房地产转让合同中注明。

4. 房地产转让程序

(1) 出让方式的房地产转让程序

1) 房地产转让当事人签订书面转让合同。

2) 房地产转让当事人在房地产转让合同签订后 90 日内持房地产权属证书、当事人的合法证明、转让合同等有关文件向房地产所在地的房地产管理部门提出申请，并申报成交价格。

3）房地产管理部门对提供的有关文件进行审查，并在7日内做出是否受理申请的书面答复，7日内未做书面答复的，视为同意受理。

4）房地产管理部门核实申报的成交价格，并根据需要对转让的房地产进行现场查勘和评估。

5）房地产转让当事人按照规定缴纳有关税费。

6）房地产管理部门办理房屋权属登记手续，核发房地产权属证书。

（2）划拨方式的房地产转让程序

以划拨方式取得土地使用权的房地产转让程序，须符合本书9.2节中"划拨土地使用权的转让、出租、抵押"所介绍的《城市房地产管理法》和《城镇国有土地使用权出让和转让暂行条例》的相关规定，并依据是否办理土地使用权出让手续选择不同的处理方式。

5. 房地产转让合同

房地产转让时，应当签订书面转让合同。

房地产转让合同主要有房地产买卖合同和房地产赠与合同。

1）房地产买卖合同。房地产买卖是房地产转让的主要方式。房地产买卖合同是指转让人将房地产移转给受让人所有，受让人取得房地产权并支付相应价款的合同。

2）房地产赠与合同。房地产赠与合同是指规定赠与人将房地产无偿转移给受赠人的合同。

（1）房地产买卖合同

1）房地产买卖合同的主要内容。具体包括：①双方当事人的姓名或者名称、住所；②房地产权属证书名称和编号；③房地产坐落位置、面积、四至界限；④土地宗地号、土地使用权取得的方式及年限；⑤房地产的用途或使用性质；⑥成交价格及支付方式；⑦房地产交付使用的时间；⑧违约责任；⑨双方约定的其他事项。

2）房地产买卖合同的特征。具体包括：①出卖人将所出卖的房屋所有权转移给买受人，买受人支付相应的价款；②房屋买卖合同是诺成、双务、有偿合同；③房屋买卖合同的标的物为不动产，其所有权转移必须办理登记手续；④房屋买卖合同属于法律规定的要式法律行为。

（2）房地产赠与合同

1）房地产赠与合同的主要内容。具体包括以下几方面：

① 赠与双方当事人，即赠与人和受赠人。

② 赠与的房地产的基本情况，赠与合同应载明标的物即赠与房地产的坐落、地号、产权所有人、产权证号（房屋所有权证号和国有土地使用权证号）、土地使用权取得方式（出让或是划拨）、土地使用性质、房屋建筑面积、占用土地面积、房屋结构、四至界限、附着物、附图等。

③ 赠与人的意思表示，赠与人表示自愿将特定的房地产赠与受赠人的意思，应载于合同。

④ 受赠人的意思表示，受赠人表示接受赠与房地产的意思，也应载于合同。

⑤ 交付时间，合同应载明何时，以何种方式交付赠与房地产。

⑥ 赠与人所附义务。

⑦ 其他约定条款。

2）房地产赠与合同的特征。具体包括以下几方面：

① 房地产赠与合同是单务、无偿合同。赠与人自愿承担将房地产赠与对方的义务，而不享有对等的权利；受赠人则享有无偿接受对方所赠房地产的权利，而不承担相应的义务。

② 房地产赠与合同是实践性合同。只有在赠与人把房地产实际交付给受赠人，受赠人接受赠与房地产之后，该房地产赠与合同才生效。房地产赠与合同一旦生效，赠与人就不得再行撤回赠与。

③ 房地产赠与合同是要式合同。首先，房地产赠与合同依法应采用书面形式，由双方当事人达成协议，订立书面合同；其次，该赠与合同应当经公证机关公证（如系涉外房地产赠与，还须认证）；最后，房地产赠与和房地产买卖一样，应当按照《城市房地产管理法》和有关规定，办理过户登记手续，否则赠与无效。

6. 商品房预售

商品房预售也称房屋预售，是指房地产开发企业与购房者约定，由购房者交付定金或预付款，而在未来一定日期拥有现房的房产交易行为。其实质是房屋期货买卖，买卖的只是房屋的一张期货合约。它与成品房的买卖已成为我国商品房市场中的两种主要房屋销售形式，是房地产转让的一种特殊形式。

（1）商品房预售的特征

1）房屋预售是一种附加期限的交易行为。商品房买卖双方在合同中约定了一个期限，并把这个期限的到来作为房屋买卖权利义务发生法律效力或失去效力的根据。

2）房屋预售具有较强的国家干预性。由于商品房的预售不同于房屋的实质性买卖，这阶段真正的房屋交接尚未形成，因此国家加强了对商品房预售市场的规范。我国对商品房预售的条件资格及程序做了规定，而且还要求在预售合同签订后向当地房地产管理部门办理登记备案手续。

（2）商品房预售的条件

《城市房地产管理法》第四十五条对商品房预售应当符合的条件做了如下规定：

1）已交付全部土地使用权出让金，取得土地使用权证书。

2）持有建设工程规划许可证。

3）按提供预售的商品房计算，投入开发建设的资金达到工程建设总投资的25%以上，并已经确定施工进度和竣工交付日期。

4）向县级以上人民政府房产管理部门办理预售登记，取得商品房预售许可证明。商品房预售人应当按照国家有关规定将预售合同报县级以上人民政府房产管理部门和土地管理部门登记备案。商品房预售所得款项，必须用于有关的工程建设。

只有符合上述条件的商品房预售，才具有法律效力，受法律保护；违反法定条件预售商品房的，由县级以上人民政府房产管理部门责令停止预售活动，没收违法所得，可以并处罚款。

（3）商品房预售的程序

商品房预售一般按下列程序进行：

1）取得商品房预售许可证。开发企业进行商品房预售，应当向房地产管理部门申请预售许可，取得商品房预售许可证。未取得商品房预售许可证的，不得进行商品房预售。商品房预售许可证的取得要经过受理、审核、许可、公示四个阶段。

2）售前宣传。房地产开发企业不得进行虚假广告宣传，商品房预售广告中应当载明商品房预售许可证明的文号。

3）签订商品房预售合同。房地产开发企业预售商品房时，应当向预购人出示商品房预售许可证。开发商应当与承购人签订商品房预售合同。商品房的预售可以委托代理人办理，但必须有书面委托书。

4）登记备案。预售合同签订后，开发企业应当自签约之日起30日内，向房地产管理部门和市、县人民政府土地管理部门办理商品房预售合同登记备案手续。商品房预售合同登记备案手续可以委托代理人办理，委托代理人办理的，应当有书面委托书。

5）签订正式的房屋买卖合同。预售合同签订后，购房人要依照合同约定的方式、时间和数量向预售方交付预付款，开发商要按合同约定的时间向购房人交付房屋。开发商收取的预付款，应当专项用于房屋开发建设，不得挪作他用。在房屋竣工验收并获通过后，双方当事人要签订正式的房屋买卖合同。

6）办理商品房的权属登记手续。预售的商品房交付使用之日起90日内，承购人应当依法到房地产管理部门和市、县人民政府土地管理部门办理权属登记手续。开发企业应当予以协助，并提供必要的证明文件。由于开发企业的原因，承购人未能在房屋交付使用之日起90日内取得房屋权属证书的，除开发企业和承购人有特殊约定外，开发企业应当承担违约责任。

7. 已购公有住房和经济适用住房的上市出售

已购公有住房和经济适用住房是指城镇职工根据国家和县级以上地方人民政府有关城镇住房制度改革政策规定，按照成本价（或者标准价）购买的公有住房，或者按照地方人民政府指导价购买的经济适用住房。经济适用住房包括安居工程住房和集资合作建设的住房。

加快开放已购公房和经济适用住房的交易市场，既是深化城镇住房制度改革的需要，也是完善我国社会主义市场经济体系、培育新的经济增长点的需要。从部分省、市试点的情况看，开放已购公有住房和经济适用住房的交易市场有着十分积极的现实意义。

（1）已购公有住房和经济适用住房上市出售的条件

1）已购公有住房和经济适用住房上市出售交易市场的开放。

《已购公有住房和经济适用住房上市出售管理暂行办法》第四条规定，经省、自治区、直辖市人民政府批准，具备下列条件的市、县可以开放已购公有住房和经济适用住房上市出售的交易市场：①已按照个人申报、单位审核、登记立档的方式对城镇职工家庭住房状况进行了普查，并对申报人在住房制度改革中有违法、违纪行为的进行了处理；②已制定了已购公有住房和经济适用住房上市出售收益分配管理办法；③已制定了已购公有住房和经济适用住房上市出售的具体实施办法；④法律、法规规定的其他条件。

2）已购公有住房和经济适用住房不得上市出售的情形。

《已购公有住房和经济适用住房上市出售管理暂行办法》第五条规定，已取得合法产权证书的已购公有住房和经济适用住房可以上市出售，但有下列情形之一的已购公有住房和经济适用住房不得上市出售：①以低于房改政策规定的价格购买且没有按照规定补足房价款的；②住房面积超过省、自治区、直辖市人民政府规定的控制标准，或者违反规定利用公款超标准装修，且超标部分未按照规定退回或者补足房价款及装修费用的；③处于户籍冻结地区并已列入拆迁公告范围内的；④产权共有的房屋，其他共有人不同意出售的；⑤已抵押且未经抵押权人书面同意转让的；⑥上市出售后形成新的住房困难的；⑦擅自改变房屋使用性质的；⑧法律、法规以及县级以上人民政府规定其他不宜出售的。

（2）已购公有住房和经济适用住房上市出售的程序

1）申请。已购公有住房和经济适用住房所有权人要求将已购公有住房和经济适用住房上市出售的，应当向房屋所在地的县级以上人民政府房地产行政主管部门提出申请，并提交相关材料。

2）审核批准。房地产行政主管部门对已购公有住房和经济适用住房所有权人提出的上市出售申请进行审核，并自收到申请之日起15日内做出是否准予其上市出售的书面意见。

3）办理过户手续。经审核，符合上市出售条件，准予上市出售的，由买卖当事人向房屋所在地房地产交易管理部门申请办理交易过户手续，缴纳有关税费。

4）办理房屋产权转移登记手续。买卖当事人在办理完毕交易过户手续之日起30日内，应当向房地产行政主管部门申请办理房屋所有权转移登记手续，并凭变更后的房屋所有权证书向同级人民政府土地行政主管部门申请土地使用权变更登记手续。

9.5.3 房地产抵押

1. 房地产抵押的概念和特征

（1）房地产抵押的概念

房地产抵押是指抵押人以其合法的房地产以不转移占有的方式向抵押权人提供债务履行担保的行为。债务人不履行债务时，抵押权人有权依法以抵押的房地产拍卖所得的价款优先受偿。

抵押人是指将依法取得的房地产提供给抵押权人，作为本人或者第三人履行债务担保的公民、法人或者其他组织。抵押权人是指接受房地产抵押作为债务人履行债务担保的公民、法人或者其他组织。抵押物是指由抵押人或第三人提供并经抵押权人认可的作为债务人履行债务担保的房地产。

（2）房地产抵押权的特征

1）房地产抵押不转移抵押财产的占有。已做抵押的房地产，由抵押人占用与管理。抵押人在抵押房地产占用与管理期间应当维护抵押房地产的安全与完好。抵押权人有权按照抵押合同的规定监督、检查抵押房地产的管理情况。

2）房地产抵押权是一种担保物权。担保物权是权利人在债务人不履行到期债务或者发生当事人约定的实现担保物权的情形，依法享有就担保财产优先受偿的权利。

3）房地产抵押权人具有优先受偿权。优先受偿是指抵押权人对抵押物卖得的价款，除了要先支付工资、抚恤金和征纳税款外，抵押权人可先行收回自己对债务人所享有的债权，优先于抵押物的所有人的所有权，也优先于其他无抵押的一般债权。

4）抵押权的附从性。抵押是一种担保方式，担保合同是主合同的从合同，主合同无效，担保合同无效。

2. 房地产抵押权设定的条件

（1）可以设定抵押权的房地产

根据《民法典》第三百九十五条，债务人或者第三人有权处分的下列财产可以抵押，其中涉及房地产的有：

1）建筑物和其他土地附着物。

2）建设用地使用权。

（2）不得设定抵押权的房地产

根据《民法典》第三百九十九条，下列财产不得抵押：

1）土地所有权。

2）宅基地、自留地、自留山等集体所有土地的使用权，但是法律规定可以抵押的除外。

3）学校、幼儿园、医疗机构等为公益目的成立的非营利法人的教育设施、医疗卫生设施和其他公益设施。

4）所有权、使用权不明或者有争议的财产。

5）依法被查封、扣押、监管的财产。

6）法律、行政法规规定不得抵押的其他财产。

此外《民法典》还规定，以建筑物抵押的，该建筑物占用范围内的建设用地使用权一并抵押。以建设用地使用权抵押的，该土地上的建筑物一并抵押。乡镇、村企业的建设用地使用权不得单独抵押。以乡镇、村企业的厂房等建筑物抵押的，其占用范围内的建设用地使用权一并抵押。地役权不得单独抵押。土地经营权、建设用地使用权等抵押的，在实现抵押权时，地役权一并转让。

《城市房地产抵押管理办法》规定，同一房地产设定两个以上抵押权的，抵押人应当将已经设定过的抵押情况告知抵押权人。抵押人所担保的债权不得超出其抵押物的价值。房地产抵押后，该抵押房地产的价值大于所担保债权的余额部分，可以再次抵押，但不得超出余额部分。

3. 房地产抵押程序

（1）签订房地产抵押合同

《城市房地产管理法》第五十条规定，房地产抵押，抵押人和抵押权人应当签订书面抵押合同。《民法典》第四百零一条规定，抵押权人在债务履行期限届满前，与抵押人约定债务人不履行到期债务时抵押财产归债权人所有的，只能依法就抵押财产优先受偿。

（2）房地产抵押登记

《城市房地产抵押管理办法》规定，房地产抵押合同自签订之日起 30 日内，抵押当事人应当到房地产所在地的房地产管理部门办理房地产抵押登记。房地产抵押合同自抵押登记之日起生效。

因此，房地产抵押登记作为抵押合同生效的要件，当事人订立书面抵押合同后未办理登记的视为效力未定，房地产抵押合同必须向房地产管理部门登记后才生效。

办理房地产抵押登记时，应当向登记机关交验下列文件：

1）抵押当事人的身份证明或法人资格证明。

2）抵押登记申请书。

3）抵押合同。

4）"国有土地使用权证""房屋所有权证"或"房地产权证"，共有的房屋还必须提交"房屋共有权证"和其他共有人同意抵押的证明。

5）可以证明抵押人有权设定抵押权的文件与证明材料。

6）可以证明抵押房地产价值的资料。

7）登记机关认为必要的其他文件。

以依法取得的房屋所有权证书的房地产抵押的，登记机关应当在原"房屋所有权证"上做他项权利记载后，由抵押人收执，并向抵押权人颁发"房屋他项权证"。

（3）房地产抵押权的实现

房地产抵押权的实现是指当债务人不能履行到期债务时，房地产抵押权人依法处分抵押的房地产，并就处分抵押房地产的所得优先受偿的过程，它是特定条件下债权实现的一种方式。房地产抵押权因实现而消灭。

《城市房地产抵押管理办法》对房地产抵押权的实现做出了规定，有下列情况之一的，抵押权人有权要求处分抵押的房地产：

1）债务履行期满，抵押权人未受清偿的，债务人又未能与抵押权人达成延期履行协议的。

2）抵押人死亡，或者被宣告死亡而无人代为履行到期债务的；或者抵押人的合法继承人、受遗赠人拒绝履行到期债务的。

3）抵押人被依法宣告解散或者破产的。

4）抵押人违反本办法的有关规定，擅自处分抵押房地产的。

5）抵押合同约定的其他情况。

有以上情况之一的，经抵押当事人协商可以通过拍卖等合法方式处分抵押房地产；协议不成的，抵押权人可以向人民法院提起诉讼。

抵押权人处分抵押房地产时，应当事先书面通知抵押人；抵押房地产为共有或者出租的，还应当同时书面通知共有人或承租人；在同等条件下，共有人或承租人依法享有优先购买权。

以划拨方式取得的土地使用权连同地上建筑物设定的房地产抵押进行处分时，应当从处分所得的价款中缴纳相当于应当缴纳的土地使用权出让金的款额后，抵押权人方可优先受偿。法律、法规另有规定的依照其规定。

处分抵押房地产所得金额，依下列顺序分配：

1）支付处分抵押房地产的费用。

2）扣除抵押房地产应缴纳的税款。

3）偿还抵押权人债权本息及支付违约金。

4）赔偿由债务人违反合同而对抵押权人造成的损害。

5）剩余金额交还抵押人。

处分抵押房地产所得金额不足以支付债务和违约金、赔偿金时，抵押权人有权向债务人追索不足部分。

依据《民法典》的规定，同一房地产向两个以上债权人抵押的，拍卖、变卖抵押房地产所得的价款依照以下规定清偿：①抵押权已经登记的，按照登记的时间先后确定清偿顺序；②抵押权已经登记的先于未登记的受偿；③抵押权未登记的，按照债权比例清偿。

建设用地使用权抵押后，该土地上新增的建筑物不属于抵押财产。该建设用地使用权实现抵押权时，应当将该土地上新增的建筑物与建设用地使用权一并处分，但新增建筑物所得的价款，抵押权人无权优先受偿。

以集体所有土地的使用权依法抵押的，实现抵押权后，未经法定程序，不得改变土地所有权的性质和土地用途。

债务履行期届满抵押权人未受清偿的，可以与抵押人协议以抵押物折价或者以拍卖、变卖该抵押物所得的价款受偿；协议不成的，抵押权人可以向人民法院提起诉讼。抵押物折价或者拍卖、变卖后，其价款超过债权数额的部分归抵押人所有，不足部分由债务人清偿。

《民法典》规定，第三人提供物的担保的，债权人可以就物的担保实现债权，也可以请求保证人承担保证责任。提供担保的第三人承担担保责任后，有权向债务人追偿。即为债务人抵押担保的第三人，在抵押权人实现抵押权后，有权向债务人追偿。

4. 房地产抵押合同

（1）房地产抵押合同的概念

房地产抵押合同是指债务人或者第三人不转移对房地产的占有，将房地产作为债权担保而与债权人达成的明确相互权利义务关系的协议。

房地产抵押合同是主债权债务合同的从合同，抵押人是提供特定房地产作为抵押物担保债权实现的债务人本身或债务人以外的第三人，抵押权人是债权人。当债务人不履行债务时，抵押权人有权依法主张就拍卖该房地产的价款优先受偿。

（2）房地产抵押合同的法律特征

1）房地产抵押合同是一种从合同。

房地产抵押合同必须以设立主债的合同的存在为前提才能成立，它是主债的债权人与主债的债务人或第三人之间自愿订立的以提供房地产作为担保主债履行的从合同。房地产抵押合同随主债的消灭而终止。

2）房地产抵押合同的标的只能是不动产和特定物。

土地和房屋具有不可移动性，也不可以其他土地和房屋来代替，否则其价值就容易发生变化。房地产抵押合同只能在房地产所在地履行，也只能以合同约定的房屋、土地来履行。

3）房地产抵押合同是诺成性合同。

根据合同的成立是否以交付标的物为要件，合同可分为实践性合同和诺成性合同。实践性合同是除当事人意思表示一致外，还必须交付标的物才能成立的合同；而诺成性合同是当事人意思表示一致即可成立的合同。房地产抵押不以转移房地产的占有为特征，所以房地产抵押合同的成立并不以转移标的物为前提，它属于诺成性合同。

4）房地产抵押合同是要式合同。

要式合同与非要式合同的区别在于：前者必须采取特定的形式，而后者并不以采取特定的形式为要件。房地产抵押人和抵押权人应当采取书面形式签订房地产抵押合同，还应当向县级以上地方人民政府规定的部门办理抵押登记。由此可见，房地产抵押合同属于要式合同。

（3）房地产抵押合同的主要内容

《城市房地产抵押管理办法》第二十六条规定，房地产抵押合同应当载明下列主要内容：①抵押人、抵押权人的名称或者个人姓名、住所；②主债权的种类、数额；③抵押房地产的处所、名称、状况、建筑面积、用地面积以及四至等；④抵押房地产的价值；⑤抵押房地产的占用管理人、占用管理方式、占用管理责任以及意外损毁、灭失的责任；⑥债务人履行债务的期限；⑦抵押权灭失的条件；⑧违约责任；⑨争议解决方式；⑩抵押合同订立的时间与地点；⑪双方约定的其他事项。

抵押权人要求抵押房地产保险的，以及要求在房地产抵押后限制抵押人出租、转让抵押房地产或者改变抵押房地产用途的，抵押当事人应当在抵押合同中载明。

（4）房地产抵押合同的效力

房地产抵押合同生效，双方当事人必须认真履行其权利和义务。

1）抵押人的权利。

抵押人对抵押物具有占有、使用、处分和收益的权利。房地产设定抵押之后，抵押人在抵押期间对抵押物仍具有占有和使用的权利。经抵押权人同意，抵押人对抵押标的物还具有处分和收益的权利，可将已抵押的房地产予以出租或转让。

2）抵押人的义务。

抵押人有义务保管和维护抵押物，并为抵押物购买保险。这是为了防止抵押物的价值减少。《民法典》第四百零八条规定，抵押人的行为足以使抵押财产价值减少的，抵押权人有权请求抵押人停止其行为；抵押财产价值减少的，抵押权人有权请求恢复抵押财产的价值，或者提供与减少的价值相应的担保。抵押人不恢复抵押财产的价值，也不提供担保的，抵押权人有权请求债务人提前清偿债务。

《城市房地产抵押管理办法》第二十三条规定，抵押当事人约定对抵押房地产保险的，由抵押人为抵押的房地产投保，保险费由抵押人负担。抵押房地产投保的，抵押人应当将保险单移送抵押权人保管。在抵押期间，抵押权人为保险赔偿的第一受益人。

抵押人有义务配合进行房地产登记。同时抵押人有遵守抵押合同的义务。抵押人应严守抵押合同的规定，不得损害抵押权人的合法利益。

3）抵押权人的权利。

抵押权人对抵押物具有支配权。抵押权具有物权特征，在侵权行为发生时，抵押权人有权要求侵害人停止侵害、排除妨碍、恢复原状、赔偿损失。

抵押权人具有优先受偿权。在债权得不到实现时，抵押权人有权就抵押物的变价和抵押物的孳息优先受偿。

4）抵押权人的义务。

抵押权人具有遵守抵押合同的义务。抵押权人行使抵押权应严守抵押合同的规定，不得损害抵押人的合法利益。

抵押人有义务进行房地产抵押登记，同样，抵押权人也具有办理房地产抵押登记的义务。

（5）房地产抵押担保物权所担保的债权范围

根据《民法典》第三百八十九条规定，房地产抵押担保的担保债权范围包括：

1）主债权，又称原债权、本债权，是担保的重要内容。

2）利息，包括法定利息和约定利息。

3）违约金，是指合同一方因不履行或不适当履行合同时，为违约行为支付的带有惩罚性或者补偿性的金钱。

4）损害赔偿金，是指债务人因不履行债务或者不适当履行债务给债权人造成损害而支付的赔偿费用。

5）保管担保财产的费用，指因保管被抵押的房产所产生的相关费用，如维护费和修理费等。

6）实现担保物权的费用，指抵押权人因行使抵押权而支出的费用，如拍卖费、变卖费和诉讼费等。

（6）特殊房地产抵押合同

1）土地使用权抵押合同。《民法典》第四百一十八条规定，以集体所有土地的使用权依法抵押的，实现抵押权后，未经法定程序，不得改变土地所有权的性质和土地用途。

拍卖划拨的国有土地使用权所得的价款，在依法缴纳相当于应缴纳的土地使用权出让金的款额后，抵押权人有优先受偿权。

2）预购商品房贷款抵押合同。预购商品房贷款抵押是指购房人在支付首期规定的房价款后，由贷款银行代其支付其余的购房款，将所购商品房抵押给贷款银行作为偿还贷款履行担保的行为。

《城市房地产抵押管理办法》第二十条规定，预购商品房贷款抵押的，商品房开发项目必须符合房地产转让条件并取得商品房预售许可证。《城市房地产抵押管理办法》还规定，以预购商品房贷款抵押的，须提交生效的预购房屋合同。以预售商品房抵押的，登记机关应当在抵押合同上做记载。抵押的房地产在抵押期间竣工的，当事人应当在抵押人领取房地产权属证书后，重新办理房地产抵押登记。

3）在建工程抵押合同。在建工程抵押是指抵押人为取得在建工程继续建造资金的贷款，以其合法方式取得的土地使用权连同在建工程的投入资产，以不转移占有的方式抵押给贷款银行作为偿还贷款履行担保的行为。

《城市房地产抵押管理办法》规定，以在建工程抵押的，抵押合同还应当载明以下内容：①"国有土地使用权证""建设用地规划许可证"和"建设工程规划许可证"编号；②已交纳的土地使用权出让金或需交纳的相当于土地使用权出让金的款额；③已投入在建工程的工程款；④施工进度及工程竣工日期；⑤已完成的工作量和工程量。

以在建工程抵押的，登记机关应当在抵押合同上做记载。抵押的房地产在抵押期间竣工的，当事人应当在抵押人领取房地产权属证书后，重新办理房地产抵押登记。

以在建工程已完工部分抵押的，其土地使用权随之抵押。

4）已出租的房屋抵押合同。《城市房地产抵押管理办法》第二十一条规定，以已出租的房地产抵押的，抵押人应当将租赁情况告知抵押权人，并将抵押情况告知承租人。原租赁合同继续有效。第四十二条规定，抵押权人处分抵押房地产时，应当事先书面通知抵押人；抵押房地产为出租的，还应当同时书面通知承租人；在同等条件下，承租人依法享有优先购买权。

9.5.4 房屋租赁

1. 房屋租赁概述

（1）房屋租赁的概念

房屋租赁是指由房屋的所有者或经营者本着自愿、平等、互利的原则，将其所有或经营的房屋交给房屋的消费者使用，房屋消费者通过定期交付一定数额的租金，取得房屋的占有和使用权利的行为。房屋租赁可以看作是出租人有期限地出让房屋的使用权、占有权、收益权，换回承租人支付的对价。房屋租赁是房屋使用价值零星出售的一种商品流通方式。

（2）房屋租赁的特征

1）出租人必须是房屋所有权人或其代理人。公民、法人或其他组织对享有所有权的房屋和国家授权管理及经营的房屋可以依法出租。

2）房屋租赁的标的物是作为不动产的房屋，不同于其他财产，是特定物，不是种类物。

3）房屋租赁是双务、有偿的法律行为。在房屋租赁关系中，出租人和承租人都享有权利和承担义务。出租人有将房屋交付给承租人的义务，同时承租人也有向出租人支付租金的义务。

4）租赁不发生产权的让渡和转移。房屋所有权人只是将房屋的占有权、使用权、收益权在租赁期间内有偿地让渡给承租人，承租人并不取得房屋的产权。

（3）房屋不得出租的情况

《商品房租赁管理办法》第六条规定，有下列情形之一的房屋不得出租：

1）属于违法建筑的。

2）不符合安全、防灾等工程建设强制性标准的。

3）违反规定改变房屋使用性质的。

4）法律、法规规定禁止出租的其他情形。

2. 房屋租赁合同

（1）房屋租赁合同的主要内容

房屋租赁当事人应当依法订立租赁合同。房屋租赁合同的内容由当事人双方约定，一般应当包括以下内容：①房屋租赁当事人的姓名（名称）和住所；②房屋的坐落、面积、结构、附属设施，家具和家电等室内设施状况；③租金和押金数额、支付方式；④租赁用途和房屋使用要求；⑤房屋和室内设施的安全性能；⑥租赁期限；⑦房屋维修责任；⑧物业服务、水、电、燃气等相关费用的缴纳；⑨争议解决办法和违约责任；⑩其他约定。

房屋租赁当事人应当在房屋租赁合同中约定房屋被征收或者拆迁时的处理办法。

（2）房屋设施使用的规定

出租人应当按照合同约定履行房屋的维修义务并确保房屋和室内设施安全。未及时修复损坏的房屋，影响承租人正常使用的，出租人应当按照约定承担赔偿责任或者减少租金。

承租人应当按照合同约定的租赁用途和使用要求合理使用房屋，不得擅自改动房屋承重结构和拆改室内设施，不得损害其他业主和使用人的合法权益。承租人因使用不当等原因造成承租房屋和设施损坏的，承租人应当负责修复或者承担赔偿责任。

（3）转租、转让的规定

承租人转租房屋的，应当经出租人书面同意。承租人未经出租人书面同意转租的，出租人可以解除租赁合同，收回房屋并要求承租人赔偿损失。

房屋租赁期间内，因赠与、析产、继承或者买卖转让房屋的，原房屋租赁合同继续有效。出租人出售租赁房屋的，应当在出售前合理期限内通知承租人，承租人在同等条件下有优先购买权。

（4）间隔房和群租的规定

出租住房的，应当以原设计的房间为最小出租单位，人均租住建筑面积不得低于当地人民政府规定的最低标准。厨房、卫生间、阳台和地下储藏室不得出租供人员居住。

（5）房屋租赁登记备案的规定

房屋租赁合同订立后30日内，房屋租赁当事人应当到租赁房屋所在地直辖市、市、县人民政府建设（房地产）主管部门办理房屋租赁登记备案。当事人可以书面委托他人办理租赁登记备案。

办理房屋租赁登记备案，房屋租赁当事人应当提交下列材料：①房屋租赁合同；②房屋租赁当事人身份证明；③房屋所有权证书或者其他合法权属证明；④直辖市、市、县人民政府建设（房地产）主管部门规定的其他材料。

若符合条件，直辖市、市、县人民政府建设（房地产）主管部门应当在3个工作日内办理房屋租赁登记备案，向租赁当事人开具房屋租赁登记备案证明，证明应当载明出租人的姓名或者名称，承租人的姓名或者名称、有效身份证件种类和号码，出租房屋的坐落、租赁用途、租金数额、租赁期限等。若房屋租赁登记备案内容发生变化、续租或者租赁终止的，当事人应当在30日内，到原租赁登记备案的部门办理房屋租赁登记备案的变更、延续或者注销手续。

3. 其他情况

上述内容针对城市规划区内国有土地上的商品房屋租赁（简称房屋租赁）及其监督管理。城市规划区外国有土地上的房屋租赁和监督管理，可参照上述办法执行。保障性住房租赁按照国家有关规定执行。

9.6 | 不动产权属登记管理

9.6.1　不动产权属登记的概念

　　不动产权属登记是指不动产登记机构依法将土地、海域以及房屋、林木等定着物的不动产权利归属和其他法定事项记载于不动产登记簿的行为。不动产权属登记包括首次登记、变更登记、转移登记、注销登记、更正登记、异议登记、预告登记、查封登记等。国家实行不动产统一登记制度。不动产以不动产单元为基本单位进行登记，不动产单元具有唯一编码。

9.6.2　不动产登记机构

　　国务院国土资源主管部门负责指导、监督全国不动产权属登记工作。县级以上地方人民政府应当确定一个部门为本行政区域的不动产登记机构，负责不动产权属登记工作。

　　国务院确定的重点国有林区的森林、林木和林地，国务院批准项目用海、用岛，中央国家机关使用的国有土地等不动产权属登记，由国务院国土资源主管部门会同有关部门规定。

9.6.3　需登记的不动产权利范围和记载事项

　　下列不动产权利，依照《不动产登记暂行条例》的规定办理登记：①集体土地所有权；②房屋等建筑物、构筑物所有权；③森林、林木所有权；④耕地、林地、草地等土地承包经营权；⑤建设用地使用权；⑥宅基地使用权；⑦海域使用权；⑧地役权；⑨抵押权；⑩法律规定需要登记的其他不动产权利。

　　不动产登记机构应当按照国务院国土资源主管部门的规定设立统一的不动产登记簿。不动产登记簿应当记载以下事项：①不动产的坐落、界址、空间界限、面积、用途等自然状况；②不动产权利的主体、类型、内容、来源、期限、权利变化等权属状况；③涉及不动产权利限制、提示的事项；④其他相关事项。

9.6.4　不动产权属登记程序

1. 不动产权属登记申请

　　当事人或者其代理人应当向不动产登记机构申请不动产权属登记。不动产登记机构将申请登记事项记载于不动产登记簿前，申请人可以撤回登记申请。

　　因买卖、设定抵押权等申请不动产权属登记的，应当由当事人双方共同申请。属于下列情形之一的，可以由当事人单方申请：①尚未登记的不动产首次申请登记的；②继承、接受遗赠取得不动产权利的；③人民法院、仲裁委员会生效的法律文书或者人民政府生效的决定等设立、变更、转让、消灭不动产权利的；④权利人姓名、名称或者自然状况发生变化，申请变更登记的；⑤不动产灭失或者权利人放弃不动产权利，申请注销登记的；⑥申请更正登记或者异议登记的；⑦法律、行政法规规定可以由当事人单方申请的其他情形。

2. 提交登记申请材料

　　不动产登记机构应当在办公场所和门户网站公开申请登记所需材料目录和示范文本等信息。

申请人应当提交下列材料，并对申请材料的真实性负责：①登记申请书；②申请人、代理人身份证明材料、授权委托书；③相关的不动产权属来源证明材料、登记原因证明文件、不动产权属证书；④不动产界址、空间界限、面积等材料；⑤与他人利害关系的说明材料；⑥法律、行政法规以及《不动产登记暂行条例》实施细则规定的其他材料。

3. 不动产权属登记申请材料查验

不动产登记机构收到不动产权属登记申请材料，应当分别按照下列情况办理：①属于登记职责范围，申请材料齐全、符合法定形式，或者申请人按照要求提交全部补正申请材料的，应当受理并书面告知申请人；②申请材料存在可以当场更正的错误的，应当告知申请人当场更正，申请人当场更正后，应当受理并书面告知申请人；③申请材料不齐全或者不符合法定形式的，应当当场书面告知申请人不予受理并一次性告知需要补正的全部内容；④申请登记的不动产不属于本机构登记范围的，应当当场书面告知申请人不予受理并告知申请人向有登记权的机构申请。

不动产登记机构未当场书面告知申请人不予受理的，视为受理。

4. 不动产权属查验

不动产登记机构受理不动产权属登记申请的，应当按照下列要求进行查验：①不动产界址、空间界限、面积等材料与申请登记的不动产状况是否一致；②有关证明材料、文件与申请登记的内容是否一致；③登记申请是否违反法律、行政法规规定。

属于下列情形之一的，不动产登记机构可以对申请登记的不动产进行实地查看：①房屋等建筑物、构筑物所有权首次登记；②在建建筑物抵押权登记；③因不动产灭失导致的注销登记；④不动产登记机构认为需要实地查看的其他情形。

对可能存在权属争议，或者可能涉及他人利害关系的登记申请，不动产登记机构可以向申请人、利害关系人或者有关单位进行调查。

不动产登记机构进行实地查看或者调查时，申请人、被调查人应当予以配合。

5. 登记

不动产登记机构应当自受理登记申请之日起 30 个工作日内办结登记手续。登记事项自记载于不动产登记簿时完成登记，并依法向申请人核发不动产权属证书或者登记证明。

登记申请有下列情形之一的，不动产登记机构应当不予登记，并书面告知申请人：①违反法律、行政法规规定的；②存在尚未解决的权属争议的；③申请登记的不动产权利超过规定期限的；④法律、行政法规规定不予登记的其他情形。

9.7 物业管理

9.7.1 物业管理的概念

物业管理是指业主通过选聘物业服务企业，由业主和物业服务企业按照物业服务合同约定，对房屋及配套的设施设备和相关场地进行维修、养护、管理，维护物业管理区域内的环境卫生和相关秩序的活动。

9.7.2　物业管理的特征

物业管理是城市管理体制、房地产管理体制的重大改革，是一种与房地产综合开发，与现代化生产方式相配套的综合性管理，是随着住房制度改革的推进而出现的产权多元化格局后与之相衔接的统一管理，是与建立社会主义市场经济体制相适应的社会化、专业化、市场化的管理。物业管理是服务行为，具有以下三个基本特征：

1. 社会化

社会化有两个基本含义：一是物业的所有权人要到社会上去选聘物业服务企业；二是物业服务企业要到社会上去寻找可以代管的物业。物业的所有权、使用权与物业的经营管理权相分离，是物业管理社会化的必要前提。

2. 专业化

专业化是指专业物业服务企业通过合同或契约的签订，按照产权人和使用人的要求去实施专业化管理。物业管理专业化是现代化大生产专业分工的必然结果，因此，要求物业服务企业必须具备一定的资质等级，物业管理从业人员必须具备一定的职业资格。

3. 市场化

市场化是物业管理的最主要特点。在市场经济条件下，业主通过招标选聘物业服务企业，由物业服务企业来具体实施物业管理。物业服务企业向业主和使用人提供劳务和服务，业主和使用人购买并消费这种服务。在这样一种新的机制下，形成有活力的物业管理竞争市场，业主有权选择物业服务企业，物业服务企业必须凭借自身良好的经营和服务才能进入和占领市场。

9.7.3　物业服务企业

1. 物业服务企业的概念

物业服务企业是指依法成立、具备专门资质并具有独立企业法人地位，依据物业服务合同从事物业管理服务相关活动的经济实体。

2. 物业服务企业资质管理

《物业服务企业资质管理办法》规定，物业服务企业资质等级分为一、二、三级。

各资质等级物业服务企业的条件如下：

（1）一级资质

1）注册资本人民币 500 万元以上。

2）物业管理专业人员以及工程、管理、经济等相关专业类的专职管理和技术人员不少于 30 人。其中，具有中级以上职称的人员不少于 20 人，工程、财务等业务负责人具有相应专业中级以上职称。

3）物业管理专业人员按照国家有关规定取得职业资格证书。

4）管理两种类型以上物业，并且管理各类物业的房屋建筑面积分别占下列相应计算基数的百分比之和不低于 100%：①多层住宅 200 万 m²；②高层住宅 100 万 m²；③独立式住宅（别墅）15 万 m²；④办公楼、工业厂房及其他物业 50 万 m²。

5）建立并严格执行服务质量、服务收费等企业管理制度和标准，建立企业信用档案系统，有优良的经营管理业绩。

（2）二级资质

1）注册资本人民币300万元以上。

2）物业管理专业人员以及工程、管理、经济等相关专业类的专职管理和技术人员不少于20人。其中，具有中级以上职称的人员不少于10人，工程、财务等业务负责人具有相应专业中级以上职称。

3）物业管理专业人员按照国家有关规定取得职业资格证书。

4）管理两种类型以上物业，且管理各类物业的房屋建筑面积分别占下列相应计算基数的百分比之和不低于100%：①多层住宅100万 m^2；②高层住宅50万 m^2；③独立式住宅（别墅）8万 m^2；④办公楼、工业厂房及其他物业20万 m^2。

5）建立并严格执行服务质量、服务收费等企业管理制度和标准，建立企业信用档案系统，有良好的经营管理业绩。

（3）三级资质

1）注册资本人民币50万元以上。

2）物业管理专业人员以及工程、管理、经济等相关专业类的专职管理和技术人员不少于10人。其中，具有中级以上职称的人员不少于5人，工程、财务等业务负责人具有相应专业中级以上职称。

3）物业管理专业人员按照国家有关规定取得职业资格证书。

4）有委托的物业管理项目。

5）建立并严格执行服务质量、服务收费等企业管理制度和标准，建立企业信用档案系统。

其中，一级资质物业服务企业可以承接各种物业管理项目；二级资质物业服务企业可以承接30万 m^2 以下的住宅项目和8万 m^2 以下的非住宅项目的物业管理业务；三级资质物业服务企业可以承接20万 m^2 以下住宅项目和5万 m^2 以下的非住宅项目的物业管理业务。

国务院建设主管部门负责一级物业服务企业资质证书的颁发和管理。省、自治区人民政府建设主管部门负责二级物业服务企业资质证书的颁发和管理，直辖市人民政府房地产主管部门负责二级和三级物业服务企业资质证书的颁发和管理，并接受国务院建设主管部门的指导和监督。设区的市的人民政府房地产主管部门负责三级物业服务企业资质证书的颁发和管理，并接受省、自治区人民政府建设主管部门的指导和监督。

3. 物业服务费

（1）物业服务费的概念

物业服务费是指物业服务企业按照物业服务合同的约定，对房屋及配套的设施设备和相关场地进行维修、养护、管理，维护相关区域内的环境卫生和秩序，向业主所收取的费用。物业服务费应当遵循合理、公开以及费用与服务水平相适应的原则。

（2）物业服务费的定价形式

物业服务费应当区分不同物业的性质和特点，分别实行政府指导价和市场调节价。具体定价形式由省、自治区、直辖市人民政府价格主管部门会同房地产行政主管部门确定。

物业服务费实行政府指导价的，有定价权限的人民政府价格主管部门应当会同房地产行政主管部门根据物业管理服务等级标准等因素，制定相应的基准价及其浮动幅度，并定期公布。具体收费标准由业主与物业服务企业根据规定的基准价和浮动幅度在物业服务合同中约定。

实行市场调节价的物业服务费，由业主与物业服务企业在物业服务合同中约定。

物业服务企业应当按照政府价格主管部门的规定实行明码标价，在物业管理区域内的显著位置，将服务内容、服务标准以及收费项目、收费标准等有关情况进行公示。

（3）物业服务的计费方式

业主与物业服务企业可以采取包干制或者酬金制等形式约定物业服务费。

包干制是指由业主向物业服务企业支付固定物业服务费，盈余或者亏损均由物业服务企业享有或者承担的物业服务计费方式。

酬金制是指在预收的物业服务资金中按约定比例或者约定数额提取酬金支付给物业服务企业，其余全部用于物业服务合同约定的支出，结余或者不足均由业主享有或者承担的物业服务计费方式。

实行物业服务费包干制的，物业服务费的构成包括物业服务成本、法定税费和物业服务企业的利润。

实行物业服务费酬金制的，预收的物业服务资金包括物业服务支出和物业服务企业的酬金。

建设单位与物业买受人签订的买卖合同，应当约定物业管理服务内容、服务标准、收费标准、计费方式及计费起始时间等内容，涉及物业买受人共同利益的约定应当一致。

（4）物业服务成本支出构成

物业服务成本或者物业服务支出构成一般包括以下内容：①管理服务人员的工资、社会保险和按规定提取的福利费等；②物业共用部位、共用设施设备的日常运行、维护费用；③物业管理区域清洁卫生费用；④物业管理区域绿化养护费用；⑤物业管理区域秩序维护费用；⑥办公费用；⑦物业服务企业固定资产折旧；⑧物业共用部位、共用设施设备及公众责任保险费用；⑨经业主同意的其他费用。

（5）专项维修基金

物业共用部位、共用设施设备的大修、中修和更新、改造费用，应当通过专项维修资金予以列支，不得计入物业服务支出或者物业服务成本。

（6）交纳方

业主应当按照物业服务合同的约定按时足额交纳物业服务费或者物业服务资金。业主违反物业服务合同约定逾期不交纳服务费或者物业服务资金的，业主委员会应当督促其限期交纳；逾期仍不交纳的，物业服务企业可以依法追缴。

业主与物业使用人约定由物业使用人交纳物业服务费或者物业服务资金的，从其约定，业主负连带交纳责任。

物业发生产权转移时，业主或者物业使用人应当结清物业服务费或者物业服务资金。

纳入物业管理范围的已竣工但尚未出售，或者因开发建设单位原因未按时交给物业买受人的物业，物业服务费或者物业服务资金由开发建设单位全额交纳。

（7）代收费用

物业管理区域内，供水、供电、供气、供热、通信、有线电视等单位应当向最终用户收取有关费用。物业服务企业接受委托代收上述费用的，可向委托单位收取手续费，不得向业主收取手续费等额外费用。

利用物业共用部位、共用设施设备进行经营的，应当在征得相关业主、业主大会、物业服务企业的同意后，按照规定办理有关手续。业主所得收益应当主要用于补充专项维修资金，也可以按照业主大会的决定使用。

（8）约定以外的服务费

物业服务企业根据业主的委托提供物业服务合同约定以外的服务，服务费由双方约定。

9.7.4 业主及业主大会

1. 业主

（1）业主的概念

房屋的所有权人为业主。

（2）业主的权利

《物业管理条例》第六条规定，业主在物业管理活动中，享有下列权利：

1）按照物业服务合同的约定，接受物业服务企业提供的服务。

2）提议召开业主大会会议，并就物业管理的有关事项提出建议。

3）提出制定和修改管理规约、业主大会议事规则的建议。

4）参加业主大会会议，行使投票权。

5）选举业主委员会成员，并享有被选举权。

6）监督业主委员会的工作。

7）监督物业服务企业履行物业服务合同。

8）对物业共用部位、共用设施设备和相关场地使用情况享有知情权和监督权。

9）监督物业共用部位、共用设施设备专项维修资金（简称专项维修资金）的管理和使用。

10）法律、法规规定的其他权利。

（3）业主的义务

《物业管理条例》第七条规定，业主在物业管理活动中，履行下列义务：

1）遵守管理规约、业主大会议事规则。

2）遵守物业管理区域内物业共用部位和共用设施设备的使用、公共秩序和环境卫生的维护等方面的规章制度。

3）执行业主大会的决定和业主大会授权业主委员会做出的决定。

4）按照国家有关规定交纳专项维修资金。

5）按时交纳物业服务费。

6）法律、法规规定的其他义务。

2. 业主大会

（1）业主大会的概念

物业管理区域内全体业主组成业主大会。业主大会应当代表和维护物业管理区域内全体业主在物业管理活动中的合法权益。一个物业管理区域成立一个业主大会。

（2）业主代表大会会议采取的形式

业主大会会议可以采用集体讨论的形式，也可以采用书面征求意见的形式；但是，应当有物业管理区域内专有部分占建筑物总面积过半数的业主且占总人数过半数的业主参加。

业主大会会议分为定期会议和临时会议。业主大会定期会议应当按照业主大会议事规则的规定召开。经20%以上的业主提议，业主委员会应当组织召开业主大会临时会议。

（3）业主共同决定事项

《物业管理条例》第十一条规定，下列事项由业主共同决定：

1）制定和修改业主大会议事规则。

2）制定和修改管理规约。

3）选举业主委员会或者更换业主委员会成员。

4）选聘和解聘物业服务企业。

5）筹集和使用专项维修资金。

6）改建、重建建筑物及其附属设施。

7）有关共有和共同管理权利的其他重大事项。

（4）业主大会召开注意事项

《物业管理条例》规定，业主大会决定该条例第十一条第五项和第六项规定的事项，应当经专有部分占建筑物总面积2/3以上的业主且占总人数2/3以上的业主同意；决定该条例第十一条规定的其他事项，应当经专有部分占建筑物总面积过半数的业主且占总人数过半数的业主同意。

业主大会或者业主委员会做出的决定侵害业主合法权益的，受侵害的业主可以请求人民法院予以撤销。

召开业主大会会议，应当于会议召开15日以前通知全体业主。住宅小区的业主大会会议，应当同时告知相关的居民委员会。业主委员会应当做好业主大会会议记录。

3. 业主委员会

（1）业主委员会的概念

业主委员会是业主大会选举产生的，代表业主利益，实行自治管理，维护业主合法权益的组织，是业主大会的执行机构。业主委员会委员应当由热心公益事业、责任心强、具有一定组织能力的业主担任。业主委员会主任、副主任在业主委员会成员中推选产生。

《物业管理条例》第十六条规定，业主委员会应当自选举产生之日起30日内，向物业所在地的区、县人民政府房地产行政主管部门和街道办事处、乡镇人民政府备案。

（2）业主委员会应履行的职责

《物业管理条例》第十五条规定，业主委员会执行业主大会的决定事项，履行下列职责：

1）召集业主大会会议，报告物业管理的实施情况。

2）代表业主与业主大会选聘的物业服务企业签订物业服务合同。

3）及时了解业主、物业使用人的意见和建议，监督和协助物业服务企业履行物业服务合同。

4）监督管理规约的实施。

5）业主大会赋予的其他职责。

（3）业主委员会的相关规定

业主大会、业主委员会应当依法履行职责，不得做出与物业管理无关的决定，不得从事与物业管理无关的活动。业主大会、业主委员会做出的决定违反法律、法规的，物业所在地的区、县人民政府房地产行政主管部门或者街道办事处、乡镇人民政府，应当责令限期改正或者撤销其决定，并通告全体业主。业主大会、业主委员会应当配合公安机关，与居民委员会相互协作，共同做好维护物业管理区域内的社会治安等相关工作。在物业管理区域内，业主大会、业主委员会应当积极配合相关居民委员会依法履行自治管理职责，支持居民委员会开展工作，并接受其指导和监督。住宅小区的业主大会、业主委员会做出的决定，应当告知相关的居民委员会，并认真听取居民委员会的建议。

【案例1】 城市居民购买农村房屋纠纷

1. 案例背景

城镇居民王某与村民李某夫妇签订协议，约定李某夫妇将其所有的某农村宅基地上房屋卖与王某，房屋价款20万元。合同订立后，王某依约支付了房款，李某夫妇交付了房屋。3年后，李某夫妇以城镇居民不得在农村购买房屋，房屋买卖合同违反了国家禁止性规定为由向法院起诉，请求确认合同无效、王某腾退房屋等。王某则反诉请求判令李某夫妇返还房款，并赔偿因房屋买卖无效造成的损失75万元。

法院认为，根据国家政策，城镇居民不得到农村购买宅基地上房屋，本案涉及的买卖合同应认定无效。合同无效后，双方应相互返还房屋和购房款。对于因合同无效造成的损失，双方主观上均有过错，而李某夫妇在出售房屋数年后主张无效，有违诚信，应承担主要责任，判决李某夫妇赔偿王某50万元。

2. 案例分析

随着城市房地产价格的上涨，农村宅基地房屋因其价格低廉，吸引了不少城镇居民的目光，也引发了许多农房买卖的纠纷。在实际交易中，城镇居民无法取得相关房地产权属证书，其居住使用的权益缺乏法律保障，随时可能因出卖人反悔等原因被诉至法院导致买卖合同被认定无效，购房者的权益难以得到有效维护。

【案例2】 房地产宏观调控政策对房屋买卖合同的影响

1. 案例背景

黄某和薛某在某中介公司的介绍下达成房屋买卖协议，约定薛某将某小区的两套房屋

（期房、需并套使用）出售给黄某。合同签订后，黄某向薛某支付了定金100万元。2个月后，某市人民政府发文规定本市户籍居民家庭只能在本市购买一套新商品住房或二手存量房，对违反规定购房的，不予受理房地产登记申请。故黄某无法同时购买两套房屋，双方均认为对方应负违约责任。后黄某向法院起诉要求解除合同、薛某双倍返还定金。

法院认为，双方签订的房屋买卖合同的标的物为两套房屋且必须合并使用，根据政府文件的规定，黄某不能同时购买两套住房，房屋买卖合同客观上无法履行。由于合同无法履行是因政府房地产宏观调控所致，双方均不承担违约责任，遂判决解除合同，薛某返还黄某定金100万元。

2. 案例分析

由于合同在调控政策实施前订立，交易双方对政策均无法预知，其后确因限购、禁购政策导致房屋买卖合同无法继续履行的，当事人均可以请求解除合同。买受人同时可以请求返还购房款或定金，出卖人起诉或反诉请求买受人继续履行合同、承担违约责任或适用定金罚则的，不予支持。

【案例3】 借名买卖经济适用住房

1. 案例背景

甲以弟弟乙的名义向某房地产开发公司购买一套房屋，款项由甲全额支付。房屋三证办至某乙名下。后甲以其是实际买受人为由起诉乙，要求确认房产归其所有，变更产权登记至其名下。

法院认为，根据双方当事人的陈述及款项支付情况，可认定案涉房屋是甲以弟弟乙的名义借名购买的事实。但因甲的名下已有两套房产，不具备购房资格，故对甲以其是实际买受人为由请求确认其为房屋产权人的诉请不予支持，判决驳回甲的诉讼请求。

2. 案例分析

为了规避国家房地产宏观调控政策，借名买房行为时有发生。此类行为不仅妨碍调控政策的落实，扰乱房屋权属登记管理秩序，对实际买受人来讲也有重大的风险和隐患。一旦名义买受人对房产进行擅自处分，在相对方是善意取得的情况下，实际买受人将无法追回房屋而"鸡飞蛋打"。针对实际买受人是为规避限购政策而进行借名，本身不具备购房资格的情况。本案中法院对甲以是实际买受人为由请求确认其为房屋产权人的诉讼请求，不予支持。

【案例4】 小区绿地归属问题

1. 案例背景

某小区的业主自行隔出了花园，占用的是居民的公共绿地。其他居民对此有意见，觉得小区公共绿地被占用，他们的权益受到侵犯。此后，越来越多业主纷纷效仿，有的还在花园内搭建凉亭，小区其他业主则以物业公司管理不力为由，拒交物业费。

2. 案例分析

《民法典》第二百七十四条规定，建筑区划内的道路，属于业主共有，但是属于城镇公共道路的除外。建筑区划内的绿地，属于业主共有，但是属于城镇公共绿地或者明示属于个人的除外。建筑区划内的其他公共场所、公用设施和物业服务用房，属于业主共有。因此，本案中园区规划内的绿地归全体业主共同所有，不属于任何单位及个人，任何单位及个人不得私自占用。

对于违规占用绿地的业主，物业公司有权要求其整改并恢复原貌。对于不予恢复的，物业公司可向上级主管部门上报解决，对情节严重的物业公司可向所属区域人民法院进行起诉，追究其刑事责任。

复习思考题

1. 房地产开发用地使用权出让和划拨方式有什么不同？
2. 我国不同用途的出让土地使用权的最高年限分别是多少年？
3. 土地出让合同的主要内容是什么？
4. 划拨土地和出让土地的程序是什么？
5. 拆迁补偿的方式有哪些？
6. 我国房地产企业资质管理包括哪些内容？
7. 哪些情况下房产不能转让？
8. 房地产预售的条件有哪些？
9. 不得设定抵押的房产有哪些？
10. 房屋不得出租的情况有哪些？
11. 房地产权属登记的种类有哪些内容？
12. 业主的权利和义务有哪些？

第10章

建设工程纠纷处理法律制度

10.1 概述

10.1.1 建设工程纠纷的类型和特点

建设工程纠纷是指建设工程当事人在建设活动中，对建设行政主管部门的行政行为产生争议，或是在建设过程中对双方之间的权利和义务产生争议。建设工程纠纷根据其法律关系可以分为建设工程行政纠纷和建设工程民事纠纷。因行政法律关系产生的争执，属于建设工程行政纠纷；因民事法律关系产生的争执，属于建设工程民事纠纷。

建设工程作为一种特殊的产品，在其生产和管理活动中具有周期长、专业性强、涉及面广、干扰因素多、涉及金额大、情况复杂等特点，是争议频发的领域。建设工程争议的迟延解决将转移当事人在建设工程上的注意力，对双方关系造成负面影响。而工程的延误或中断则会给当事人造成经济和商业利益上的损失。因此，在建设工程争议发生时，如何选择有效的争议解决方式，在最短的时间内，以最经济的成本，公平合理地解决纠纷，是所有建设活动当事人考虑的首要问题。

10.1.2 建设工程民事纠纷的解决途径

建设工程民事纠纷的处理有和解、调解、仲裁和诉讼几种途径。

1. 和解与调解

和解是指建设工程纠纷当事人在自愿、友好的基础上，互相沟通、互相谅解，自行达成和解协议，从而解决纠纷的一种途径。和解是一种最低成本的纠纷解决途径。

调解是指建设工程当事人请双方信任的第三人依据法律规范和一定的社会规则，通过摆事实、讲道理，促使双方互相做出适当的让步，平息争端，自愿达成协议，以求解决建设工程纠纷的途径。这里讲的调解是狭义的调解，不包括诉讼和仲裁程序中在审判庭和仲裁庭主持下的调解。

双方当事人可以请建设行政主管部门（如工程造价纠纷可以请工程造价管理部门）、监理工程师或者是双方信任的社会人士和人民调解委员会等调解。人民调解委员会调解是指由村民委员会、居民委员会设立的人民调解委员会或企业事业单位设立的人民调解委员会通过说服、疏导等方法，促使当事人在平等协商的基础上自愿达成调解协议，解决民间纠纷的途径。

建设工程民事纠纷调解具有以下特点：

1）能够低成本、及时地解决纠纷。

2）有利于消除合同当事人的对立情绪，维护双方的长期合作关系。

3）调解协议不具有强制执行的效力，调解协议的执行依靠当事人的自觉履行。

4）经人民调解委员会调解达成的调解协议，当事人可以向人民法院申请司法确认。经法院司法确认的调解协议具有强制执行力。

经人民调解委员会调解达成调解协议后，双方当事人认为有必要的，可以自调解协议生效之日起30日内共同向人民法院申请司法确认，人民法院应当及时对调解协议进行审查，依法确认调解协议的效力。

人民法院依法确认调解协议有效后，一方当事人拒绝履行或者未全部履行的，对方当事人可以向人民法院申请强制执行。

人民法院依法确认调解协议无效的，当事人可以通过人民调解委员会调解的方式变更原调解协议或者达成新的调解协议，也可以向人民法院提起诉讼。

2. 仲裁

（1）仲裁的概念

仲裁也称"公断"，是双方当事人在纠纷发生前或纠纷发生后达成协议，自愿将纠纷交给仲裁机构，由仲裁机构根据法律和双方之间的合同，在事实上做出判断、在权利义务上做出裁决的一种纠纷解决方式。这种纠纷解决方式必须是自愿的，因此必须有仲裁协议。如果当事人之间有仲裁协议，纠纷发生后又无法通过和解与调解解决，则应及时将纠纷提交仲裁机构仲裁。

（2）仲裁的特点

仲裁是一种最为重要的非司法诉讼解决争议的方式，除建设工程纠纷等民商事领域外，还广泛应用于其他方面，如我国常见的劳动争议仲裁、农业承包合同纠纷等。

作为一种解决合同纠纷和财产权益纠纷的民间性裁判制度，仲裁既不同于解决同类争议的司法、行政途径，也不同于当事人的自行和解。它具有以下特点：

1）体现当事人的意思自治。这种意思自治不仅体现在仲裁的受理应当以仲裁协议为前提，还体现在仲裁的整个过程，许多内容都可以由当事人自主确定。

2）专业性。由于仲裁机构的仲裁员都是由各方面的专业人士组成的，当事人完全可以选择熟悉纠纷领域的专业人士担任仲裁员。

3）保密性。保密和不公开审理是仲裁制度的重要特点，除当事人、代理人以及需要时的证人和鉴定人外，其他人员不得出席和旁听仲裁开庭审理，仲裁庭和当事人不得向外界透露案件的任何实体及程序问题。

4）裁决的终局性。仲裁裁决做出后是终局的，对当事人都具有约束性。

5）执行的强制性。仲裁裁决具有强制执行的法律效力，当事人可以向人民法院申请强制执行。

3. 诉讼

诉讼民间称为"打官司"，是指建设工程当事人依法请求人民法院行使审判权，依照事实和法律处理双方之间纠纷的审判活动。合同双方当事人如果没有仲裁协议，又和解不成，也无法达成调解协议的情况下，只能以诉讼作为解决纠纷的最终方式。建设工程发生民事纠纷，首先应当考虑通过和解与调解这类低成本的途径解决，在这两种途径无法解决时，只能诉诸仲裁或诉讼。

10.1.3　建设工程行政纠纷的解决途径

建设工程行政纠纷的解决途径有行政复议和行政诉讼。

行政复议是指行政相对人认为建设主管部门或其他行政管理部门具体的行政行为侵犯其合法权益，依法向上级行政机关提出重新审定该具体行政行为是否合法、适当，并做出处理决定的活动。

行政复议是行政相对人一种依法申请的行政行为，是行政机关系统内部自我监督的一种重要形式。

行政诉讼即"民告官"，是指行政相对人认为行政主体在建设管理活动中的具体行政行为侵犯其合法权益，依法向法院起诉，法院在当事人以及其他诉讼参与人的参与下，对具体行政行为的合法性进行审理并做出裁决的活动。

建设活动管理的具体行政行为是建设行政主管部门或其他行政管理部门及其工作人员在行使行政权力的过程中，针对特定人或特定事件做出影响行政相对他人的具体决定和措施的行为。例如，住房和城乡建设部核发甲级建设监理单位资质证书，建设行政主管部门颁发商品房预售许可证、施工许可证等。

行政诉讼、刑事诉讼和民事诉讼构成了我国的三大诉讼。行政诉讼与刑事诉讼、民事诉讼不同，具体行政行为的合法性审查是行政诉讼特有的基本原则。在行政诉讼中，法院以审查具体行政合法性为原则，以合理性审查为例外。对行政处罚显失公正的，法院可以判决变更。

10.2 仲裁制度

10.2.1　仲裁的基本原则

1. 独立原则

仲裁机构在处理经济纠纷时，依法独立进行仲裁，不受行政机关、社会团体和个人的干涉，经济仲裁不实行级别管辖和地域管辖，仲裁委员会相互之间无隶属关系，各自独立地对经济纠纷进行仲裁。

2. 自愿原则

《仲裁法》根据自愿原则，做出了如下规定：

1）当事人采用仲裁方式解决纠纷，应当双方自愿，达成仲裁协议。没有仲裁协议，一方申请仲裁的，仲裁委员会不予受理。

2）向哪个仲裁委员会申请仲裁，应由当事人协议选定。

3）仲裁员由当事人选定或委托仲裁委员会主任指定。

4）当事人可以和解，达成和解协议，可以请求仲裁庭根据和解协议做出裁决书，也可以撤回仲裁申请。

3. 或裁或审原则

《仲裁法》规定，当事人达成仲裁协议，一方向人民法院起诉的，人民法院不予受理，但仲裁协议无效的除外。这明确了合同争议实行或裁或审制度。

4. 一裁终局原则

仲裁实行一裁终局制度。裁决做出后，当事人就同一纠纷再申请仲裁或者向人民法院起诉的，仲裁委员会或人民法院不予受理。裁决被人民法院依法裁定撤销或者不予执行的，当事人就该纠纷可以根据双方重新达成的仲裁协议申请仲裁，也可以向人民法院起诉。一裁终局是仲裁的重要原则。这一原则不仅赋予了仲裁裁决的有效性和权威性，同时也为快捷地处理合同纠纷提供了保证。

5. 先行调解原则

先行调解就是仲裁机构先于裁决之前，根据争议的情况或双方当事人自愿而进行说服教育和劝导工作，以便双方当事人自愿达成调解协议，解决合同纠纷。

10.2.2 仲裁委员会和仲裁协会

1. 仲裁委员会

对于国内经济纠纷，行使仲裁权的机构是仲裁委员会。仲裁委员会是依法成立的仲裁机构。仲裁委员会可以在直辖市或省、自治区人民政府所在地的市设立，也可以根据需要在其他设区的市设立，不按行政区划层层设立。

（1）仲裁委员会的条件

仲裁委员会应当具备下列条件：①有自己的名称、住所和章程；②有必要的财产；③有该委员会的组成人员；④有聘任的仲裁员。仲裁委员会的章程应当依照《仲裁法》制定。

仲裁委员会由主任1人、副主任2~4人和委员7~11人组成。仲裁委员会的主任、副主任和委员由法律、经济贸易专家和有实际工作经验的人员担任。仲裁委员会的组成人员中，法律、经济贸易专家不得少于总人数的2/3。

（2）仲裁员的条件

仲裁员应当符合下列条件之一：①从事仲裁工作满8年的；②从事律师工作满8年的；③曾担任审判员满8年的；④从事法律研究、教学工作并具有高级职称的；⑤具有法律知识、从事经济贸易等专业工作并具有高级职称或者具有同等专业水平的。

仲裁委员会按照不同专业设仲裁员名册。仲裁委员会独立于行政机关，与行政机关没有隶属关系。仲裁委员会之间也没有隶属关系。

2. 仲裁协会

中国仲裁协会是依法成立的社会团体法人。全国各地的仲裁委员会是中国仲裁协会的会员。中国仲裁协会的章程由全国会员大会制定。中国仲裁协会是仲裁委员会的自律性组织，根据章程对仲裁委员会及其组成人员、仲裁员的违纪行为进行监督。中国仲裁协会依照《仲裁法》和《民事诉讼法》的有关规定制定仲裁规则。

10.2.3 仲裁协议

1. 仲裁协议的概念和特点

（1）仲裁协议的概念

仲裁协议是指当事人自愿将争议提交仲裁机构进行仲裁达成协议的文书。我国《仲裁法》规定，仲裁协议包括合同订立中的仲裁条款和以其他书面方式在纠纷发生前或者纠纷发生后达成请求仲裁的协议。

（2）仲裁协议的特点

1）合同当事人均受仲裁协议的约束。

2）仲裁协议是仲裁机构对纠纷进行仲裁的先决条件。

3）仲裁协议排除了法院对纠纷的管辖权。

4）仲裁机构应按照仲裁协议进行仲裁。

2. 仲裁协议的内容和效力

（1）仲裁协议的内容

仲裁协议是合同的组成部分，是合同的内容之一。仲裁协议的内容包括请求仲裁的意思表示、仲裁事项、选定仲裁委员会。

有下列情况的，仲裁协议无效：约定的事项超出法律规定的仲裁范围；无民事行为能力人或限制民事行为能力人订立的仲裁协议；一方采取了胁迫手段，迫使对方订立仲裁协议的；在仲裁协议中，当事人对仲裁事项或者仲裁委员会没有约定或者约定不明确，当事人又达不成补充协议的。

（2）仲裁协议的效力

仲裁协议独立存在，合同的变更、解除、终止或者无效，不影响仲裁协议的效力。仲裁庭有权确认合同的效力。当事人对仲裁协议的效力有异议，应在仲裁庭首次开庭前提出。

当事人对仲裁协议的效力有异议的，可以请求仲裁委员会做出决定或者请求人民法院做出裁定。一方请求仲裁委员会做出决定，另一方请求人民法院做出裁定的，由人民法院裁定。

10.2.4 仲裁的一般程序

1. 申请和受理

（1）申请

纠纷发生后，当事人申请仲裁应当符合下列条件：①有仲裁协议；②有具体的仲裁请求、事实和理由；③属于仲裁委员会的受理范围。

（2）受理

仲裁委员会收到仲裁申请书之日起5日内，认为符合受理条件的，应当受理，并通知当事人；认为不符合受理条件的，应当书面通知当事人不受理，并说明理由。

仲裁委员会受理仲裁申请后，应当在仲裁规则规定的期限内将仲裁规则和仲裁员名册送达申请人，并将申请书副本和仲裁规则、仲裁员名册送达被申请人。被申请人收到仲裁申请书副本后，应当在仲裁规则规定的期限内向仲裁委员会提交答辩书。仲裁委员会收到答辩书后，应当在仲裁规则规定的期限内将答辩书副本送达申请人。被申请人未提交答辩书的，不影响仲裁程序的进行。

2. 组成仲裁庭

（1）仲裁庭的组成

仲裁庭可以由3名仲裁员或者1名仲裁员组成。由3名仲裁员组成的，设首席仲裁员。

当事人约定由3名仲裁员组成仲裁庭的，应当各自选定或者各自委托仲裁委员会指定1名仲裁员，第3名仲裁员由当事人共同选定或者共同委托仲裁委员会主任指定，第3名仲裁员是首席仲裁员。当事人约定由1名仲裁员成立仲裁庭的，应当由当事人共同选定或者共同委托仲裁委员会主任指定仲裁员。

当事人没有在仲裁规则规定的期限内约定仲裁庭的组成方式或者选定仲裁员的，由仲裁委员会主任指定。

仲裁庭组成后，仲裁委员会应当将仲裁庭的组成情况书面通知当事人。

（2）回避申请

为了保证经济纠纷案件得到公正的处理，仲裁庭的组成人员如果与案件当事人有利害关系，或者与案件的处理结果有利害关系，应当自行回避，当事人也有权申请他们回避。

根据《仲裁法》规定，仲裁员有下列情形之一的，必须回避，当事人也有权提出回避申请：

1）本案当事人或当事人、代理人的近亲属。

2）与本案有利害关系。

3）与本案当事人、代理人有其他关系，可能影响公正仲裁的。

4）私自会见当事人、代理人，或者接受当事人、代理人的请客送礼的。

当事人提出回避申请，应当说明理由，在首次开庭前提出。回避事由在首次开庭后知道的，可以在最后一次开庭终结前提出。仲裁员是否回避，由仲裁委员会主任决定；仲裁委员会主任担任仲裁员的，由仲裁委员会集体决定。

仲裁员因回避或其他原因不能履行职责的，应当依《仲裁法》规定重新选定或者指定仲裁员。因回避而重新选定或者指定仲裁员后，当事人可以请求已进行的仲裁程序重新进行，是否准许，由仲裁庭决定；仲裁庭也可以自行决定已进行的仲裁程序是否重新进行。

仲裁员有违法情形，情节严重的，应当依法承担法律责任，仲裁委员会应当将其除名。

3. 开庭和裁决

（1）开庭与否的决定

仲裁应当开庭进行，当事人协议不开庭的，仲裁庭可以根据仲裁申请书、答辩书以及其他材料做出裁决。仲裁不公开进行，但当事人协议公开的，可以公开进行，但涉及国家机密的除外。

（2）不到庭或者未经许可中途退庭的处理

申请人经书面通知，无正当理由不到庭或者未经仲裁庭许可中途退庭的，可以视为撤回仲裁申请。被申请人经书面通知，无正当理由不到庭或者未经仲裁庭许可中途退庭的，可以缺席裁决。

（3）证据的提供

当事人应当对自己的主张提供证据。仲裁庭认为有必要收集的证据，可以自行收集。仲裁庭对专门性问题认为需要鉴定的，可以交由当事人约定的鉴定部门鉴定，也可以由仲裁庭指定的鉴定部门鉴定。根据当事人的请求或者仲裁庭的要求，鉴定部门应当派鉴定人员参加开庭。当事人经仲裁庭许可，可以向鉴定人提问。

（4）开庭中的辩论

当事人在仲裁过程中有权进行辩论。辩论终结时，首席仲裁员或者独任仲裁员应当征询当事人的最后意见。

（5）当事人自行和解

当事人申请仲裁后，可以自行和解。达成和解协议的，可以请求仲裁庭根据和解协议做出裁决书，也可以撤回仲裁申请。当事人达成和解协议，撤回仲裁申请后返回的，可以根据仲裁协议申请仲裁。

（6）仲裁庭主持下的调解

仲裁庭在做出裁决前，可以先行调解。调解达成协议的，仲裁庭应当制作调解书或者根据协议的结果做出裁决书。调解书与裁决书具有同等法律效力。调解书经双方当事人签收后，即发生法律效力。在调解书签收前当事人反悔的，仲裁庭应当及时做出裁决。

（7）仲裁裁决的做出

裁决应当按照多数仲裁员的意见做出，少数仲裁员的不同意见可以记入笔录。仲裁庭不能形成多数意见时，裁决应当按照首席仲裁员的意见做出。裁决书自做出之日起发生法律效力。

裁决书应当写明仲裁请求、争议事实、裁决理由、裁决结果、仲裁费用的负担和裁决日期。当事人协议不愿写明争议事实和裁决理由的，可以不写。裁决书由仲裁员签名，加盖仲裁委员会印章。对裁决持不同意见的仲裁员，可以签名，也可以不签名。

仲裁庭仲裁纠纷时，其中一部分事实已经清楚，可以就该部分先行裁决。对裁决书中的文字、计算错误或者仲裁庭已经裁决但在裁决书中遗漏的事项，仲裁庭应当补正；当事人自收到裁决书之日起 30 日内，可以请求仲裁庭补正。

4. 执行

当事人一旦选择了仲裁解决争议，仲裁委员会所做出的裁决对双方都有约束力，双方都要认真履行，否则，权利人可以向人民法院申请强制执行。当事人应当履行裁决。一方当事人不履行的，另一方当事人可以依照《民事诉讼法》的有关规定向人民法院申请执行。接受申请的人民法院应当执行。

10.2.5 法院对仲裁的协助和监督

根据《民事诉讼法》和《仲裁法》的规定，我国在仲裁和诉讼的关系方面采用或裁或审制度。在这种制度下，法院对仲裁活动不予干涉，但是仲裁活动需要法院的协助和监督，以保证仲裁活动顺利、合法地进行，从而保障当事人的合法权益。

1. 法院对仲裁活动的协助

法院对仲裁活动的协助主要体现在财产保全、证据保全和强制执行仲裁裁决等方面。

（1）财产保全

财产保全是指为了保证仲裁裁决能够得到实际执行，避免利害关系人的合法利益受到难以弥补的损害，在法定条件下所采取的限制另一方当事人、利害关系人处分财产的保障措施。财产保全措施包括查封、扣押、冻结以及法律规定的其他方法。

（2）证据保全

证据保全是指在证据可能毁损、灭失或者以后难以取得的情况下，为保证其证明作用而采取一定的措施加以确定和保护的制度。证据保全是保证当事人承担举证责任的补救方法，在一定意义上也是当事人取得证据的一种手段。证据保全的目的就是保障仲裁的顺利进行，确保仲裁庭做出正确的裁决。

（3）强制执行仲裁裁决

《仲裁法》规定，裁决书自做出之日起发生法律效力。除非人民法院依照法定程序和条件裁定撤销或者不予执行仲裁裁决，当事人应自觉履行裁决。由于仲裁机构没有强制执行仲裁裁决的权力，因此，为了保障仲裁裁决的实施，防止负有履行裁决义务的当事人逃避或者拒绝仲裁裁决的义务，另一方当事人可以依照《民事诉讼法》的有关规定向人民法院申请执行，接受申请的人民法院应当执行。

2. 法院对仲裁活动的监督

我国《仲裁法》不允许当事人在仲裁裁决做出后再向人民法院提起诉讼。但是，为了增强仲裁员的责任心，保证仲裁裁决的合法性、公正性，保护各方当事人的合法权益，《仲裁法》同时规定了人民法院对仲裁活动予以司法监督的制度。我国《仲裁法》有关司法监督的相关规定表明，对仲裁进行司法监督的范围是有限的而且是事后的。如果当事人对仲裁裁决没有异议，不主动申请司法监督，法院对仲裁裁决不予干涉。司法监督的实现方式主要是允许当事人向法院申请撤销仲裁裁决和不予执行仲裁裁决。

（1）撤销仲裁裁决

当事人提出证据证明裁决有下列情形之一的，可以在收到仲裁裁决书之日起6个月内向仲裁委员会所在地的中级人民法院申请撤销仲裁裁决：

1）没有仲裁协议的。

2）裁决的事项不属于仲裁协议的范围或者仲裁委员会无权仲裁的。

3）仲裁庭的组成或者仲裁的程序违反法定程序的。

4）仲裁所依据的证据是伪造的。

5）对方当事人隐瞒了足以影响公正裁决的证据的。

6）仲裁员在仲裁该案件时有索贿受贿、徇私舞弊、枉法裁决行为的。

（2）不予执行仲裁裁决

在仲裁裁决过程中，如果被申请人提出证据证明仲裁裁决有下列情形之一的，经人民法院组成合议庭审查核实，裁定不予执行：

1）当事人在合同中没有订立仲裁条款或者事后没有达成书面仲裁协议的。

2）裁决的事项不属于仲裁协议的范围或者仲裁机构无权仲裁的。

3）仲裁庭的组成或者仲裁的程序违反法定程序的。

4）裁决所根据的证据是伪造的。

5）对方当事人隐瞒了足以影响公正裁决的证据的。

6）仲裁员在仲裁该案件时有贪污受贿、徇私舞弊、枉法裁决行为的。

7）人民法院认定执行该裁决违背社会公共利益的，裁定不予执行。

裁定书被人民法院裁定不予执行的，当事人可以根据双方达成的书面仲裁协议重新申请仲裁，也可以向人民法院起诉。

一方当事人申请执行裁决，另一方当事人申请撤销裁决的，人民法院应当裁定中止执行。人民法院裁定撤销裁决的，应当裁定终结执行。撤销裁决的申请被人民法院裁定驳回的，人民法院应当裁定恢复原仲裁委员会的裁决。

10.3 民事诉讼

10.3.1 民事诉讼和民事诉讼管辖

1. 民事诉讼的概念和特点

（1）民事诉讼的概念

民事诉讼是指合同当事人依法请求人民法院行使审判权，审理双方之间发生的纠纷，做出有国家强制保证实现其合法权益，从而解决纠纷的审判活动。合同双方当事人如果未约定仲裁协议，则只能以诉讼作为解决纠纷的最终方式。人民法院审理民事案件，依照法律规定，实行合议、回避、公开审判和两审终审制度。

（2）民事诉讼的特点

诉讼解决纠纷具有以下特点：

1）程序和实体判决严格依法。与其他解决纠纷的方式相比，诉讼的程序和实体判决都应严格依法进行。

2）当事人在诉讼对抗中的平等性。诉讼当事人在实体和程序上的地位平等：原告起诉，被告可以反诉；原告提出诉讼请求，被告可以反驳诉讼请求。

3）两审终审制。建设工程纠纷当事人如果不服第一审人民法院判决，可以上诉至第二审人民法院。建设工程纠纷经过两级人民法院审理，即告终结。

4）执行的强制性。诉讼判决具有强制执行的法律效力，当事人可以向人民法院申请强制执行。

2. 民事诉讼管辖

（1）诉讼管辖的概念

诉讼管辖是指在人民法院系统中，各级人民法院之间以及同级人民法院之间受理第一审案件的权限分工。诉讼管辖可分为级别管辖、地域管辖、移送管辖和指定管辖。

（2）级别管辖

级别管辖是指划分上下级人民法院之间受理第一审民事案件的分工和权限。级别管辖是人民法院组织系统内部按纵向划分各级人民法院的管辖权限，它是划分人民法院管辖范围的基础。根据《人民法院组织法》的规定，我国人民法院设四级：基层人民法院、中级人民法院、高级人民法院、最高人民法院。基层人民法院管辖第一审民事案件，但另有规定的除外。中级人民法院管辖的第一审民事案件包括重大涉外案件、在本辖区有重大影响的案件、最高人民法院确定由其管辖的案件。高级人民法院管辖在本辖区有重大影响的案件。最高人民法院管辖在全国有重大影响的以及认为应由本院审理的案件。

（3）地域管辖

地域管辖是指确定同级人民法院在各自的辖区内管辖第一审民事案件的分工和权限。它是在人民法院组织系统内部，从横向确认人民法院的管辖范围，是在级别管辖的基础上确认的。

《民事诉讼法》规定，地域管辖有三种：一般地域管辖、特殊地域管辖和专属管辖。

1）一般地域管辖是指根据当事人所在地确定有管辖权的人民法院。

2）特殊地域管辖是指根据诉讼标的或诉讼标的物所在地确定有管辖权的人民法院（对特殊地域管辖，我国《民事诉讼法》采取列举的方式予以确定）。

3）专属管辖是指根据案件的特殊性质，法律规定必须由一定地区的人民法院管辖（专属管辖具有排他性）。

除上级人民法院指定管辖外，凡是法律明确规定专属管辖的案件，不能适用于一般地域管辖和特殊地域管辖的原则确定管辖的法院。此类案件只能由法律所确认的法院行使管辖权，其他法院无权管辖。此外，协议管辖也不能变更专属管辖的有关规定。

《民事诉讼法》规定，地域管辖根据各种不同民事案件的特点来确定，一般原则是"原告就被告"。因合同纠纷提起的诉讼，由被告住所地或者合同履行地人民法院管辖，但合同的双方当事人可以在书面合同中协议选择被告所在地、合同履行地、合同签订地、原告住所地、标的物所在地人民法院管辖，但不得违反级别管辖和专属管辖；因不动产纠纷提起的诉讼，由不动产地人民法院管辖；因侵权行为提起的诉讼，由侵权行为地或者被告住所地人民法院管辖。

（4）移送管辖和指定管辖

移送管辖是指某一人民法院受理案件后，发现自己对该案件没有管辖权，将案件移送有管辖权的人民法院审理。

指定管辖是指有管辖权的人民法院由于特殊原因，不能行使管辖权的，由上级人民法院指定管辖。

人民法院之间因管辖权发生争议，由争议双方协商解决；协商解决不了的，报请其共同的上级人民法院指定管辖。

10.3.2　民事诉讼当事人

1. 民事诉讼当事人的概念

民事诉讼当事人是指以自己的名义进行诉讼，并受人民法院裁决约束的利害关系人。当事人是民事诉讼的基本构成要素。根据《民事诉讼法》的规定，可以作为当事人的有公民、法人和其他组织。

2. 民事诉讼当事人的种类

（1）原告

原告是指为保护自己的合法权益，以自己的名义向人民法院提起诉讼，从而引起诉讼程序产生的人。例如，在房地产物业管理纠纷案件中，业主委员会可以原告的身份作为诉讼主体提起诉讼。

（2）被告

被告是指与原告利益相对，因原告的起诉而由人民法院通知应诉的人。

最高人民法院在《解释》中对建设工程纠纷中的诉讼当事人进行了专门解释：

因建设工程质量发生争议的，发包人可以以总承包人、分包人和实际施工人为共同被告提起诉讼。

实际施工人以转包人、违法分包人为被告提起诉讼的，人民法院应当受理。实际施工人以发包人为被告主张权利的，人民法院可以追加转包人或者违法分包人为本案当事人。

（3）共同诉讼人

共同诉讼人是指当事人一方或双方为两人以上的诉讼，两人以上的一方或双方当事人被称为共同诉讼人。共同诉讼分为必要共同诉讼和普通共同诉讼两种。

1）必要共同诉讼是指当事人一方或双方为两人以上，诉讼标的是共同的，人民法院必须作为一个案件合并审理的诉讼。例如，经营者与广告经营者弄虚作假，发布虚假广告，造成消费者的损失，消费者因此起诉，经营者与广告经营者负有共同赔偿责任，属于共同被告。

2）普通共同诉讼是指当事人一方或双方为两人以上，诉讼标的是同一种类，人民法院认为可以合并审理的诉讼。普通共同诉讼人并不具有共同的权利或义务，他们可以独立的法律关系与对方当事人进行诉讼，只是因当事人的权利或义务属于同一类型，法院认为有必要合并审理并经当事人同意。例如，某钢铁厂出售劣质钢筋，两个施工企业购买者因此遭受经济损失，分别起诉。两个原告并无法律或事实上的联系，但因都是该钢铁厂的受害者，权利和义务属于同一类型，这种情况下，法院可以将其合并审理，即两个施工企业成为共同原告。

（4）第三人

第三人是指对他人之间的诉讼标的具有独立请求权，或虽无独立请求权，但与案件的处理结果有法律上的利害关系而参加到诉讼中的人。

根据第三人对已进行的诉讼的诉讼标的有无独立请求权，第三人可分为有独立请求权的第三人和无独立请求权的第三人。

有独立请求权的第三人是指既否定原告请求又不同意被告主张，而独立提出一个新主张的人。他在诉讼中相当于原告的身份，而以原诉讼中的原、被告为共同被告。

无独立请求权的第三人是指对他人诉讼标的无独立请求权，但与案件处理结果有利害关系而参加到诉讼中的人。他在诉讼中依附一方当事人，或支持原告或支持被告，以维护自己的利益。

第三人参加诉讼，经本人申请，或原诉讼当事人一方提出或人民法院依职权通知其参加均可以。

（5）诉讼代表人

因当事人一方人数众多，而由当事人推选代表，代表当事人从事诉讼行为的人，称为诉讼代表人。

诉讼代表人既是案件的当事人，同时又代表全体当事人，应从维护全体当事人利益出发进行活动，其行为对所代表的全体当事人产生法律效力。

诉讼代表人与诉讼代理人不同。后者是以被代理人（即案件当事人）名义参加诉讼，并不是案件的当事人，因而不享有当事人的诉讼权利，也无须承担当事人的诉讼义务。

10.3.3　民事诉讼证据

1. 民事证据的概念和类型

民事证据是指以法律规定的形式表现出来的能够证明案件真实情况的一切事实。

民事证据包括书证、物证、视听材料、证人证言、当事人陈述、鉴定结论和勘验笔录等。

建设工程合同中的协议书、招标文件、投标书、工程量清单、施工图、监理工程师的书面指令和签证等都属于书证。当事人对工程质量或对工程造价有异议的，可以申请法院委托有资格的司法鉴定机构对工程质量和工程造价进行鉴定。鉴定机构做出的鉴定报告即为鉴定结论，是重要的证据之一。

从证据的存在形式或者表现形式来看，证据分为言词证据和实物证据。在我国民事诉讼中，言词证据主要有证人证言、鉴定结论和当事人陈述，实物证据主要有物证、书证、视听材料和勘验笔录。

2. 民事诉讼的举证

（1）民事诉讼的举证原则

民事诉讼实行"谁主张，谁举证"的原则。当事人对自己提出的诉讼请求所依据的事实或者反驳对方诉讼请求所依据的事实，有责任提供证据加以证明。没有证据或者证据不足以证明当事人的事实主张的，由负有举证责任的当事人承担不利后果。

当事人因客观原因不能自行收集的证据，可申请人民法院调查收集。

（2）法院调查收集证据

1）法院依职权调查收集证据。人民法院认为审理案件需要的证据，可以依职权调查收集证据的情形：

① 涉及可能有损国家利益、社会公共利益或者他人合法权益的事实。

② 涉及依职权追加当事人、中止诉讼、终结诉讼、回避等与实体争议无关的程序事项。

2）法院依当事人申请调查收集证据。具体包括：

① 申请调查收集的证据属于国家有关部门保存并须人民法院依职权调取的档案材料。

② 涉及国家秘密、商业秘密、个人隐私的材料。

③ 当事人及其诉讼代理人确因客观原因不能自行收集的其他材料。

3. 民事诉讼的举证责任

（1）侵权诉讼的举证责任

下列侵权诉讼按照以下规定承担举证责任：

1）因新产品制造方法发明专利引起的专利侵权诉讼，由制造同样产品的单位或个人对其产品制造方法不同于专利方法承担举证责任。

2）高度危险作业致人损害的侵权诉讼，由加害人就受害人故意造成损害的事实承担举证责任。

3）因环境污染引起的损害赔偿诉讼，由加害人就法律规定的免责事由及其行为与损害结果之间不存在因果关系承担举证责任。

4）建筑物或者其他设施以及建筑物上的搁置物、悬挂物发生倒塌、脱落、坠落致人损害的侵权诉讼，由所有人或者管理人对其无过错承担举证责任。

5）饲养动物致人损害的侵权诉讼，由动物饲养人或者管理人就受害人有过错或者第三人有过错承担举证责任。

6）因缺陷产品致人损害的侵权诉讼，由产品的生产者就法律规定的免责事由承担举证责任。

7）因共同危险行为致人损害的侵权诉讼，由实施危险行为的人就其行为与损害结果之间不存在因果关系承担举证责任。

有关法律对侵权诉讼的举证责任有特殊规定的，从其规定。

（2）合同纠纷案件的举证责任

在合同纠纷案件中，主张合同关系成立并生效的一方当事人对合同的订立和生效的事实承担举证责任；主张合同关系变更、解除、终止、撤销的一方当事人对引起合同关系变动的事实承担举证责任。

对合同是否履行发生争议的，由负有履行义务的当事人承担举证责任。

对代理权发生争议的，由主张有代理权一方当事人承担举证责任。

（3）劳动争议纠纷案件的举证责任

在劳动争议纠纷案件中，因用人单位做出开除、除名、辞退、解除劳动合同、减少劳动报酬、计算劳动者工作年限等决定而发生劳动争议的，由用人单位承担举证责任。

4. 举证期限

举证期限是指当事人必须在一定的诉讼时段和时间范围内来行使举证权利。规定举证期限的目的在于强调效率和公平。

人民法院应当在送达案件受理通知书和应诉通知书的同时向当事人送达举证通知书。举证通知书应当载明举证责任的分配原则与要求、可以向人民法院申请调查取证的情形、人民法院根据案件情况指定的举证期限以及逾期提供证据的法律后果。

举证期限可以由当事人协商一致，并经人民法院认可。

由人民法院指定举证期限的，指定的期限不少于 30 日，自案件当事人收到案件受理通知书和应诉通知书的次日起计算。建设工程纠纷案件的证据材料非常多，当事人特别是被告在收到诉讼材料和举证通知书后，如果举证时间紧张，难以在法院指定的举证期限内提供证据的，可以向人民法院申请延长举证期限。

当事人应当在举证期限内向人民法院提交证据材料，当事人在举证期限内不提交的，视为放弃举证权利。

对于当事人逾期提交的证据材料，人民法院审理时不组织质证。但对方当事人同意质证的除外。

当事人增加、变更诉讼请求或者提起反诉的，应当在举证期限届满前提出。

当事人变更诉讼请求的，人民法院应当重新指定举证期限。

5. 质证

质证就是在法官的主持下，当事人围绕证据的真实性、关联性、合法性，针对证据证明力有无以及证明力大小进行质疑、说明与辩驳。

证据应当在法庭上出示，由当事人质证。未经质证的证据，不能作为认定案件事实的依据。

当事人在证据交换过程中认可并记录在卷的证据，经审判人员在庭审中说明后可以作为认定案件事实的依据。

涉及国际秘密、商业秘密和个人隐私或者法律规定的其他应当保密的证据，不得在开庭时公开质证。

对书证、物证、视听材料进行质证时，当事人有权要求出示证据的原件或者原物。但有下列情况之一的除外：

1）出示原件或者原物确有困难并经人民法院准许出示复制件或者复制品的。

2）原件或者原物已不存在，但有证据证明复制件、复制品与原件或原物一致的。

当事人申请证人出庭作证，应当在举证期限届满 10 日前提出，并经人民法院许可。

人民法院对当事人的申请予以准许的，应当在开庭审理前通知证人出庭作证，并告知其应当如实作证及作伪证的法律后果。

证人应当出庭作证，接受当事人的质询。

6. 证据的审核认定

人民法院应当以证据能够证明的案件事实为依据依法做出裁判。

审判人员应当依照法定程序，全面、客观地审核证据，依据法律的规定，遵循职业道德，运用逻辑推理和日常生活经验，对证据有无证明力和证明力大小独立进行判断，并公开判断的理由和结果。

10.3.4　民事审判程序

1. 第一审程序

第一审程序是指人民法院审理第一审民事案件的诉讼程序。根据《民事诉讼法》的规定，第一审程序主要包括以下几个主要阶段：

（1）起诉和受理

起诉是因原告民事权益受到侵害或发生争议，而向法院提出诉讼请求，请求法院行使审判权给予保护和确认的行为。原告起诉必须符合下列法定的起诉条件：

1）原告与本案有直接利害关系。

2）有明确的被告。

3）有具体的诉讼请求和事实、理由。

4）属于人民法院受理范围和受理人民法院管辖。

人民法院收到原告的诉讼后，经审查符合条件的，应在7日内立案，并通知当事人；认为不符合起诉条件的，应当在7日内裁定不予受理。原告对裁定不服的，可以提起上诉。

起诉和受理的结合，引起法院审判程序的开始。

（2）审理前的准备

人民法院在受案后开庭审理前，为保证庭审活动的顺利进行，需要进行必要的准备工作。其主要任务是弄清当事人的诉讼请求和答辩所根据的事实，了解双方争执的焦点，收集必要的证据，试行调解等。

人民法院应当在立案之日起5日内将起诉状副本送达被告，被告在收到之日起15日内提出答辩状。人民法院应当在收到答辩状之日起5日内将答辩状副本发送原告。

法院立案后要确定合议庭组成人员。审判人员要认真审核诉讼材料，通过法定程序收集必要的证据。

（3）开庭审理

开庭审理又称法庭审理，是指在审判人员主持下，在当事人和其他诉讼参与人的参加下，在法庭上对案件进行实体审理的诉讼活动。开庭审理是整个诉讼程序中的中心环节，通过对案件的全面审理，明确当事人的权利和义务，为正确公正地裁决提供依据。

人民法院审理民事案件，应在开庭3日前通知当事人和其他诉讼参加人。除涉及国家机密、个人隐私或法律另有规定的以外，应当公开进行。离婚案件、涉及商业秘密的案件，当事人申请不公开审理的，可以不公开审理。

原告经传票传唤，无正当理由拒不到庭的，或未经法庭许可中途退庭的，可以按撤诉处理；被告反诉的，可以缺席判决。被告经传票传唤，无正当理由拒不到庭的，或未经法庭许可中途退庭的，可以缺席判决。

在开庭审理时，当事人有权申请审判人员、书记员、翻译人员、鉴定人员回避。当事人申请审判人员回避的，由法院院长决定；院长担任审判长时，由审判委员会决定。其他人员的回避由审判长决定。

开庭审理主要分为以下几个阶段：

1）法庭调查。通过在法庭上对案件事实进行全面调查，从而对所有证据材料进行查实，全面揭示案情。经法庭许可，当事人可以向证人、鉴定人、勘验人发问。

2）法庭辩论。由双方当事人对所争议的事实和法律问题进行辩论，通过双方辩论，进一步查证有争议的案情。

3）评议和宣判。法庭辩论终结后，对不进行调解或调解不成的，由合议庭评议，确定案件事实和认定及法律适用，依法做出裁决。

2. 第二审程序

第二审程序是指当事人不服地方各级人民法院第一审未生效的判决、裁定，向上一级人民法院提起上诉，上一级人民法院对案件进行再次审理所适用的程序。通过再次审理，维持正确裁决，纠正错误裁决，确保人民法院审判活动的公正进行，更好地维护当事人的合法权益。

第二审程序并非每个案件的必经程序。只有当事人依法提起上诉才能引起第二审程序。

（1）上诉的提起

上诉是引起第二审程序发生的根据。有权提起上诉的人是在第一审程序中具有实体权利、义务的当事人，包括原告、被告、共同诉讼人和具有独立请求权的第三人。

上诉的期限，判决为15日，裁定为10日，从判决书和裁定书送达之日起计算。

上诉状应当通过原审人民法院提出，并按照对方当事人或者代表人的人数提出副本。当事人直接向第二审人民法院上诉的，第二审人民法院在5日内将上诉状移交原审人民法院。

（2）上诉的审理

第二审人民法院对上诉案件，应当组成合议庭，开庭审理。经过阅卷、调查和询问当事人，对没有提出新的事实、证据或者理由，合议庭认为不需要直接开庭审理的，可以不开庭审理。

（3）上诉的裁决

第二审人民法院对上诉案件，经过审理，按照下列情形，分别处理：

1）原判决、裁定认定事实清楚，适用法律正确的，以判决、裁定方式驳回上诉，维持原判决、裁定。

2）原判决、裁定认定事实错误或者适用法律错误的，以判决、裁定方式依法改判、撤销或者变更。

3）原判决认定基本事实不清的，裁定撤销原判决，发回原审人民法院重审，或者查清事实后改判。

4）原判决遗漏当事人或者违法缺席判决等严重违反法定程序的，裁定撤销原判决，发回原审人民法院重审。原审人民法院对发回重审的案件做出判决后，当事人提起上诉的，第二审人民法院不得再次发回重审。

3. 审判监督程序

审判监督程序是指人民法院对已发生法律效力的判决、裁定，发现在认定事实或适用法律上确有错误，依法重新审判的一种诉讼程序。这是为加强法律监督、纠正错误而设立的一种特殊程序。

提出审判监督程序有下列几种情形：

（1）法院内部监督提出

各级人民法院院长对本院已发生法律效力的判决、裁定，发现确有错误，认为需要再审的，应当提交审判委员会讨论决定。最高人民法院对地方各级人民法院已发生法律效力的判决、裁定，上级人民法院对下级人民法院已发生法律效力的判决、裁定，发现确有错误的，有权提审或指令下级人民法院再审。

（2）检察院行使监督权提出

最高人民检察院对各级人民法院已发生法律效力的判决、裁定，上级人民检察院对下级人民法院已发生法律效力的判决、裁定，发现有下列情形之一的，应按审判监督程序提出抗诉：

1）有新的证据，足以推翻原判决、裁定的。

2）原判决、裁定认定的基本事实缺乏证据证明的。

3）原判决、裁定认定事实的主要证据是伪造的。

4）原判决、裁定认定事实的主要证据未经质证的。

5）对审理案件需要的证据，当事人因客观原因不能自行收集，书面申请人民法院调查收集，人民法院未调查收集的。

6）原判决、裁定适用法律确有错误的。

7）审判组织的组成不合法或者依法应当回避的审判人员没有回避的。

8）无诉讼能力人未经法定代理人代为诉讼或者应当参加诉讼的当事人，因不能归责于本人或者其诉讼代理人的事由，未参加诉讼的。

9）违反法律规定，剥夺当事人辩论权的。

10）未经传票传唤，缺席判决的。

11）原判决、裁定遗漏或者超出诉讼请求的。

12）据以做出原判决、裁定的法律文书被撤销或者变更的。

13）审判人员审理案件时，有贪污受贿、徇私舞弊、枉法裁判行为的。

地方各级人民检察院对同级人民法院已发生效力的判决、裁定，发现有上述情形之一的，或者发现调解书损害国家利益、社会公共利益的，可以向同级人民法院提出检察建议，并报上级人民检察院备案；也可以提请上级人民检察院向同级人民法院抗诉。

对人民检察院提出抗诉的案件，人民法院应当再审，并通知人民检察院派员出席法庭。

（3）当事人申请再审

当事人申请再审应当在判决、裁定发生法律效力后 2 年内提出；2 年后据以做出原判决、裁定的法律文书被撤销或者变更，以及发现审判人员在审理案件时有贪污受贿、徇私舞弊、枉法裁判行为的，自知道或者应当知道之日起 3 个月内提出。

当事人的申请符合下列情形之一的，人民法院应当再审：

1）有新的证据，足以推翻原判决、裁定的。

2）原判决、裁定认定的基本事实缺乏证据证明的。

3）原判决、裁定认定事实的主要证据是伪造的。

4）原判决、裁定认定事实的主要证据未经质证的。

5）对审理案件需要的证据，当事人因客观原因不能自行收集，书面申请人民法院调查收集，人民法院未调查收集的。

6）原判决、裁定适用法律确有错误的。

7）违反法律规定，管辖有错误的。

8）审判组织的组成不合法或者依法应当回避的审判人员没有回避的。

9）无诉讼行为能力人未经法定代理人代为诉讼或者应当参加诉讼的当事人，因不能归责于本人或者其诉讼代理人的事由，未参加诉讼的。

10）违反法律规定，剥夺当事人辩论权利的。

11）未经传票传唤，缺席判决的。

12）原判决、裁定遗漏或者超出诉讼请求的。

13）据以做出原判决、裁定的法律文书被撤销或者变更的。

当事人申请再审，应当在判决、裁定发生法律效力后6个月内提出；有上述第1）项、第3）项、第12）项、第13）项规定情形的，自知道或应当知道之日起6个月内提出。

4. 督促程序

督促程序是指法院根据债权人的要求，向债务人发出附条件的支付令，如债务人在法定期间不提出异议，该支付令即发生法律效力的程序。这是一种简便易行的保护债权人合法权益的程序。

债权人提起督促程序，请求法院发出支付令，必须符合下列条件：

1）债权人的申请必须以金钱或有价证券为标的。

2）债权人和债务人没有其他债务纠纷。

3）支付令能够送达债务人。

债权人必须以书面形式向有管辖权的基层人民法院提出申请。申请书应当写明请求给付金钱或者有价证券的数量和所根据的事实、证据。

法院自接到申请后5日内做出是否受理的决定。经审查，认为申请不成立的，应当裁定驳回；如认定该案债权债务关系明确、合法，并已到履行期限，应当在受理之日起15日内向债务人发出支付令。

债务人应当在收到支付令之日起15日内清偿债务。如债务人在法定期限内既不履行支付令又不提出异议的，债权人可以申请法院强制执行；如债务人在收到支付令起15日内提出书面异议的，法院应终结督促程序，支付令失效。支付令失效的，债权人可以向人民法院起诉，转入诉讼程序。

5. 公示催告程序

按规定可以背书转让的票据持有人，因票据被盗、遗失或灭失，可以书面形式向法院提出公示催告申请。法院审查符合规定的，应当受理，并在3日内发出公告。票据的利害人应当在公示催告期间向法院申报。法院收到申报应裁定终结公示催告程序，申请人或申报人可以向法院起诉。没有人申报的，人民法院应当根据申请人的申请，做出裁决，宣告票据无效，并通知支付人。自判决公告之日起，申请人有权向支付人请求支付。

10.3.5 执行程序

执行是民事审判的最后一道程序，它对保证人民法院判决、裁定的执行，维护法律的尊严，有着重要的意义。

1. 执行案件的申请

发生法律效力的民事判决、裁定，当事人必须履行。一方拒绝履行的，对方当事人可以向人民法院申请执行，也可以由审判员移送执行员执行。

调解书和其他应当由人民法院执行的法律文书，当事人必须履行。一方当事人拒绝履行的，对方当事人可以向人民法院申请执行。

对依法设立的仲裁机构的裁决，一方当事人不履行的，对方当事人可以向有管辖权的人民法院申请执行。受申请的人民法院应当执行。

2. 执行案件的管辖

发生法律效力的民事判决、裁定，以及刑事判决、裁定中的财产部分，由第一审人民法院或者与第一审人民法院同级的被执行财产所在地的人民法院执行。

法律规定由人民法院执行的其他法律文书，由被执行人所在地或者被执行财产所在地的人民法院执行。

3. 执行措施

1）被执行人未按执行通知履行法律文书确定的义务的，应当报告当前以及收到执行通知之日起前一年的财产情况。被执行人拒绝报告或者虚假报告的，人民法院可以根据情节轻重对被执行人或者其法定代理人、有关单位的主要负责人或者直接责任人予以罚款、拘留。

2）被执行人未按执行通知履行法律文书确定的义务的，人民法院有权向有关单位查询被执行的人存款、债券、股票、基金份额等财产情况。人民法院有权根据不同情况扣押、冻结、划拨、变价被执行人的财产。人民法院查询、扣押冻结、划拨、变价的财产不得超出被执行人应当履行义务的范围。

人民法院决定扣押、冻结、划拨、变价财产，应当做出裁定，并发出协助执行通知书，银行、信用合作社和其他有储蓄业务的单位必须办理。

3）被执行人未按执行通知履行法律文书确定的义务的，人民法院有权扣留、提取被执行人应当履行义务部分的收入，但应当保留被执行人及其所扶养家属的生活必需费用。

人民法院决定扣留、提取收入时，应当做出裁定，并发出协助执行通知书，被执行人所在单位、银行、信用合作社和其他有储蓄业务的单位必须办理。

4）被执行人未按执行通知履行法律文书确定的义务的，人民法院有权查封、扣押、冻结、拍卖、变卖被执行人应当履行义务部分的财产。采取该项措施时，人民法院应当做出裁定。

5）被执行人不履行法律文书确定的义务，并隐匿财产的，人民法院有权发出搜查令，对被执行人及其住所或者财产隐匿地进行搜查。

6）强制迁出房屋或者强制退出土地，由法院院长签发公告，责令被执行人在指定期间履行。被执行人逾期不履行的，由执行员强制执行。被执行人是公民的，应当通知被执行人或者其成年家属到场；被执行人是法人或者其他组织的，应当通知其法定代表人或者主要负责人到场。拒不到场的，不影响执行。被执行人是公民的，其工作单位或者房屋、土地所在地的基层组织应当派人参加。执行员应当将强制执行情况记入笔录，由在场人签名或者盖章。

7）强制迁出房屋被搬出的财物，由人民法院派人运送至指定处所，交给被执行人。被执行人是公民的，也可以交给其成年家属。因拒绝接收而造成的损失，由被执行人承担。

8）在执行中，需要办理有关财产权证照转移手续的，人民法院可以向有关单位发出协助执行通知书，有关单位必须办理。

9）对判决、裁定和其他法律文书指定的行为，被执行人未按执行通知履行的，人民法院可以强制执行或者委托有关单位或者其他人完成，费用由被执行人承担。

10）被执行人未按判决、裁定和其他法律文书指定的期间履行给付金钱义务的，应当加倍支付迟延履行期间的债务利息。被执行人未按判决、裁定和其他法律文书指定的期间履行其他义务的，应当支付迟延履行金。

11）人民法院采取《民事诉讼法》规定的执行措施后，被执行人仍不能偿还债务的，应当继续履行义务。债权人发现被执行人有其他财产的，可以随时请求人民法院执行。

12）被执行人不履行法律文书确定的义务的，人民法院可以对其采取或者通知有关单位协助采取限制出境，在征信系统记录、通过媒体公开不履行义务信息以及法律规定的其他措施。

4. 执行中止和执行终结

执行案件有下列情形之一的，人民法院应当裁定中止执行：

1）申请人表示可以延期执行的。

2）案外人对执行标的提出确有理由的异议的。

3）作为一方当事人的公民死亡，需要等待继承人继承权利或者承担义务的。

4）作为一方当事人的法人或者其他组织终止，尚未确定权利义务承受人的。

5）人民法院认为应当中止执行的其他情形。

中止的情形消失后，恢复执行。

执行案件有下列情形之一的，人民法院裁定终结执行：

1）申请人撤销申请的。

2）据以执行的法律文书被撤销的。

3）作为被执行人的公民死亡，无遗产可供执行，又无义务承担人的。

4）追索赡养费、抚养费、抚育费案件的权利人死亡的。

5）作为被执行人的公民因生活困难无力偿还借款，无收入来源，又丧失劳动能力的。

6）人民法院认为应当终结执行的其他情形。

10.4 建设工程行政纠纷的处理

10.4.1 建设工程纠纷的行政复议

1. 建设工程纠纷行政复议的范围

可申请行政复议的行政行为是具体的行政行为。建设工程纠纷中，行政相对人可以对以下行政行为提出行政复议的申请：

1）对行政机关做出的警告、罚款、没收非法财物、责令停产停业、暂扣或者吊销预售许可证、暂扣或者吊销营业执照、暂扣或者吊销执业资格证书、行政拘留等行政处罚决定不服的。

2）对行政机关做出的限制人身自由或者查封、扣押、冻结财产等行政强制措施决定不服的。

3）对行政机关做出的有关许可证、执照、资质证书、执业资格证等证书变更、中止、撤销的决定不服的。

4）对行政机关做出的关于确认土地、矿藏、水流、森林、山岭、草原、荒地、滩涂、海域等自然资源的所有权或者使用权的决定不服的。

5）认为行政机关侵犯合法的经营自主权的。

6）认为行政机关违法集资、征收财物、摊派费用或者违法要求履行其他义务的。

7）认为符合法定条件，申请行政机关颁发许可证、执照、资质证、资格证等证书，或者申请行政机关审批、登记有关事项，行政机关没有依法办理的。如房地产登记机关在受理产权登记材料后，在法定时限内不予答复等。

8）申请行政机关履行保护人身权利、财产权利、受教育权利的法定职责，行政机关没有依法履行的。

9）认为行政机关的其他具体行政行为侵犯其合法权益的。

此外，行政相对人认为行政机关的具体行政行为所依据的国务院相关部门的规定、县级以上地方各级人民政府及其工作部门的规定、乡（镇）人民政府的规定不合法，在对具体行政行为申请复议时，可以一并向行政复议机关提出对该规定的审查申请。如地方行政主管部门设置建筑市场、房地产市场的准入资格，限制外地企业进入本地的规定等（该类规定不含国务院部、委规章和地方人民政府规章），违反法律、法规侵害其合法权益等。

2. 行政复议的管辖

行政复议的管辖是指行政相对人对具体行政行为不服应向哪个行政复议机关提出申请，并由其受理和审查。

1）对地方各级人民政府的具体行为不服的，向上一级地方人民政府申请行政复议。

2）对省、自治区、直辖市人民政府的具体行政行为不服的，向做出该具体行政行为的省、自治区、直辖市人民政府申请行政复议。对行政复议决定不服的，可以依法向人民法院提起行政诉讼，也可以向国务院申请最终裁决。国务院做出裁决后，不能再向行政复议机关提出行政诉讼。

3）对省、自治区、直辖市人民政府依法设立的派出机关所属的县级地方人民政府的具体行政行为不服的，向该派出机关申请行政复议。

4）对县级以上地方各级人民政府工作部门的具体行政行为不服的，申请人可以向该部门的本级人民政府申请行政复议，也可以向上一级主管部门申请行政复议。如对市建设局做出的处罚决定不服的，当事人可以向市政府法制办申请行政复议，也可以向上一级的主管部门省建设厅申请行政复议。

5）对国务院各部门的具体行政行为不服的，向该部门申请行政复议；对行政复议不服的，既可以向该复议机关提出行政诉讼，也可以向国务院申请最终裁决。

6）对县级以上地方人民政府依法设立的派出机关的具体行政行为不服的，向设立该派出机关的人民政府申请行政复议。

对政府工作部门依法设立的派出机构依照法律、法规或者规章规定，以自己的名义做出的具体行政行为不服的，向设立该派出机构的部门或者该部门的本级地方人民政府申请复议。

7）对法律、法规授权的组织的具体行政行为不服的，分别向直接管理该组织的地方人民政府、地方人民政府工作部门或者国务院部门申请行政复议。如建设工程质量监督局是根据建设局的授权对施工企业做出处罚决定的，施工企业可以向市政府的法制办申请行政复议。

8）对两个或者两个以上行政机关以共同的名义做出的具体行政行为不服的，向其共同的上一级行政机关申请复议。

9）对被撤销的行政机关在撤销前所做出的具体行政行为不服的，向继续行使其职权的行政机关的上一级行政机关申请行政复议。

申请人申请行政复议，行政复议机关已经依法受理的，或者法律、法规规定应当先向行政复议机关申请行政复议的，在法定行政复议期限内不得向人民法院提起行政诉讼。

申请人向人民法院提起行政诉讼，人民法院已经依法受理的，不得申请行政复议。

3. 行政复议的申请、受理、审查和决定

（1）行政复议的申请

申请人应自知道该具体行政行为侵犯其合法权益之日起60日内提出行政复议申请；但是法律、法规规定的申请期限超过60日的除外。因不可抗力或者其他正当理由耽误法定申请期限的，申请期限自法定事由消除之日起继续计算。

申请人申请行政复议可以采用书面申请，也可以采用口头申请。

（2）行政复议的受理

行政复议机关收到行政复议申请后，应当在5日内进行审查，对不符合《中华人民共和国行政复议法》（简称《行政复议法》）规定的行政复议申请，决定不予受理，并书面通知申请人；对符合《行政复议法》规定，但是不属于本机关受理的行政复议申请，应当告知申请人向有关行政复议机关提出。如果行政复议机关收到行政复议申请后5日内，没有做出不予受理的决定，也没有告知申请人另向有关行政复议机关提出，申请自行政复议机关负责法制工作的机构收到之日起即为受理。

如果法律、法规规定应当先向行政复议机关申请行政复议、对行政复议决定不服再向人民法院提起行政诉讼的，行政复议机关决定不予受理或者受理后超过行政复议期限不做答复的，申请人可以自收到不予受理决定书之日起或者行政复议期满之日起15日内，依法向人民法院提起行政诉讼。

（3）行政复议的审查

行政复议机关负责法制工作的机构应当自行政复议申请受理之日起7日内，将行政复议申请书副本或行政复议申请笔录复印件发送被申请人。被申请人应当自收到之日起10日内，提出书面答复，并提交当初做出具体行政行为的证据、依据和其他有关材料。为防止行政主体违反"先取证、后决定"的基本程序原则，在行政复议过程中，被申请人不得自行向申请人和其他有关组织或个人收集证据。

申请人在申请行政复议时，一并提出对有关规定的审查申请的，行政复议机关对有权处理的，应当在 30 日内依法处理；无权处理的，应在 7 日内按照法定程序转送有权处理的行政机关依法处理，有权处理的行政机关应当在 60 日内依法处理。处理期间，中止对具体行政行为的审查。

（4）行政复议的决定

行政复议机关经过审查后，根据具体情况，可以做出以下行政复议决定：

1）具体行政行为认定事实清楚，证据确凿，适用依据正确，程序合法，内容适当，应做出维持原具体行政行为的决定。

2）被申请人不履行法定职责的，应做出限期履行决定。

3）具体行政行为主要事实不清楚、证据不足的，适用依据错误的，违反法定程序的，超越或者滥用职权的，应做出撤销、变更或者确认该具体行政行为违法的决定。

4）被申请人的具体行政行为侵犯申请人的合法权益造成损害，申请人据此请求赔偿的，行政复议机关在做出撤销、变更或者确认该具体行政行为违法决定的同时，应当责令被申请人依法赔偿申请人的损失。申请人没有提出行政赔偿请求的，行政复议机关在做出撤销、变更或者确认该具体行政行为违法决定时，应当责令被申请人返还财产，解除对财产的查封、扣押、冻结措施，或者赔偿相应的价款。

10.4.2　建设工程纠纷的行政诉讼

1. 行政诉讼的范围

公民、法人或者其他组织认为行政机关和行政机关工作人员的具体行政行为侵犯其合法权益，有权依照《行政诉讼法》向人民法院提起诉讼。具体包括：

1）对行政拘留、暂扣或者吊销许可证和执照、责令停产停业、没收违法所得、没收非法财物、罚款、警告等行政处罚不服的。

2）对限制人身自由或者对财产的查封、扣押、冻结等行政强制措施和行政强制执行不服的。

3）申请行政许可，行政机关拒绝或者在法定期限内不予答复，或者对行政机关做出的有关行政许可的其他决定不服的。

4）对行政机关做出的关于确认土地、矿藏、水流、森林、山岭、草原、荒地、滩涂、海域等自然资源的所有权或者使用权的决定不服的。

5）对征收、征用决定及其补偿决定不服的。

6）申请行政机关履行保护人身权、财产权等合法权益的法定职责，行政机关拒绝履行或者不予答复的。

7）认为行政机关侵犯其经营自主权或者农村土地承包经营权、农村土地经营权的。

8）认为行政机关滥用行政权力排除或者限制竞争的。

9）认为行政机关违法集资、摊派费用或者违法要求履行其他义务的。

10）认为行政机关没有依法支付抚恤金、最低生活保障待遇或者社会保险待遇的。

11）认为行政机关不依法履行、未按照约定履行或者违法变更、解除政府特许经营协议、土地房屋征收补偿协议等协议的。

12）认为行政机关侵犯其他人身权、财产权等合法权益的。

除上述规定外，人民法院受理法律、法规规定可以提起诉讼的其他行政案件。

国家行为、抽象行政行为、内部行政行为和终局裁定行为为不可诉讼行为。此外，行政机关居间对公民、法人或者其他组织之间以及他们相互之间的民事权益争议做调解或者根据法律、法规的规定做仲裁处理，当事人对调解、仲裁不服，向人民法院起诉的，人民法院不作为行政案件处理。如建设工程造价管理部门居间对建设工程合同双方工程价格的确定进行调解，调解后当事人之间又不履行调解协议的，该类纠纷仍属于民事纠纷。公民、法人或者其他组织对行政机关工作人员的非职务行为向人民法院提起行政诉讼的，人民法院不予受理。

2. 行政诉讼证据规则

我国行政诉讼制度采取被告负举证责任的分配原则。被告对做出的具体行政行为负有举证责任，应当提供做出该具体行政行为的证据和依据的规范性文件。证据包括书证、物证、视听材料、证人证言、当事人陈述、鉴定结论、勘验笔录、现场笔录。以上证据经法庭审查属实，才能作为定案的根据。诉讼过程中，被告不得自行向原告和证人收集证据。行政复议机关在复议过程中收集和补充的证据，不能作为复议维持原具体行政行为的依据。

原告承担举证责任的情形主要有：证明起诉符合法定条件；在被告不作为的案件中，证明其提出申请的事实；在一并提起的赔偿诉讼中，证明造成损害的事实。

3. 行政诉讼程序

（1）起诉

起诉分为两类：一是直接向人民法院起诉，即法律、法规没有明确规定必须经过行政复议的，都可以直接向法院起诉；二是经过行政复议后向人民法院起诉，包括法律、法规明确规定必须经过行政复议程序才能向人民法院起诉的以及法律、法规没有明确规定必须经过行政复议，但当事人自愿选择先行政复议，对行政复议决定不服的，再向人民法院起诉的。

（2）受理

人民法院接到起诉状应当在7日内立案，或做出裁定不予受理。对裁定不服的，可以提起上诉。

（3）审理

人民法院决定立案，依法组织合议庭开庭审理。除涉及国家机密、个人隐私、商业秘密及法律另有规定的外，都应公开审理。对地方人民法院第一审判决不服的，有权在判决书送达之日起15日内向上一级人民法院提起上诉；对地方人民法院一审裁定不服的，有权在裁定书送达之日起10日内向上一级人民法院提起上诉。

（4）判决

第一审法院经过审理，根据不同情况，分别做出以下判决：

1）具体行政行为证据确凿，适用法律、法规正确，符合法定程序的，判决维持。

2）主要证据不足的，适用法律、法规错误的，违反法定程序的，超越职权的，滥用职权的，判决撤销或者部分撤销，并可以判决被告重新做出具体行政行为。

3）被告不履行或者拖延履行法定职责的，判决其在一定期限内履行。

4）行政处罚显失公正的，判决变更。

5）造成损失的，判决赔偿。

第二审人民法院对提起上诉的案件，可以做出以下裁定或判决：

1）原判决、裁定认定事实清楚，适用法律、法规正确的，判决或者裁定驳回上诉，维持原判决、裁定。

2）原判决、裁定认定事实错误或者适用法律、法规错误的，依法改判、撤销或者变更。

3）原判决认定基本事实不清、证据不足的，发回原审人民法院重审，或者查清事实后改判。

4）原判决遗漏当事人或者违法缺席判决等严重违反法定程序的，裁定撤销原判决，发回原审人民法院重审。

原审人民法院对发回重审的案件做出判决后，当事人提起上诉的，第二审人民法院不得再次发回重审。

人民法院审理上诉案件，需要改变原审判决的，应当同时对被诉行政行为做出判决。

1. 案例背景

（1）基本案情

本诉原告（被反诉人）：通州某建筑安装工程有限公司

本诉被告（反诉人）：北京某建设工程总承包公司

本诉的诉讼请求：要求判令被告立即支付工程款 1997832 元

2015 年 11 月 18 日，被告（反诉人）与原告（被反诉人）就苏州 BLP 项目厂房工程签订工程分包合同，将总包的苏州 BLP 项目厂房工程分包给原告施工。约定由原告承包厂房（建筑面积 51000m²）土建、围墙、临时设施、食堂等施工任务，承包方式：包工、包料、包工期；承包金额：合同总价暂定为 1800 万元（以实际发生工程量为准）；取费标准：执行甲方（即总承包商）与业主的建设工程合同中的价格条件。2016 年 4 月 4 日，双方又签订补充协议，明确承包范围：厂房的土建、安装工程的人工费、脚手架费；办公楼、食堂、围墙、门卫室的土建和安装工程、装饰工程的人工费、脚手架费；室外总体道路的人工费；地下水管安装的人工费；临时设施费用；业主、监理的生活、就餐及设施费用。

原告（被反诉人）认为其已依双方合同及协议按时完工，2017 年 1 月 13 日双方就工程款进行了结算，确认被告应支付原告工程款为 1800 万元，被告已支付 1100 万元，后被告又垫付原告人员工资、土方、钢管租赁等费用共计 3202168 元，按工程款总额的 90% 计算，原告还有到期的 1997832 元工程款没有支付。

反诉人认为，原告承包的工程合同总价暂定为 1800 万元（以实际发生工程量为准），因此，对原告的工程款应当进行工程造价鉴定。在合同履行过程中，反诉人共给付被反诉人工程款 1484.0821 万元，但被反诉人完成的工程总量为 738 万元（暂估），且在没有完工的情况下拒绝履行合同义务，因此，被反诉人应返还反诉人工程款 745 万元（暂估）。

另外，在施工过程中，由于被反诉人野蛮施工，导致厂房室内地坪裂缝，被业主要求返工整修。而且，因施工质量低劣，业主要求更换分包商。该部分工程的返工整修全部由反诉人自己完成。该部分工程返修整改的直接费为4541799元。另外，厂房、办公楼等附属工程的内外墙裂缝、空鼓，室外地坪局部裂缝、空鼓，界格缝不顺直、错缝等维修整改的直接费用为330400元。以上工程都属于被反诉人承包的工程，由于被反诉人被业主清理出现场，这些工程的返修整改工作都由反诉人自己完成。该部分工程返修整改的费用理应由被反诉人承担，因此，被反诉人应当赔偿反诉人总计人民币581万元。

被反诉人的诉讼请求：

1) 判令被反诉人支付反诉人因工程质量缺陷造成的人民币损失581万元。

2) 判令被反诉人返还反诉人工程款745万元。

因本案反诉的诉讼标的超过200万元，案件由苏州市虎丘人民法院移交苏州市中级人民法院审理。

(2) 本案的证据材料

1) 诉讼主体资格的证据：北京某建设工程总承包公司的营业执照及企业资质等级证书。

2) 合同内证据（证明双方之间确立的法律关系）：业主与总承包商签订的施工总承包合同协议书、总承包商与分包商签订的施工分包合同及其补充协议。

3) 合同履行情况的证据：苏州BLP项目工程量清单、通州某建筑安装工程有限公司承包工程范围费用汇总表、工程款发票、苏州BLP项目工地未结清单位付款统计表、苏州BLP项目部账户最终核结报告表、苏州BLP项目劳务付款表、苏州BLP项目劳务付款明细及付款凭证等。

4) 证明分包商违约的证据：苏州BLP与某建设工程总承包公司的补充协议及厂房地坪整改措施，厂房地坪及厂房、办公楼墙体质量缺陷来往邮件及照片，厂房地坪施工专题会议纪要，苏州BLP项目业主与总承包商电子邮件（含专家意见及照片）。

5) 证明违约损失的证据：苏州BLP项目办公楼墙体裂缝处理意见、苏州BLP项目厂房等质量缺陷返工整改费用汇总及明细表。

2. 案件审理

(1) 委托司法鉴定

反诉人在提起反诉的同时，申请工程质量鉴定和工程造价鉴定。

1) 工程造价鉴定。在诉讼中，北京某建设工程总承包公司申请法院委托权威的工程造价鉴定机构对原告承包的工程量及其工程价款进行审核鉴定。

经法院委托，2017年9月17日，苏州某工程造价事务所出具的《关于BLP工程项目工程造价司法鉴定报告》，鉴定该部分工程的人工费及脚手架等费用是520万元。

2) 工程质量鉴定。本案诉讼中，因北京某建设工程总承包公司提起反诉，双方同意由法院委托权威的工程质量检测机构鉴定，对通州某建筑安装工程有限公司实际施工的苏州BLP项目厂房地坪是否存在质量问题进行鉴定。

2017 年 11 月 28 日，苏州某司法鉴定所的《苏州 BLP 项目厂房室内原地面工程质量鉴定报告》认定，苏州 BLP 项目厂房室内原地面存在的主要质量问题是：

① 原地面混凝土存在不密实现象，属混凝土缺陷（空洞、夹渣）。

② 原地面混凝土存在贯穿裂缝。

③ 原地面混凝土在上层设计保护层范围内均未发现钢筋，钢筋实际布设在原地面混凝土底部，严重偏位，背离设计目的和规范要求。

④ 原地面砂石垫层存在疏松现象。

（2）原告变更诉讼请求

2018 年 2 月 5 日，被告提起反诉后，原告变更诉讼请求为：要求被告立即支付工程款 2790496 元。

2018 年 3 月 10 日，原告又变更诉讼请求如下：

1）要求判令被告立即支付工程款 501 万元。

2）判令被告向原告支付拖欠工程款的利息 357428 元。

变更诉讼请求的理由是原告起诉时，被告应付款仅为应支付至工程款总额的 90%，现因自业主发出接收工程项目证书之日起已经超过 13 个月。根据约定，被告应支付至工程款总额的 95%，即 1800 万元×95%＝1710 万元。拖欠的工程款为 1710 万元−1100 万元＝610 万元。

3. 审裁结果

（1）关于工程款的结算依据

法院审理认为，本案中原告、被告就同一工程先后签订了施工承包合同及补充协议，其中，2015 年 11 月 18 日签订的施工承包合同明确通州某建筑安装工程有限公司包工包料（双包）施工，2016 年 4 月 4 日签订的补充协议明确通州某建筑安装工程有限公司为单包施工。双方对实际履行哪份合同均未能充分举证证明，北京某建设工程总承包公司也不能证实第一份双包合同未履行或已解除。

法院对 2016 年 4 月 4 日变更为单包施工合同，合同结算金额为 1800 万元的观点予以采信。因此，判决北京某建设工程总承包公司按 1800 万元向分包商通州某建筑安装工程有限公司履行付款义务。扣除已付和代付款项，北京某建设工程总承包公司尚欠工程款 3797832 元。

（2）因工程质量缺陷引起的损失认定

北京某建设工程总承包公司主张的厂房、办公楼等附属工程的内外墙存在的裂缝、空鼓，室外地坪局部裂缝、空鼓，界格缝不顺直、错缝等质量问题造成的损失未通过鉴定部门做出鉴定结论，因此，法院认为北京某建设工程总承包公司的主张举证尚不充分，故不予支持。

关于厂房室内地坪返修费用，法院认为，经苏州某房屋安全司法鉴定所鉴定，导致原地坪质量问题的主要原因在于施工方。考虑到原地坪施工完毕后总包方应业主要求又重新施工了地坪，原地坪被新地坪覆盖，原地坪并未完全凿除，尚有可利用的价值，而新地坪已经通过整体验收，且北京某建设工程总承包公司又得到了业主一定的补偿，因此，通州某建筑安装工程有限公司应就原地坪施工承担相应的质量责任。根据北京某建设工程总承包公司设计的原地坪未包括防潮层及新地坪施工增加防水层并通过竣工验收的事实，判定北京某建设工程总承包公司对原地坪施工质量缺陷也负有一定责任。综上，法院酌定双方各承担50%的质量责任。北京某建设工程总承包公司对原地坪投入的费用为3498962元，通州某建筑安装工程有限公司承担50%的质量责任，为1749481元。

通州某建筑安装工程有限公司为施工原地坪投入的人工费106万元应于双方的工程款结算中做合理扣除，法院确定扣除531022元。最终判决通州某建筑安装工程有限公司赔偿北京某建设工程总承包公司损失3151835元（1749481元+1402354元）。

第一审判决后，双方均提出上诉。第二审发回重审。

4. 案例分析

（1）本案争议的焦点

第一个焦点：分包合同中约定的1800万元，究竟是包干价（闭口价）还是需要按工程量据实结算的暂估价（开口价)？

北京某建设工程总承包公司认为，双方合同中约定的1800万元应该是按工程量据实结算的暂估价。

通州某建筑安装工程有限公司认为，双方签订的是一口包死的固定总价合同。

第二个焦点：北京某建设工程总承包公司与通州某建筑安装工程有限公司是否未进行过工程结算？

双方就工程价款进行过结算，其证据就是2017年10月12日的"苏州BLP项目工地未结清单位付款统计表"。

第三个焦点：通州某建筑安装工程有限公司承担的工程是否存在质量问题及如何修复？

北京某建设工程总承包公司认为，通州某建筑安装工程有限公司承包的工程存在严重质量问题是客观事实。

从鉴定报告的鉴定结论和原因分析得出的结论是，苏州BLP厂房原地坪的质量问题是施工不当造成的，而该地坪的施工单位是通州某建筑安装工程有限公司，因此，通州某建筑安装工程有限公司应当承担因工程质量问题造成的损失。

（2）建设工程纠纷案件诉讼解决途径的特点

1）争议标的额大、诉讼成本高。案件的受理费是按案件诉讼标的收取的，案件金额越大，收费就越高。本诉的诉讼费是23963元，反诉的诉讼费是87288元。另外，司法鉴定的费用也较高：工程造价的鉴定费是17万元，工程质量的鉴定费是528000元。

2）诉讼关系复杂。本案既涉及总包商与分包商的合同关系，又涉及总包商与业主的总承包合同；案件纠纷起因，既有工程价款问题，又有工程质量缺陷引起的修复、返工和赔偿问题。

3）证据材料多。建设工程活动中的许多文件资料都是诉讼证据材料，如协议书、招标文件、投标书、施工图、监理工程师签证、会议纪要、与业主来往的电子邮件、检测结论、工程结算书、现场照片等，所以建设工程纠纷案件所涉及的证据材料多。

4）专业性强。建设工程纠纷案件的专业性很强，如工程质量问题，并不能仅凭表面观感确定，而必须进行专业鉴定；另外，工程造价的确定也是一项专业性很强的工作，如果双方对结算资料有异议，就要通过司法鉴定解决，司法鉴定的证明力要高于工程决算书。

复习思考题

1. 建设工程纠纷的解决途径有哪些？当事人之间产生纠纷后，应首先选择哪类途径解决？
2. 人民调解委员会的调解与其他方式有何不同？
3. 建设工程纠纷通过仲裁解决与诉讼解决有何不同？
4. 发生建设工程纠纷，仲裁委员会裁决后，对方当事人不履行裁决书，应如何处理？
5. 建设活动中哪些纠纷要通过行政复议和行政诉讼途径解决？
6. 行政复议与行政诉讼有何不同？
7. 建设工程合同纠纷应当如何起诉？
8. 民事诉讼中的证据有哪些类型？建设工程纠纷中哪些材料可以作为诉讼中的证据？
9. 什么是举证期限？在举证期限内不举证的法律后果是什么？
10. 对第一审判决不服，如何提起上诉？
11. 法院强制执行的执行措施有哪些？

参 考 文 献

[1] 徐勇戈，宁文泽．建设法规 [M]．西安：西安交通大学出版社，2016.

[2] 顾永才．建设法规 [M]．3 版．武汉：华中科技大学出版社，2014.

[3] 金国辉．新编建设法规教程与案例 [M]．2 版．北京：机械工业出版社，2017.

[4] 祝连波．建设法规 [M]．北京：化学工业出版社，2012.

[5] 住房和城乡建设部高等学校土建学科教学指导委员会．建设法规教程 [M]．4 版．北京：中国建筑工业出版社，2018.

[6] 全国一级建造师职业资格考试用书编写委员会．建设工程法规及相关知识 [M]．北京：中国建筑工业出版社，2019.

[7] 朱宏亮．建设法规 [M]．3 版．武汉：武汉理工大学出版社，2013.

[8] 徐占发．建设法规与案例分析 [M]．2 版．北京：机械工业出版社，2007.

[9] 宋宗宇．建设工程法规 [M]．重庆：重庆大学出版社，2006.

[10] 臧漫丹．工程合同法律制度 [M]．上海：同济大学出版社，2005.

[11] 知识产权出版社．建设工程安全生产管理条例及相关法律文件：修订本 [M]．北京：知识产权出版社，2004.

[12] 胡向真，肖铭．建设法规 [M]．北京：北京大学出版社，2006.

[13] 何红锋．建设工程施工合同纠纷案例评析：最新司法解释下的分析与思考 [M]．2 版．北京：知识产权出版社，2000.

[14] 何红锋，李德华．建设工程法律实务 [M]．北京：中国人民大学出版社，2010.

[15] 何佰洲．工程建设法规教程 [M]．北京：中国建筑工业出版社，2009.

[16] 徐勇戈．建设工程合同管理 [M]．北京：机械工业出版社，2020.